Die Chinesische Gourmet-Küche

Die Chinesische Gourmet-Küche

Originalrezepte zum Nachkochen

Rezepte: William Mark
Text: Harry Rolnick und Jacki Passmore

DUMONT

Die Deutsche Bibliothek – CIP-Einheitsaufnahme

Die chinesische Gourmet-Küche : Originalrezepte zum Nachkochen / Rezepte: William Mark. Text: Harry Rolnick und Jacki Passmore. [Hrsg.: Elaine Russell. Ill.: Kathie Smith. Aus dem Amerikan. von Wolfdietrich Müller]. – Köln : DuMont, 1996
Einheitssacht.: The Chinese Gourmet <dt.> ISBN 3-7701-3617-9

Originaltitel: The Chinese Gourmet

Produziert in Zusammenarbeit mit Weldon Russell Pty Ltd
107 Union Street
North Sydney
NSW 2060, Australia
A member of the Weldon International Group of Companies

Diese Ausgabe wurde nach Vereinbarung mit Weldon Russell Pty Ltd publiziert.

Herausgeberin: Elaine Russell
General Manager: Susan Hurley
Redaktion der Originalausgabe: Kayte Nunn
Redaktionsassistenz: Libby Frederico, Jill Wayment
US-Koch-Beratung: Rosemary Rennicke
Gestaltung: Stuart McVicar
Gestaltungskonzept: Judy Hungerford
Umschlaggestaltung: Honor Morton
Illustrationen: Kathie Smith
Food-Fotografie: Andrew Furlong, Mark O'Meara, Bruce Peebles
Food-Styling: Marie-Hélène Clauzon, Penny Farrell, Jacki Passmore
Register: Garry Cousins
Herstellung: Dianne Leddy

A KEVIN WELDON PRODUCTION

Aus dem Amerikanischen von Wolfdietrich Müller
Redaktion der deutschen Ausgabe: Gaile & Partner, Wiesbaden
Satz der deutschen Ausgabe: Das DTP-Studio Moeres und Karg, Wiesbaden

Printed in Singapore (by TBC)
ISBN 3-7701-3617-9

Umschlagseite: Fotograf: Rowan Fotheringham, Stylist: Suzie Smith

Umschlagrückseite: siehe Seite 44 (oben), siehe Seite 38-39 (unten)

Gegenüber Titelseite: Lijian-Markt, Yunnan, Fotografie: Robert Harding Picture Library

Titelseite: Jing Lung Har *(links, Rezept Seite 29);*
Lo Suen Dai Tze *(rechts, Rezept Seite 28)*

Gegenüber Inhaltsverzeichnisseite: Wasserkessel in einem Teehaus, Chengdu, Fotografie: China Tourism Photo Library/Wu Zhou Ming

Rechts: Sheung Dong Pa Ngarp *(links, Rezept Seite 139);*
Bo Ngap Chuen Lin *(rechts, Rezept Seite 138)*

INHALT

EINLEITUNG

EINLEITUNG

SEIT URZEITEN NIMMT ESSEN IN CHINA EINEN RANG EIN, DER WEIT ÜBER DESSEN NÄHRWERT HINAUSGEHT. Seine Traditionen, die Zutaten, das Zubereiten und Anrichten, der gemeinsame Genuß und das Speisen selbst sind tief im Herzen und in der Geschichte der chinesischen Kultur verankert. In etwa kann sich damit vielleicht allein die französische Küche messen.

¶ China, das war von frühesten Zeiten an das „Reich der Mitte", und die Fülle seiner Erzeugnisse war unermeßlich. Die chinesischen Bauern bebauten die vielen fruchtbaren Flußtäler, Berge und auch die grenzenlosen Steppen der Mongolei.

¶ Mittelpunkt der Kochkunst war der kaiserliche Hof, wo die Zubereitung der Speisen als höchste Kunst betrachtet wurde. Bereits in den frühesten Dynastien gaben die Kaiser zahllose Bankette, bei denen Höflinge miteinander wetteiferten.

¶ Derweil lebten die Kleinbauern von Reis, Hirse, einheimischen Gemüsen und Schweinefleisch. Im Süden freilich war das Land so fruchtbar, daß von ganz allein Abwechslung in ihre Mahlzeiten kam. Im Norden dagegen mußte die Bevölkerung einlegen, konservieren und sich vor Dürre oder Überschwemmungen fürchten.

¶ Mit den Jahrhunderten wandelte sich die Kochkunst. Die „primitiven" Mongolen führten Schafe und gegrillte Gerichte ein. Indische Reisende brachten Gewürze wie Ingwer und Koriandergrün mit. Später bereicherten Jesuiten aus Portugal die Küche um europäische Gemüsearten.

¶ Im Verlauf des 20. Jahrhunderts hat sich die chinesische Küche geradezu revolutioniert – nicht immer zum Besten. Mit zunehmender Verstädterung des Landes werden frische Landprodukte von Tiefkühlkost verdrängt.

¶ Grundlage des chinesischen Essens ist die heilende Philosophie des *Yin* und *Yang*. Aus uralten Sagen über Chaos und Ordnung abgeleitet, meint diese Philosophie, daß die weibliche Eigenschaft oder Kraft *(Yin)* sich in jedem Aspekt des Lebens im Gleichgewicht mit der männlichen *(Yang)* befinden muß, sollen nicht Chaos, Zerrissenheit und Zerstörung herrschen.

¶ Die männliche Eigenschaft *Yang* ist Speisen zugeordnet, die scharf sind und normalerweise eher dick machen, zum Beispiel rotes Fleisch, Chili, Zwiebeln, Gebratenes und in Sojasauce gekochte Gerichte. Dem *Yin* waren Speisen mit „sanften" Eigenschaften zugeordnet, Kopfsalat, Fisch, Sellerie, gedünstete und pochierte Gerichte. Nur wenn man „positive" *(Yang-)* und „negative" *(Yin-)* Speisen miteinander verbindet, sollen sich die Körperfunktionen im Gleichgewicht befinden.

¶ Theoretisch muß eine chinesische Mahlzeit diesen Regeln folgen; die Ausgewogenheit beginnt schon beim Gedeck: Porzellan in gedämpften

Vorhergehende Seiten: Trockennahrungsmittel werden in vielen chinesischen Gerichten verwendet. Das Trocknen war früher ein sehr beliebtes Verfahren der Konservierung, weil das Aroma der Produkte gut erhalten bleibt.

ROBERT HARDING PICTURE LIBRARY/C C D TOKELEY

Gegenüber: Auberginen auf dem Markt in Kunming (Provinz Yunnan). Diese kleine Varietät des Gemüses wird wegen ihres vorzüglichen Aromas sehr geschätzt.

ROBERT HARDING PICTURE LIBRARY/G & P CORRIGAN

Farben, die Eßstäbchen möglichst aus Holz. Nur das notwendigste Geschirr steht auf dem Tisch – eine Reisschüssel auf einem Unterteller (letzterer zur Aufnahme der Knochen) sowie eine Schale für den Tee.

¶ Beim Auftragen der verschiedenen Gänge einer Mahlzeit sollte ebenfalls stets auf das Gleichgewicht von *Yin* und *Yang* geachtet werden. Für die „korrekte“ Reihenfolge beim Servieren sorgen Gastgeber oder Gastgeberin.

¶ Bei einfachen Mahlzeiten kommen alle Gerichte (gewöhnlich ein Fischgericht, ein Fleischgericht und Gemüse) gleichzeitig auf den Tisch. Speisen sechs bis acht Personen zusammen, werden besondere Gerichte wie zum Beispiel Pekingente gesondert aufgetragen, doch können die vorhergehenden Gerichte dann gleichzeitig serviert werden. Bei einem feierlicheren Essen oder einem Bankett werden die Platten einzeln hereingetragen, da jedes Gericht für sich genossen werden soll.

¶ Doch es gibt einige Grundregeln: Erstens werden zuvor keine Drinks serviert; Tee genügt. Zweitens sollte der erste Gang ein kaltes Gericht sein; hervorragend sind zum Beispiel Hühnerfleischscheiben mit Sesam.

¶ Die übliche Gleichung für Mittag- oder Abendessen ist ein Gericht pro Person plus ein weiteres Gericht. Doch darf man hierin flexibel sein. Ein „Bettlerhuhn“ zum Beispiel entspricht drei anderen Gängen. Auf der anderen Seite mag ein vegetarisches Essen durchaus acht Platten für eine Gesellschaft von vier Personen umfassen.

¶ In der Abfolge der Gänge sollten scharf gewürzte Gerichte (etwa Shrimps in Chilisauce) mit milden Gerichten (Huhn mit Mandeln) abwechseln; leichte Gerichte (z.B. Bohnensprossen) mit schwereren Gerichten (Schweinefleisch mit Knoblauch); dunkle Gerichte (getrocknete schwarze chinesische Pilze) mit weißen Gerichten (Fisch mit Schalotten).

¶ Nudeln oder Suppe können den letzten Gang bilden. Bei kantonesischen Speisen, die nahezu fettfrei und leicht sind (oder sein sollten), dienen Nudeln als guter Kontrast. Zu den schwereren nordchinesischen Gerichten auf Nudelbasis paßt eine klare Suppe am besten, vielleicht eine Brühe mit großen schwarzen Pilzen. Darauf kann eine Schale mit Obst folgen.

¶ Die westliche Kenntnis der chinesischen Kochkunst ist auf die Küche zweier Regionen beschränkt gewesen, Guangdong (Kanton) im Süden und Beijing (Peking) im Norden. Die ersten chinesischen Einwanderer in Amerika und Australien kamen während des 19. Jahrhunderts aus dem Süden. Sie verließen Macao, um in den Goldminen und beim Bau der Eisenbahnlinien zu arbeiten. Darum brachten sie nicht nur ihren Fleiß und ihre Arbeitskraft mit, sondern auch ihre Speisen.

Guandong (Kwangtung, Hauptstadt: Kanton)

¶ Mit einer fast 1.600 Kilometer langen Küstenlinie und einem ganzjährig subtropischen Klima ist diese südliche Provinz weltberühmt für die Vielfalt ihrer Speisen. Obst und Tee gedeihen hier im Überfluß; Vögel, Schwein, Rind und Meeresfrüchte gehören zum täglichen Speisezettel, auch Pilze gibt es in zahllosen Arten und Sorten. Die Betonung liegt auf Abwechslung und schnellem Kochen, damit die frischen Lebensmittel Farbe und Geschmack optimal entfalten können.

Shanghai

¶ Wie New York oder London besitzt Shanghai keine eigene Küche. Diese Metropole kennt alle Rezepte des Jangtse-Tals, hat aber auch die Gewohnheiten anderer Gegenden übernommen.

¶ Eine Spezialität sind Süßwasserfische und Schalentiere, vor allem Aal, Garnelen und Krabben. Daher ist die Küche im allgemeinen nahrhafter und schwerer als die kantonesische.

¶ Während die meisten Gerichte Shanghais aus anderen Regionen stammen, ist die Stadt angeblich die Heimat des „Bettlerhuhns“, des „Betrunkenen Hühnchens“, der „Acht-Schätze-Ente“ sowie konservierter Nahrungsmittel.

¶ Nachbarprovinzen sind Fujian, Jiangxi und Zhejiang. Hier wie in Shanghai ist es üblich, die Gerichte in Sojasauce zu dünsten.

Beijing und die Mongolei

¶ Wegen der nördlichen Lage und der Nähe der mongolischen Wüste hat Beijing ein kaltes und trockenes Klima. Deshalb sind nicht alle der im Süden verwendeten Zutaten erhältlich. Zweierlei ist für Beijing bemerkenswert: Erstens führten die Mongolen ihre besondere Methode des Grillens und Röstens ein. Zweitens schätzten die Kaiser auch andere Küchen Chinas und machten sie folglich heimisch.

¶ „Pekingente“ ist das berühmteste Gericht, doch werden alle Fleischsorten gegrillt oder geröstet – ein Vermächtnis der Mongolen. Beispielsweise gibt es den Mongolischen Feuertopf mit den verschiedensten Saucen um das Lamm. Ein typisches

Beim Reispflanzen in der Provinz Sichuan. Obgleich im Norden nicht so beliebt, gilt Reis als Chinas Hauptnahrungsmittel und ist die Beilage zu den meisten Gerichten. China ist der größte Reiserzeuger der Welt. LEO MEIER/WELDONS

Wintergericht ist gebratenes Hammelfleisch, das mit ganzen Schalotten (Frühlingszwiebeln) und Kohl ofenfrisch auf den Tisch kommt.

¶ Das wichtigste Gemüse ist Kohl, besonders Tianjin-Kohl, der zu Suppen, Fleisch und Fisch serviert wird.

¶ Insbesondere durch die Verwendung von Weizen und Sorghum unterscheidet sich die Küche im Norden von der des Südens. Von hier stammen die Nudeln, Brötchen, Pfannkuchen und Fleischtaschen. Die Teigtaschen aus Tianjin sind in ganz China berühmt.

¶ Nur in Beijing legt man allergrößten Wert auf die Nachspeisen. Honigäpfel, Kastanienpüree mit Schlagsahne und Obstsalate gelten als Spezialitäten.

Hangzhou

¶ Marco Polo pries die Vielfalt und den Überfluß der Märkte von Hangzhou: „... Nahrungsmittel, Wild und Geflügel in Hülle und Fülle. Alle Arten von Gemüse und Früchten ... riesige Birnen, die neun Pfund wiegen ... Rosinen von ausgezeichneter Qualität ... Tag für Tag eine ungeheure Menge an Fischen."

¶ Nirgendwo in China duftet es so herrlich wie in Hangzhou im Mai. Das ist die Zeit, wenn der Dragon Well Tee blüht. Tee wird hier zu feinen Speisen verwendet.

¶ Der West-See mitten in der Stadt Hangzhou ist ein sehr romantischer Ort; auf seinen Inseln finden sich zahlreiche Teehäuser. Hier serviert man in Essig gekochten Fisch, Ente mit Honigfüllung und eine Nudelsuppe mit Pilzen.

¶ Hangzhou wartet mit zwei kulinarischen Besonderheiten auf. Die eine ist schwer erhältlich, lohnt aber den Versuch: *Shuen choi* ist ein glitschig glattes Gemüse aus der Malvenfamilie, das an Seen wächst. Es hat einen köstlichen Geschmack und eignet sich sehr gut für Suppen. Die zweite ist das Schweinefleisch *tung po* (*su tung po*). Es wird geschmort, dann gedünstet, bis es die weiche Beschaffenheit von Tofu hat.

Suzhou

¶ Da Suzhou von alters her die Heimat von Gelehrten, Musikern (aber auch Schwätzern) war, entstand wie von selbst eine Teehauskultur mit *dim sum* sowie Süßspeisen und Gebäck aus Reis. Es gibt ungefähr 50 Sorten Feingebäck, die durch ihre Zutaten unterschiedlich gefärbt sind: Rote Kuchen sind mit einem pflanzlichen Farbstoff gefärbt, gelbe mit Eidotter, grüne mit Kohlsaft und schwarze mit Kakao. Andere Zutaten sind rote Bohnenpaste, Pinienkerne, Walnüsse, Sesamkörner und -paste, Zucker, Tofu und eingemachtes Obst.

¶ Der Stachelfisch kommt „plappernd" (in Wirklichkeit brutzelnd, wodurch knallende Geräusche entstehen) auf den Tisch. Die Suzhou-Ente wird mit Mandeln geschmort.

¶ Einige der berühmtesten Jasminteesorten Chinas kommen aus Suzhou (60 Prozent wachsen in dieser Region), und die Menschen hier trinken ihn pausenlos. Zum Frühstück genießt man in Suzhou ein besonderes „Tee-Ei".

Sichuan und Hunan

¶ Sichuan bietet für jeden Geschmack etwas. Die Hügel dieser Provinz, die an Tibet grenzt, bringen eine üppige Fülle an Gewürzen und Kräutern hervor. Hier findet man Sternanis, Fenchelsamen, Chili, Koriandergrün, Sesam, Ingwer, Knoblauch, „Fünf Gewürze" und den berühmten Sichuan-Pfeffer.

¶ Die Zutaten werden geköchelt, gerührt, gedünstet und geräuchert. Die Fleisch- und Geflügelgerichte bereitet man oft aus Hackfleisch zu, so daß sie relativ schwere Saucen aufnehmen.

¶ Huhn und Schweinefleisch sind die Haupt-Fleischgerichte, da es hier kaum Weideland für Lämmer, Schafe oder Kühe gibt. Genaugenommen stammen die einzigen Rindfleischgerichte von Ochsen.

¶ Nur auf den ersten Blick überrascht es, daß die Küche in Sichuan viel Fisch und Schalentiere bietet, denn in den hohen Bergen gibt es ergiebige Quellen, in denen es von Garnelen, Krabben und Fischen nur so wimmelt. Der Fisch wird mit allen verfügbaren Gewürzen gedünstet.

¶ Die Hauptzutaten sind vielfältig. Neben Huhn und Schweinefleisch werden viel roter Reis, auch Bambus, Weizen, Mais, Süßkartoffeln, Bananen und Orangen verwendet. Die benachbarte Provinz Hunan hat herzhafte, sättigende Speisen, die vielleicht etwas schärfer sind als in Sichuan.

Yunnan

Yunnan ist bekannt für seinen Schinken, für Pilze und für ein Gericht mit dem malerischen Namen „Brücke-über-den-Fluß-Nudeln". Es besteht aus Nudeln, Pilzen und Fleischstücken.

Teochiu

¶ Die Menschen in Teochiu (Chiuchow) gelten als die Sizilianer Chinas – Händler und Seeleute, deren Speisen genauso deftig sein können wie sie selbst.

Tangerinen (Mandarinen) aus dem Süden schenken der chinesischen Küche ein beliebtes Aroma. Diese Bootsladung wird in vielen Teilen des Landes auf den Markt kommen. CHINA TOURISM PHOTO LIBRARY/PENG ZHENGE

❡ Die Nahrung ist schwer, klebrig, fast sinnlich. Es ist das Land der Gänse, die stark mit Soja gewürzt oder im eigenen Blut gekocht werden. Die Leute dieser Region verwenden eine Art Satay-Sauce, die ihre Vorfahren von ihren Raubzügen nach Indonesien mitbrachten. Sie lieben süß-saure Gerichte, fritierte Shrimpsbällchen und Krabben-Fleischrouladen. Typisch für ihren Hang zu kräftigen Kontrasten sind Eiernudeln, die mit Portionen von Zucker und Essig serviert werden.

❡ Zum Nachtisch werden gesüßte Vogelnester oder zuckrige Brötchen mit Rotebohnenfüllung serviert. Sie haben sogar ein Rezept für Taro, den sie kandieren.

Auslandschinesische Gerichte

❡ Jedes Land hat seine eigene unverwechselbare chinesische Küche, die recht beachtlich sein kann. Am „unchinesischsten" ißt man bei den Chinesen, die sich im 19. Jahrhundert in Malaya und Singapur niedergelassen haben. Es handelt sich um Nyonya-Speisen, die chinesische Zubereitungsmethoden und Gewürze aus Südostasien verbinden. Diese Gerichte sind von der thailändischen und malaysischen Küche beeinflußt.

❡ Eine andere Mischform ist die Küche des portugiesischen Macao. Die Grundlage ist kantonesisch, aber dazu kommt einiges mehr: portugiesischer Portwein, Koriandergrün, Kabeljau oder Sardinen des Mittelmeers, in China gezogene Tauben. Zu einem berühmten portugiesischen Eintopfgericht kommen Chinakohlblätter und Schweinefleischstückchen mit Ingwer sowie auch Koriandergrün hinzu.

❡ Man könnte auch Hakka-Speisen als eine Art „auslandschinesisch" bezeichnen, da das Volk der Hakka ständig aus dem nördlichen China abwandert. Deshalb liegt der Schwerpunkt auf gepökelter oder eingemachter Nahrung.

❡ Die Hakka bereiten ein einmaliges Gericht aus Kutteln. Es wird mild mit Curry gewürzt, dann in eine Betelnußsauce gegeben, ist fest im Biß und schmeckt süß – aber äußerst fremdartig.

❡ In welcher Region auch immer – chinesisches Essen stiftet eine eigene Atmosphäre: für die Augen das weiße Porzellan, für die Nase der Duft des Jasmintees, zum Fühlen die hölzernen Eßstäbchen. Und für die Geschmacksnerven gibt es so viele Empfindungen, daß man nicht weiß, wo man mit der Schilderung beginnen soll …

** Die Namen der Gerichte erscheinen in diesem Buch in kantonesischer Sprache, die auch in Hong Kong und von den meisten Auslandschinesen gesprochen wird.*

FESTLICHE ANLÄSSE

Festliche Anlässe

Wie Reis und Tee scheint das Wort „Bankett" oder „Festessen" ein Synonym für China zu sein. Hoher Besuch, Diplomaten, Popstars und Reisebüroleiter kommen unweigerlich in den Genuß eines chinesischen Banketts. Der Neujahrstag wird stets mit einem Familienfestessen begangen. Eine Mahlzeit in einem chinesischen Restaurant für mehr als sechs Personen kann ebenfalls als Festessen bezeichnet werden. Dagegen weist das chinesische Wort in Wirklichkeit auf etwas Bescheidenes hin: *Yin wui* bedeutet schlicht „Zusammenkunft zum Essen", ist aber eine aufwendige Angelegenheit.

¶ In der guten alten Zeit ging der Gastgeber um den Tisch und wählte die „besten Stücke" eines Gerichts für seine Gäste aus. Heute erfüllen Kellner diesen Dienst bei der ersten Portion; danach bedient sich jeder Gast selbst. Keiner würde es wagen, das „letzte Stück" von einer Platte zu nehmen, weil das für schlechtes Benehmen spräche. Wenn der Gastgeber aufsteht, gibt er zu verstehen, daß das Festessen zu Ende ist.

Vorhergehende Seiten: Festessen bestehen manchmal aus bis zu 60 Gängen. Der chinesische Tisch ächzt unter dem Gewicht eigens zubereiteter Leckerbissen für Verwandte, Freunde und Nachbarn. BRUCE PEEBLES

Gegenüber: Chinesische Restaurants sind bei Festen oder Familienfeiern auf zahlreiche Gäste eingestellt, und fleißige Köche bringen viele Stunden damit zu, prächtige und üppige Gerichte zu schaffen.
CHINA TOURISM PHOTO LIBRARY/WANG PEN WO

¶ Mit Banketten sollen vor allem hohe Gäste geehrt und beeindruckt werden; ein Festmahl aber wird von einem uralten Zeremoniell geleitet. Eine Woche vor dem chinesischen Neujahrstag zum Beispiel versammelt sich die Familie vor der Statue oder Tafel, die den Küchengott darstellt, und bestreicht dessen Lippen mit Honig. Das soll ihn bewegen, nur Gutes zu vermelden. Am Abend vor Neujahr wird ein Tisch mit besonderen Speisen gedeckt, damit die Gottheit einen guten Eindruck bekommt. Sämtliche Neujahrsgerichte müssen im voraus zubereitet werden, da während des Festes keine Messer benutzt werden dürfen.

¶ Auf dem Tisch ist jedes Detail symbolträchtig. Vegetarische Gerichte zum Festessen am ersten Tag des Jahres dienen der Reinigung von Körper und Seele; am zweiten Tag folgt ein Festessen mit neun Gängen (die Neun ist eine Glückszahl, die ewiges Leben und Reichtum verheißt). Tischschmuck kann ein aus Gemüse ausgeschnittener Hahn sein, der das neue Jahr und Fruchtbarkeit symbolisiert.

¶ Pfirsiche spielen ebenfalls eine wichtige Rolle. Der Pfirsich ist ein Symbol der Ehe sowie des Frühlings und steht auch für Wohlstand, denn der chinesische Name der Frucht ist ein Wortspiel mit „Million". Der Neujahrsreiskuchen ist süß, um freundliche Stimmung anzuzeigen, klebrig, um Freunde zusammenzuhalten, und rund, um auf den vollkommenen Familienkreis zu verweisen.

¶ Kein Festessen, sondern ein in Bambusblätter gehüllter Reiskuchen symbolisiert die jährlichen Drachenbootrennen, und im Herbst feiern die Familien das Mondfest, bei dem sie auf die Berge steigen, um den Mond anzubeten. Zu diesem Fest gibt es den traditionellen „Mondkuchen".

SHEUNG TONG DUNG CHEE

HAIFISCHFLOSSEN IN EXTRAFEINER BRÜHE

Ein Festessen ohne Haifischflossen verdient den Namen nicht. Sie sind der eigentliche Glanzpunkt.

500 g Haifischflossen bester Qualität
3,75 l Wasser
125 g Ingwer
4 Schalotten (Frühlingszwiebeln)
2 EL chinesischer Reiswein
1 l extrafeine Brühe (siehe Rezept, Seite 75)
etwas magerer geräucherten Schinken (in Streifen)

FÜR 4-6 PERSONEN

❡ Die Haifischflossen mit Wasser bedeckt über Nacht stehenlassen.

❡ Das Wasser in einem sehr großen Topf zum Kochen bringen und Ingwer, Schalotten und Wein

Links: Sheung Tong Dung Chee; Mitte: Sheung Tong Yin Wor; rechts: Sheung Tong Conpoy Dong Qua

zugeben. Haifischflossen zugeben, sechs Stunden köcheln, anschließend eine Stunde ziehen lassen.

¶ Die Haifischflossen aus dem Topf nehmen und abtropfen lassen. Jetzt sollten sich die Flossenspitzen mit dem Fingernagel leicht brechen lassen.

¶ Die Haifischflossen in eine Suppenterrine geben, Brühe darübergießen und zudecken. Auf einem Dämpfeinsatz in einen Topf mit kochendem Wasser stellen und eine Stunde dämpfen lassen. Mit den Schinkenstreifen darüber servieren.

SHEUNG TONG YIN WOR

VOGELNESTER IN EXTRAFEINER BRÜHE

Dieses ist eines der erlesensten Festgerichte in China – und außerdem eines der teuersten, da Vogelnester bis zu 1.000 Dollar für ein Pfund kosten können. Die Nester stammen vom Golf von Siam, und man nimmt an, daß die Tradition, sie zu verzehren, während der Zeit der Ming-Dynastie begründet wurde.

60 g getrocknete Vogelnester bester Qualität, 12 Stunden in 500 ml warmem Wasser eingeweicht
1 l extrafeine Brühe (siehe Rezept, Seite 75)
etwas geräucherter Schinken (in Streifen)

FÜR 4-6 PERSONEN

¶ Die Vogelnester auf eine Platte setzen und diese auf einem Dämpfeinsatz in einen Topf mit kochendem Wasser stellen; zudecken und 30 Minuten dämpfen, dann herausnehmen.

¶ Jetzt in einem weiteren großen Topf die Brühe zum Kochen bringen, dann die Vogelnester hineingeben und drei Minuten kochen lassen; die Vogelnester und die Brühe anschließend in Schalen verteilen und, mit den Schinkenstreifen darüber, servieren.

SHEUNG TONG CONPOY DONG QUA

WINTERMELONE UND CONPOY IN EXTRAFEINER BRÜHE

Dieses Gericht ist fein genug für ein Festessen, und dennoch einfach zuzubereiten:

500 g Wintermelone, geschält, von Samen befreit und in 0,5 cm dicke Schnitze geschnitten
4-6 große Conpoy (getrocknete Jakobsmuscheln), 4-5 Stunden in warmem Wasser eingeweicht
1 l extrafeine Brühe (siehe Rezept, Seite 75), zum Kochen gebracht
1 TL chinesischer Reiswein

FÜR 4-6 PERSONEN

¶ Die Wintermelone zwei Minuten in kochendem Wasser blanchieren und anschließend herausnehmen.

¶ Die Wintermelone und Conpoy in eine große Suppenterrine mit Deckel geben. Brühe und Wein zugießen und zudecken. Die Terrine auf einem Einsatz in einen Topf mit kochendem Wasser stellen und eine Stunde dämpfen, dann servieren.

Nahrung als Arznei

Die chinesische Auffassung von Nahrung als Arznei ist eine Mischung aus Legende und tatsächlich wirksamen Heilkräften. Daher hat man die wilden Kräuter der Berghänge stets ebenso wegen ihrer aufbauenden Kräfte gerühmt wie wegen ihres Aromas. Und weil die Winde der Wüste Gobi dafür bekannt sind, „gesünder" zu sein als die Winde in den Städten, wird Fleisch in den Läden traditionell nach Norden weisend aufgehängt.

Durch Jahrtausende hindurch hat man diese alte Kunst der chinesischen Kräutermedizin erforscht und dokumentiert. In höchst ungewöhnlichen Substanzen wurden Heilkräfte entdeckt – in Kräutern, Pilzen, Hörnern, „geheimen" Wurzeln, Knollen sowie Insekten. Solche Substanzen werden getrocknet, gemahlen, geschält etc., um als Heilmittel bei den verschiedensten Beschwerden (meist als Aufguß) eingenommen zu werden.

Die Philosophie der chinesischen Nahrung/Arznei birgt mehrere Aspekte. Zunächst einmal dreht sich alles um das *Yin* und *Yang*. Dann befaßt sie sich mit den fünf Energien der Nahrung: kalt, heiß, warm, kühl und neutral.

Damit sind freilich die metaphysischen Eigenschaften der Nahrung gemeint.

Tee zum Beispiel hat eine „kalte“ Energie. Trinkt man ihn, wird die Hitze des Körpers abgekühlt. Ebenfalls über kalte Energie verfügen Bambus, Koloquinthen und die meisten Früchte.

In alten Zeiten bereitete man zum Beispiel bei einer starken Erkältung eine Schale Suppe mit Ingwer zu und trank sie heiß. Das scharfe Aroma brachte einen ins Schwitzen, da die Chinesen glaubten, daß Ingwer eine „warme“ Energie hat, die den Körper erhitzt. Demnach weist die ideale Kost mehrere Gegensatzpaare auf, die ausgewogen sein müssen: das *Yin* und das *Yang*, das medizinisch Kalte und Heiße, das aromatisch Scharfe und das Fade etc.

Die meisten Regeln waren seit frühesten Zeiten überliefert. Unter der T'ang-Dynastie dann wurde die Pflanzen-Enzyklopädie *Pen T'sao* geschrieben. Sie führt Tausende von Kräutern, Gewürzen, Fleischsorten und Gemüsen auf, die medizinisch genutzt werden können. Im „Hinterzimmer“ eines jedes Kräuterheilkundigen wird dieser Wälzer noch immer konsultiert.

Heute entwickelt das offizielle chinesische Institut für Ernährungswissenschaft Rezepte, die darauf abzielen, „Schönheit und Kraft“ zu fördern. Die Inhaltsstoffe können ganz gewöhnliche Speisen sein, aber die Zutaten werden so kombiniert, daß sie die Krankheit verursachende Energie wegnehmen. Für die Chinesen von heute ist „Nahrung“ immer noch eine Komponente der Medizin. Sie kochen Wurzeln wie *dang gui* oder Lakritze mit Fleisch und verfeinern die Nachspeisen mit Samenschoten, Obst sowie Beeren wie Bittersüß und Lotusnüsse.

Zu den wichtigeren Heilsubstanzen gehören:

Aprikosenkerne: Allheilmittel bei Husten und Asthma.

Austern: reguliert den Stoffwechsel.

Hammel: Läßt die Frau im Wochenbett zu Kräften kommen.

Ginseng: Für die Vitalität, sexuelle Energie, auch ein Heilmittel gegen Frigidität.

Ingwer: Ausgezeichnet bei der banalen Erkältung.

Karotte: Verbessert die Sehkraft.

Knoblauch: Das beste Mittel gegen Rheuma, fördert unter anderem die Regulierung des Blutkreislaufs.

Pfeffer: Wirksam bei Magenbeschwerden und Durchfall.

Schlangengalle: Ein Allheilmittel.

Schwarzes Huhn: Hat aphrodisische Eigenschaften.

Seegurken: Steigern angeblich die Manneskraft.

Tangerinen-Schale, getrocknet: Neutralisiert die das Gleichgewicht störenden „Gifte“ von Schalentieren.

Taube: Wird von Frauen während der Monatsblutung gegessen.

Vogelnest: Wichtig bei Erkrankungen der Bronchien und gut für den Teint.

Walnuß: Sowohl das Öl als auch die Frucht dienen dazu, um allgemeine körperliche Verluste wettzumachen.

Wein: Einige Gläser Reiswein mit Honig sind ein Mittel gegen Rheumatismus und Muskelkrämpfe.

Weiße oder Chinesische Morcheln: Reinigen den Teint.

1. Walnüsse; 2. Bittermandeln; 3. Preiselbeeren; 4. Wermut; 5. Chinesische Morcheln mit Preiselbeeren; 6. Walnußcremepudding; 7. Chinesische Morcheln; 8. Rote Datteln; 9. getrocknete Lotuswurzel; 10. Seegurke; 11. schwarze Pilze; 12. getrocknete Tangerinenschale; 13. chinesischer Wein; 14. getrocknete Lotusnüsse; 15. gedünstete Taube mit dang gui; 16. Ingwer; 17. chinesischer Tee; 18. Ginseng; 19. dang gui

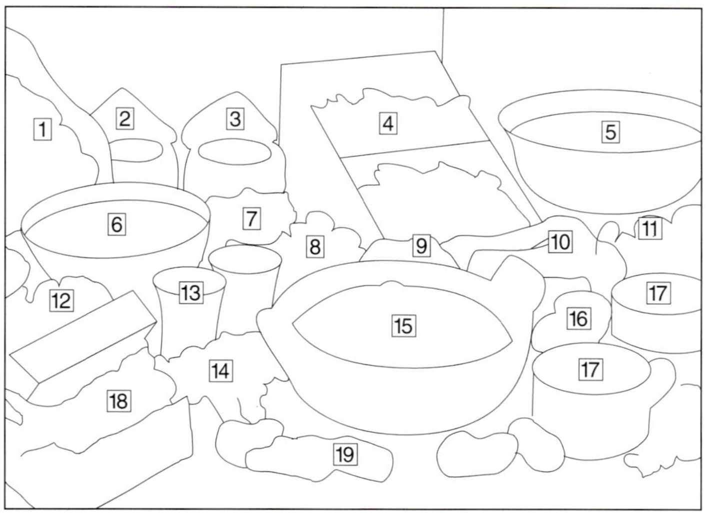

KUM WAH YUK TSUI GAI

GEDÜNSTETES HÜHNCHEN MIT SCHINKEN UND GRÜNKOHL

Ursprünglich wurde dieses kantonesische Gericht mit Senfkohl serviert, doch ziehe ich Grünkohl vor. Das Gemüse dient allerdings hauptsächlich als Dekoration.

Für die Marinade:
1 TL Salz
1 EL chinesischer Reiswein
1 TL Sesamöl
Für das Hühnchen:
1/2 Hühnchen, etwa 750 g
90 g magerer geräucherter Schinken, in kleinen Streifen
3-4 EL Erdnußöl
6 Stengel Grünkohl oder Senfkohl, geputzt
Salz
250 ml Wasser
375 ml Hühnerbrühe (Suppenextrakt)
1 EL helle Sojasauce
1 TL Zucker
1 TL chinesischer Reiswein
1 EL Maisstärke (Stärkemehl)

FÜR 4-6 PERSONEN

¶ Alle Zutaten für die Marinade in einer Schüssel mischen. Das Hühnchen mit der Marinade einreiben. Einen großen Topf mit Wasser zum Kochen bringen, einen Dämpfeinsatz in die Mitte stellen und das Hühnchen bei mittlerer Hitze 18-20 Minuten dünsten. Das Hühnchen aus dem Topf nehmen, abkühlen lassen und in Stücke von 5 x 1 cm zerteilen. Mit dem Schinken in drei Reihen auf einer Servierplatte anordnen.
¶ Zwei bis drei EL Öl in einem Wok erhitzen. Den Grünkohl zugeben und 30 Sekunden pfannenrühren. Salz und Wasser zugeben und bei mittlerer Hitze drei Minuten kochen. Den Kohl herausnehmen und neben Hühnchen und Schinken legen.
¶ Alle übrigen Zutaten gesondert verrühren.
¶ Die restlichen ein bis zwei EL Öl im Wok erhitzen. Die Brühenmischung zugeben und zum Kochen bringen, über das Fleisch und den Kohl gießen und servieren.

TSUI PAY GAI

KNUSPRIGES HÄHNCHEN

Dies ist ein beliebtes Restaurantgericht. Die meisten Köche werden Ihnen sagen, es sei für einen Laien unmöglich, das richtige Gleichgewicht zwischen knuspriger Haut und zartem Fleisch zu erreichen. Die Zubereitung ist zwar kein Geheimnis, doch ist sie lang und ermüdend.

1 Hähnchen, etwa 1,5 kg
1 1/2 TL Salz
1 TL Fünf-Gewürz-Pulver
60 ml Maltose oder dunkler Maissirup
185 ml weißer Essig
2-3 TL aromatischer roter Essig
90 ml Wasser
2 l Erdnußöl
Saft von 2 Zitronen
Für den Dip:
2 EL Salz
1 TL Fünf-Gewürz-Pulver

FÜR 8-10 PERSONEN

¶ Das Hähnchen abwaschen und zum Trocknen 45 Minuten aufhängen.
¶ Das Hähnchen mehrmals mit kochendem Wasser begießen. Innen mit dem Salz und dem Fünf-Gewürz-Pulver einreiben.
¶ Die Maltose mit Essig und Wasser in einem Topf auflösen. Das Hähnchen mit der Mischung begießen, bis die Oberfläche gut bedeckt ist; zwei Stunden aufhängen.
¶ Das Öl in einem großen Topf bei mittlerer Hitze erhitzen, bis es leicht raucht. Das Hähnchen sechs bis sieben Minuten braten, dabei häufig wenden und direkten Kontakt mit dem Topfboden vermeiden. Das Hähnchen aus dem Topf heben und mit Öl begießen, bis die Haut goldbraun wird.
¶ Das kalte Hähnchen in mundgerechte Stücke zerteilen; dann mit Zitronensaft und Dip servieren.
¶ Dip: In einem sauberen Topf das Salz pfannenrühren, bis es leicht gebräunt ist, dann Fünf-Gewürz-Pulver zugeben und verrühren.

GINSENG

Panax ginseng, *ein Wurzelgemüse, wächst oft im Schatten von Eichen, Kastanien oder unter Bambusmatten, die die Pflanze vor der Sonne schützen. Mitunter bereitet man eine Suppe damit, die warm gehalten und über einen ganzen Tag verteilt gegessen wird. In Teilen der Mandschurei und Koreas füllt man als Festgericht ein ganzes Huhn mit Ginseng und gart es dann. Ginseng enthält B-Vitamine sowie Enzyme und wird als allgemeines Stärkungsmittel betrachtet.*

Oben: Tsui Pay Gai; unten: Kum Wah Yuk Tsui Gai

HOU TIN NGARP

GEBRATENE PEKINGENTE

Wenn Sie die Angaben genau befolgen, kann dieses Gericht genauso gut schmecken wie die Ente, die in Restaurants auf den Tisch kommt.

1 Ente (etwa 3 kg) mit dem Kopf
3-4 l kochendes Wasser
125 ml Gewürz- oder Weinessig
250 ml Wasser
5 EL Honig
60 ml Hoisinsauce
1 EL Sesamöl
48 Schalotten (Frühlingszwiebeln), nur weiße Teile, 5 cm lang
48 Gurkenstifte, 5 cm lang
36 chinesische Pfannkuchen (siehe Rezept, Seite 231)

FÜR 10-12 PERSONEN

❡ Die Ente innen und außen waschen.

❡ Bauch der Ente mit einem Fleischspieß schließen. Die Flügelspitzen abschneiden. Am Hals einen Schnitt anbringen, dann ein Röhrchen einführen und Luft zwischen Haut und Fleisch blasen, damit die Haut glatt und gespannt wird. Den Hals mit einer Schnur fest unter dem Einschnitt abbinden.

Oben: Yeung Chung Ngarp; unten: Hou Tin Ngarp

¶ Die Ente auf ein Ablaufbrett legen. Ein Viertel des kochenden Wassers über die Ente gießen, umdrehen und ein weiteres Viertel des kochenden Wassers darübergießen. Das Ganze wiederholen, dann mit kaltem Wasser abspülen.
¶ Essig, Wasser und Honig in einer Schüssel verrühren und die Ente mit der Mischung bepinseln. Ein weiteres Stück Schnur um den Hals binden und die Ente für mindestens 10 Stunden an einem gut durchlüfteten Platz aufhängen.
¶ Den Backofen auf 200° C vorheizen. Die Ente mit der Brust nach oben auf einen Rost über einer Fettpfanne legen. Die Ente bei 180° C eine Stunde braten, dabei alle 15 Minuten wenden.
¶ Die knusprige Haut abschneiden, dann das Fleisch in dünne Stücke schneiden und auf eine warme Servierplatte legen. Zum Essen 1 TL Hoisinsauce in die Mitte eines Pfannkuchens geben. Etwas Haut und Fleisch sowie ein Stück Schalotte und Gurke darauflegen.

YEUNG CHUNG NGARP

GESCHMORTE ENTE MIT ZWIEBELFÜLLUNG

Dies ist ein relativ kompliziertes Gericht und war wahrscheinlich ausschließlich für Feste gedacht. Das Fleisch wird mehrere Stunden gedünstet, um es so zart zu machen, daß es sich vom Knochen löst.

Für die Ente:
1 EL Salz
1 TL Fünf-Gewürz-Pulver
1 TL Pfeffer
1 Ente, etwa 2 kg, gewaschen und trockengetupft
2 EL dunkle Sojasauce
1 l Erdnußöl
3 Zwiebeln, in Ringe geschnitten
Für die Sauce:
2 EL Austernsauce
2 TL dunkle Sojasauce
2 TL chinesischer Reiswein
1 EL Maisstärke (Stärkemehl)

FÜR 8-10 PERSONEN

¶ Das Salz, Fünf-Gewürz-Pulver und den Pfeffer innen in die Ente reiben. Die dunkle Sojasauce über die Haut reiben. Zwei Stunden trocknen lassen.
¶ Das Öl in einem Wok erhitzen und die Ente braun braten, dabei mit heißem Öl übergießen. Die Ente dann herausnehmen.
¶ Das Öl bis auf 2 EL abgießen und den Wok erneut erhitzen. Die Zwiebeln zugeben und pfannenrühren, bis sie durchsichtig sind. Abkühlen lassen, dann die Ente damit füllen.
¶ Die Ente auf eine tiefe Platte legen. Einen Dämpfeinsatz in einen Topf mit kochendem Wasser setzen und die Platte mit der Ente daraufstellen. Zudecken und bei mittlerer Hitze 2½ Stunden dämpfen. Flüssigkeit, die sich auf der Platte sammelt, aufheben.
¶ Die Zwiebeln aus der Ente nehmen und auf eine Servierplatte geben. Die Ente in mundgerechte Stücke schneiden und auf die Zwiebeln legen.
¶ Die aufgehobene Flüssigkeit in einem kleinen Topf mit den Saucenzutaten mischen und zum Kochen bringen. Über die Ente gießen und servieren.

Lo Suen Dai Tze

PFANNENGERÜHRTE JAKOBSMUSCHELN MIT SPARGEL

Dieses Rezept ist vor allem in Hong Kong zu Hause. Die Chinesen nehmen ihren weißen Spargel, ich ziehe für dieses Rezept den grünen Spargel vor, da er einen kräftigeren Geschmack hat.

Für die Marinade:
1/3 Eiweiß
1 TL Salz
1 TL Zucker
1 TL Maisstärke (Stärkemehl)
Für die Jakobsmuscheln:
18 Jakobsmuscheln
1,5 l Wasser
6 Stangen frischer grüner Spargel, am unteren Teil geschält, in 2,5 cm lange Stücke geschnitten
3-4 EL Erdnußöl
1½ Knoblauchzehen, feingehackt
1½ Scheiben Ingwer, feingehackt
6 EL Hühnerbrühe (Suppenextrakt)

Oben: Jing Lung Har; unten: Lo Suen Dai Tze

1 EL helle Sojasauce
1 TL Austernsauce
½ TL Salz
½ TL Zucker
1 TL Maisstärke (Stärkemehl)
1 TL chinesischer Reiswein

FÜR 4-6 PERSONEN

¶ Die Jakobsmuscheln 30 Minuten marinieren.
¶ Das Wasser in einem Topf zum Kochen bringen, dann die Muscheln zugeben, die Hitze zurückstellen und die Muscheln 30 Sekunden pochieren.
¶ Muscheln herausnehmen und abtropfen lassen.
¶ Das Wasser bis auf 500 ml abgießen und zum Kochen bringen. Den Spargel im Topf 2 Minuten kochen, dann herausnehmen.
¶ Das Öl in einem Wok erhitzen und den Knoblauch und Ingwer zugeben, dann die Jakobsmuscheln und den Spargel. Bei sehr starker Hitze 30 Sekunden pfannenrühren.
¶ Brühe, Sojasauce, Austernsauce, Salz, Zucker und Maisstärke in einer Schüssel verrühren. In den Wok geben und 15 Sekunden pfannenrühren. Den Wein zugeben und servieren.

JING LUNG HAR

GEDÜNSTETE LANGUSTE

In China gibt es viele Langustengerichte, dieses jedoch wird mit einer aus Teochiu stammenden süßen Sauce mit dem Aroma des Weins zubereitet.

1 lebende Languste, etwa 1 kg
1,5 l Wasser
125 ml Erdnußöl
2 Knoblauchzehen, zerdrückt
6 Scheiben Ingwer
250 ml Hühnerbrühe (Suppenextrakt)
1 EL helle Sojasauce
1 TL dunkle Sojasauce
1½ TL Zucker
1 EL chinesischer Reiswein
1½ TL Maisstärke (Stärkemehl)

FÜR 6-8 PERSONEN

¶ Die Languste zunächst zwei Stunden in die Kühltruhe legen, um sie zu töten; dann herausnehmen.
¶ Die Languste mit dem Bauch nach unten auf ein Schneidebrett legen und den Schwanz abschneiden. Die Languste umdrehen, der Länge nach halbieren und dann in Stücke von 2,5 cm zerlegen (die großen Scheren ablösen). Die Stücke mit der Panzerseite nach unten auf einer großen Platte anordnen.
¶ Das Wasser in einem Wok zum Kochen bringen. Einen Dämpfeinsatz in die Mitte setzen und die Platte mit der Languste daraufstellen, zudecken und bei starker Hitze zehn Minuten dämpfen.
¶ Das Öl vorsichtig im Wok erhitzen. Knoblauch und Ingwer zugeben und über die Languste gießen. Dann das überschüssige Öl von der Platte abgießen, den Ingwer und Knoblauch entfernen.
¶ Alle übrigen Zutaten verrühren, zum Kochen bringen und über die Languste gießen.

Kräuter und Gewürze

Buddhistische Mönche brachten aus Indien exotische Gewürze mit und Länder des Nahen Ostens führten Spinat, Koriander, Mandeln sowie scharfen Pfeffer ein. Nelken kamen aus Vietnam und Indonesien. Einheimische Arten sind eine Kardamomsorte, Sichuan-Pfefferkörner, Kassierinde und Sternanis. In China werden Speisen selten so stark gewürzt wie zum Beispiel in Indien. Stattdessen zieht man die feine Abstimmung aromatischer Gewürze im Essen vor und verwendet Kassie- oder Zimtrinde, Sichuan-Pfeffer und mehrere Gewürze mit Anis- oder Lakritzearoma. Kräuter sind in der chinesischen Küche kein beherrschendes Element. Man verläßt sich vor allem auf die verschiedenen Zwiebelarten, die Schärfe des Koriandergrüns und auf Ingwer.

GEWÜRZE

„Fünf Gewürze" *(heung nu fun)*: Fünf-Gewürz-Pulver wird als Geschmacksstoff und als Würze verwendet. Es ist ein uraltes Rezept, das drei in China heimische Gewürze, nämlich Sternanis, Kassierinde und Sichuan-Pfeffer mit Fenchelsamen und Nelken kombiniert. Als Würze wird es mit Salz gemischt, das vorher in einer trockenen Pfanne geröstet wurde; das ergibt einen aromatischen Dip für gebratenes Fleisch.

Sternanis *(bhat ghok)*: Diese getrockneten Samenhülsen, die von einem Magnolienbaum geerntet werden, sind sternförmig. Wenn sie getrocknet sind, platzen die Hülsen auf und legen einen einzelnen flachen, glänzend braunen Samen in jedem Zacken des Sterns frei. Sternanis hat ein ausgeprägtes Lakritzearoma.

Kassie *(jou kuei)*: Die duftende, grobe Rinde des Kassiebaums wird in geschmorten und geköchelten Gerichten verwendet und findet in der Heilkunst

eine breite Anwendung. Der teurere Zimt wird ebenfalls in Südchina angebaut.
Sichuan-Pfeffer *(faa jiu):* Mit dem schwarzen Pfeffer ist er nicht verwandt. Vielmehr handelt es sich um den aromatischen rotbraunen Samen des Gelbholzbaums *(Xanthoxylum piperitum)*. Köche in Sichuan schätzen ihn wegen des pfefferartigen Geschmacks. Eine zu starke Dosis kann auf der Zunge und den Lippen ein taubes Gefühl hervorrufen. Gemahlen läßt sich das Pulver als Würze über ein Gericht streuen (oder man mischt es mit erhitztem Salz und erhält einen Pfeffer-Salz-Dip für gebratenes Fleisch).
Salz: Die Provinz Sichuan besitzt eine Reihe natürlicher Salzlager, die ein schwärzliches, sehr aromatisches Salz liefern. Bestimmte Dips haben ein kräftigeres Aroma, wenn das schwarze Salz aus Sichuan verwendet wird.
Ingwer *(sang keong):* In China wird Ingwer eher als Kraut denn als Gewürz eingestuft, da er frisch oder eingelegt (doch nie als Pulver) verwendet wird. Kraftvoll, scharf, unverwechselbar, ist er einer der Grundzutaten überhaupt und wird in vielen süßen und pikanten Gerichten verwendet. Die frische Ingwerwurzel wird geschält, dann in Scheiben oder Streifen geschnitten, gerieben, kleingehackt oder einfach mit der Seite eines schweren Hackmessers zerdrückt, um die duftenden Säfte freizusetzen. Er wird auch in Lake, Reiswein oder Reisessig eingelegt.

KRÄUTER

Koriandergrün *(yuen sai):* Die dekorativen Blätter des Korianders sehen aus wie nicht gekräuselte Petersilie. Aber hier endet die Ähnlichkeit, denn sein Aroma ist scharf und stark. Die langen, schlanken Stiele (und nicht besonders dicht wachsende Blätter daran) ergeben eine hübsche Dekoration. Koriander verträgt sich gut mit Fisch, indem er den „fischigen“ Geruch abmildert, und wird kleingehackt an Saucen und Suppen gegeben.
Schnittlauch *(gau choi):* Als Angehöriger der Lauchfamilie ist Schnittlauch gut zur Kräftigung des Blutes. Er wird für Klöße genommen oder in Brühen mitgekocht und kleingehackt zum Garnieren verwendet. Auch gibt man ihn an pfannengerührte Gerichte. *Gau choi* hat hübsche Blütenknospen, die wie Lotusblüten geformt sind. In der Provinz Shandong legt man sie in Essig ein.
Schalotten/Frühlingszwiebeln *(kiu choi):* Diese schlanken Zwiebeltriebe sind in pfannengerührten Gerichten von unschätzbarem Wert, da sie schnell kochen und ihr Aroma ein Gericht nicht dominiert. Die grünen Stengel, in Stücke geschnitten, kleingehackt oder gekräuselt, indem man sie in Eiswasser einweicht, werden als Garnierung verwendet. Die Provinz Jiangxi ist das Hauptanbaugebiet für Schalotten.

CHILI/SCHARFER PFEFFER

Zum Weg des Chilis nach Asien gibt es zwei Theorien. Die eine besagt, daß der Chili von den Spaniern mitgebracht wurde, die durch eine der Kolumbusreisen in den Besitz dieser Pflanze aus der Neuen Welt kamen. Nach der anderen tauchte der Chili, von den Portugiesen nach Macao gebracht, um 1580 in China auf. Für die Küche von Sichuan wurde er schließlich unverzichtbar; in Maßen wird er auch in den meisten anderen Teilen Chinas verwendet. So kann man überall in China Pfeffer sehen, der von der Sonne getrocknet wird, entweder auf Bambusmatten ausgebreitet oder von Dachbalken hängend.

Es gibt eine Vielzahl von Chilis, und sie werden in mehreren Formen verwendet. Man kann die frischen roten oder grünen Schoten ganz dem Gericht beigeben oder sie für Suppen und pfannengerührte Gerichte kleinhakken und entkernen. In getrockneter Form werden sie ganz, kleingehackt oder zu Pulver gemahlen verwendet. In Pflanzenöl eingeweicht, ergibt Chili das scharfe, leuchtende, bernsteinrote Chiliöl, das vielen Gerichten den Pfiff gibt. Zerdrückter Chili, mit Salz und vergorenen Bohnen vermischt, ergibt eine Chilipaste, mit Knoblauch und Salz eine starke Würze.
Tse tin sui (oder „Zeige-zum-Himmel-Pfeffer“): Die Chinesen verwenden ihn für ihre Chilisauce, die sehr scharf ist, allerdings nicht ganz so wie Tabasco. Die Pfefferschoten wachsen in Büscheln und sind jeweils etwa 3 cm lang.
Ngau kok tsui (oder „Kuhhornpfeffer“): Stärker als *tse tin sui*, wird dieser scharfe Chilipfeffer gerne verwendet, um die pikanten Gerichte der Küche von Sichuan zu würzen. Auch an sauer eingelegte Gemüse wird er häufig gegeben.

1. Koriandergrün; 2. Schnittlauch mit Knospen; 3. Schnittlauch; 4. Fünf-Gewürz-Pulver; 5. Kassierinde; 6. Sichuan-Pfeffer; 7. Fenchelsamen; 8. getrocknete Chilischoten; 9. Sternanis

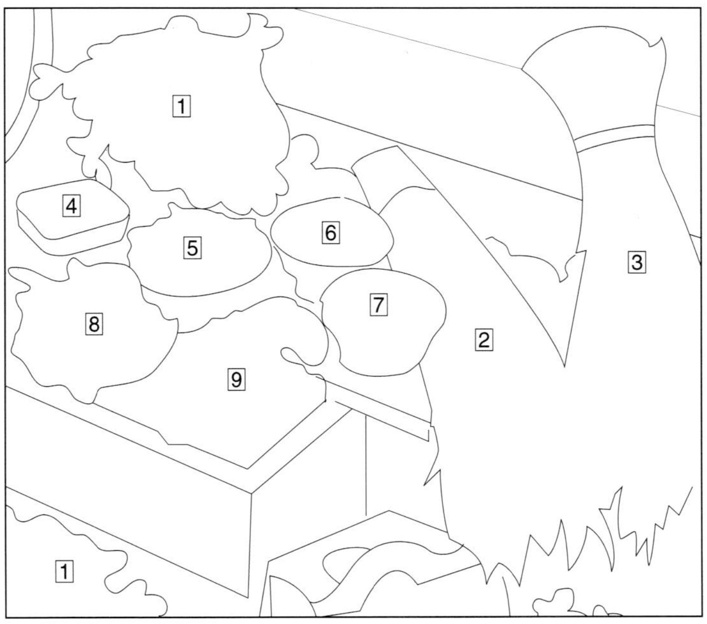

JIN DAI HAR

GEBRATENE RIESENGARNELEN

Es handelt sich hierbei um ein klassisches Gericht, das in ganz China serviert wird. Meine Version ist westlich beeinflußt, da ich Ketchup hinzufüge.

4-6 frische Riesengarnelen
500 ml Erdnußöl
1 TL feingehackter Knoblauch
1 TL feingehackter Ingwer
2 EL Hühnerbrühe (Suppenextrakt)
1 EL Ketchup (Tomatensauce)
1 EL helle Sojasauce
1 TL dunkle Sojasauce
2½ TL Maisstärke (Stärkemehl)
1 TL chinesischer Reiswein

FÜR 2-4 PERSONEN

¶ Kopf und Beine von den Garnelen abschneiden und wegwerfen. Säubern, aber nicht schälen. Den Körper in 5 cm lange Stücke schneiden, trockentupfen und mit Maisstärke bestäuben.
¶ Das Öl in einem Wok erhitzen, bis es sehr heiß ist. Bei reduzierter Hitze die Garnelen zwei Minuten braten, dann aus dem Wok nehmen.
¶ Das Öl bis auf einen EL aus dem Wok abgießen und die Garnelen bei mittlerer Hitze braten, bis sie auf beiden Seiten leicht gebräunt sind, dann den Lauch und Ingwer zugeben.
¶ Brühe, Ketchup, Sojasaucen und 1½ TL Maisstärke verrühren, dann die Brühenmischung zugeben. Bei schwacher Hitze 15 Sekunden köcheln lassen; bei starker Hitze den Wein zugeben.

HO YHU BOU PIN

ABALONENSTÜCKE IN AUSTERNSAUCE

Obwohl die Abalone in China nicht vorkommt (sie wird aus Japan und Mexiko eingeführt), gilt sie in der chinesischen Küche als eine der beliebtesten Delikatessen. Wenn Sie in der glücklichen Lage sind, frische Abalonen zu bekommen, lassen Sie sie 4-5 Stunden in Wasser köcheln.

1 Dose (425 g) Abalonen
250 ml kaltes Wasser
375 ml Hühnerbrühe (Suppenextrakt)
4 Scheiben Ingwer
½ TL Salz
60 ml Erdnußöl
6 Stangen frischer grüner Spargel, unten geschält
1 EL Austernsauce
½ TL Zucker
1 TL Maisstärke (Stärkemehl)
1 TL feingehackter Ingwer
1 TL feingehackter Knoblauch
1 TL chinesischer Reiswein

FÜR 4-6 PERSONEN

¶ Die Dose Abalonen in einen Topf stellen und Wasser zugeben, so daß es 8-10 cm über der Dose

Oben: Jin Dai Har; unten: Ho Yhu Bou Pin

steht. Das Wasser zum Kochen bringen und bei schwacher Hitze zwei Stunden kochen. Den Topf vom Feuer nehmen und die Dose öffnen, wenn sie abgekühlt ist. Dann die Abalonen in 0,5 cm dicke Stücke schneiden.

❡ Das kalte Wasser und 185 ml Brühe in einem Topf zum Kochen bringen. Ingwer, Salz, 1 EL Öl und Spargel zugeben und erneut zum Kochen bringen. Dann auf mittlere Hitze zurückstellen, zudecken, sieben Minuten kochen lassen und herausnehmen. Den Spargel auf eine Servierplatte legen.

❡ Die restliche Brühe mit der Austernsauce, dem Zucker und der Maisstärke in einer Schüssel verrühren.

❡ Die restlichen 3 EL Öl in einem Wok erhitzen. Ingwer und Knoblauch zugeben. Wenn es zu duften beginnt, die Brühenmischung zugeben. Dann die Abalonen zugeben und rühren, bis jedes Stück mit Sauce bedeckt ist. Die Hitze reduzieren und 30 Sekunden köcheln lassen. Die Hitze wieder auf groß stellen und den Wein über den Spargel gießen und servieren.

KÜCHENGERÄTE

Die chinesische Küche kommt mit wenig Gerätschaften aus. In alten Zeiten benutzten die Köche gerade mal zwei Töpfe: einen *fu* oder Kessel zum Sieden und einen *tseng* oder Dampftopf zum Dämpfen oder Kochen von Getreide. Der Wok kam erst um das 10. Jahrhundert in Gebrauch und eröffnete neue Möglichkeiten des Kochens: Pfannenrühren, Fritieren, Dämpfen, Pochieren und Sieden – alles war in diesem einen vielseitigen, energiesparenden Topf möglich. Moderne elektrische Woks aus Aluminium, Edelstahl oder Kupfer bieten selten Vorteile gegenüber dem alten Eisenwok – sie erhitzen zu langsam, lassen das Gericht schnell anbrennen oder verteilen die Hitze nicht gleichmäßig. Ein Wokdeckel, kuppelförmig, ein eckiger Spatel mit langem Griff und ein Schöpflöffel aus durchlöchertem Metall oder Drahtgeflecht – das sind die notwendigen Geräte für das Kochen im Wok.

Gas eignet sich am besten für den Wok, da die Flamme augenblicklich an die Erfordernisse angepaßt werden kann. Elektroherde können benutzt werden, wenn man den Wok auf einen Metallring über der Kochplatte stellt, doch ist dies eine Notlösung. Besser geeignet für einen Elektroherd sind Woks mit flachem Boden.

Die nächste Anschaffung für die chinesische Küche sind Dämpfeinsätze aus Bambus. Diese preiswerten und in den meisten chinesischen Geschäften erhältlichen Körbe lassen sich übereinanderstapeln, so daß man verschiedene Speisen gleichzeitig kochen kann. Sie werden in einem Wok oder einem großen metallenen Dampftopf verwendet. Während der Bambus heiß und feucht wird, sondert er gewisse natürliche Holzdüfte ab, die das Essen um ein weiteres Aroma bereichern. Mehrstufige Aluminiumdampftöpfe sind praktisch zum Dämpfen ganzer Hühner.

Ein weiteres wichtiges Gerät ist ein Tontopf für Aufläufe, Suppen und Gerichte mit langen Kochzeiten. Diese Töpfe aus hellem porösen Ton gibt es in vielen Größen. Sie sollten vor dem ersten Gebrauch eingeweicht werden; sie halten zwar einer Gas- oder Holzfeuerflamme stand, eignen sich aber nicht unbedingt für den Elektroherd.

Bevor freilich die Lebensmittel in die oben beschriebenen Töpfe gelangen, müssen sie vorbereitet werden; und hier tut das chinesische Hackmesser oder Küchenbeil sein Gutes. Ein geschickter chinesischer Koch braucht nicht mehr als ein schweres und ein leichtes Hackmesser, um zu schneiden, hacken, schälen und was sonst in der Küche anfällt. Die Geschwindigkeit, mit der dieses scheinbar unhandliche Werkzeug geführt wird, und die Genauigkeit beim Schneiden und Schnetzeln sind verblüffend.

Ein modernes Gerät, das praktisch jedes chinesische Haus erobert hat, ist der elektrische Reiskocher. Der Reis gelingt damit immer, und so liegt sein Hauptvorteil darin, daß er es dem Koch erlaubt, sich auf das Fleisch und Gemüse zu konzentrieren.

Zu den Dingen, die ein Koch sonst noch gebrauchen kann, gehören ein Turmtopf, der in einen anderen Dampftopf gestellt wird, und ein mongolischer Feuertopf oder *ho gu*. Mehrere Schöpflöffel aus Drahtgeflecht und Körbe, um Speisen aus Suppen und tiefem Öl zu heben, ein doppelter Brat-„Korb“, um eßbare Vogelnester oder Körbe aus kleingeschnittenen Yamswurzeln, Kartoffeln oder Nudeln zuzubereiten, und ein kleiner Metall- oder Tontopf, in dem bestimmte chinesische Speisen gekocht und direkt serviert werden, würden eine gut ausgestattete chinesische Küche vervollkommnen.

1. Mehrstufiger Dampftopf; 2. Dämpfkörbchen; so po *Tontöpfe; 4. Sortiment Hackmesser; 5. Schäler; 6. chinesische Schere; 7. chinesischer Wok, Untersatz und Zubehör (Spatel, Schöpflöffel und Stäbchen); 8. Sortiment von Schaumkellen, Nudelkörben und „Nudelnest“-Korb aus Draht und Metall*

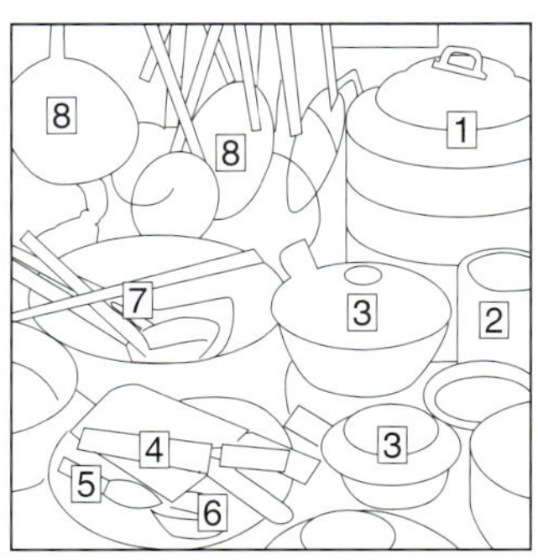

Oben: For Tsui Juen Pak; unten: Hai Wong Sin Ku

FOR TSUI JUEN PAK

GESCHMORTER CHINAKOHL MIT SCHINKEN

Ein leichtes, leckeres Gericht. Früher dachten viele, das Fett sei das Wichtigste am Schinken. Heute denken wir anders darüber.

3-4 EL Erdnußöl
3-4 Stückchen Ingwer
2 Knoblauchzehen, zerdrückt
500g Chinakohl, geputzt und in Streifen geschnitten
500 ml Hühnerbrühe (Suppenextrakt)
60 g geräucherter Schinken, in Streifen
1 TL Maisstärke, in einem EL Wasser aufgelöst
½ TL dunkle Sojasauce
1 TL chinesischer Reiswein

FÜR 4-6 PERSONEN

¶ Das Öl in einem Wok erhitzen und den Ingwer und Knoblauch leicht anbraten. Den Kohl zugeben und bei starker Hitze einige Minuten pfannen-

rühren, bis er weich wird. Die Brühe zugießen und den Schinken darauflegen. Zum Kochen bringen, zudecken und bei mittlerer Hitze köcheln lassen, bis die Flüssigkeit um ein Drittel geschrumpft ist.

¶ Anschließend den Schinken wegnehmen und beiseite stellen.

¶ Die Maisstärke mit der Sojasauce in den Wok einrühren und den Wein zugeben. Dann den Kohl, mit dem Schinken darüber, auf eine Servierplatte geben.

HAI WONG SIN KU

PFANNENGERÜHRTE PILZE MIT KREBSFLEISCH UND ROGENSAUCE

Wenn Sie Mühe haben, Rogen zu erhalten, lassen Sie ihn einfach weg. Ersetzen Sie ihn jedenfalls nicht durch Kaviar.

1 lebender weiblicher Krebs, etwa 375 g
1 EL chinesischer Reiswein
1,5 l Wasser
500 g Strohpilze
6 EL Erdnußöl
1½ TL feingehackter Knoblauch
1½ TL feingehackter Ingwer
1 EL Austernsauce
1 TL Salz
250 ml Hühnerbrühe (Suppenextrakt)
1 EL helle Sojasauce
1 TL Gewürz- oder Weinessig
¼ TL Pfeffer
1 TL Maisstärke (Stärkemehl)
1 Eiweiß

FÜR 4-6 PERSONEN

¶ Den Krebs, Bauch nach oben, auf ein Schneidebrett legen und in der Mitte mit dem Messer einen Schnitt anbringen, um ihn zu töten. Die Schale anheben und die Lunge entfernen. Den Rogen herausnehmen und in eine Schüssel geben. Den Krebs in sechs Stücke zerlegen, die Scheren aufbrechen und auf eine Platte legen.

¶ Den Wein mit dem Rogen mischen.

¶ 1 l Wasser in einem Wok zum Kochen bringen. Einen Dämpfeinsatz in die Mitte setzen und die Platte mit dem Krebs daraufstellen. Zudecken und 15 Minuten dämpfen. Das Krebsfleisch herausnehmen, wenn es abgekühlt ist.

¶ 500 ml Wasser in einer Pfanne zum Kochen bringen. Die Pilze hineingeben und eine Minute kochen. Dann herausnehmen und abtropfen lassen.

¶ 3 EL Öl in einem Wok erhitzen und die Hälfte des Knoblauchs und Ingwers zugeben. Wenn es zu duften beginnt, die Pilze in den Wok geben. Die Austernsauce und das Salz zugeben und bei starker Hitze eine Minute pfannenrühren. Dann auf eine Servierplatte füllen und zudecken.

¶ Brühe, Sojasauce, Essig, Pfeffer und Maisstärke in einer Schüssel verrühren.

¶ Das restliche Öl im Wok erhitzen und den übrigen Ingwer sowie Knoblauch zugeben. Das Krebsfleisch und die Brühemischung zugeben. Zum Kochen bringen und den Rogen einrühren. Anschließend dann das Eiweiß einrühren und über die Pilze gießen.

Nahezu fertige szenische Schnitzerei auf einer Wassermelone; Karotten-„Drache" als Tischschm

Gemüseschnitzereien

Der orangefarbene Phönix, der seine Schwingen über einem Vorspeisenteller ausbreitet, der gewundene Drache, der sich inmitten einer großen Platte mit Leckerbissen befindet, jede Schuppe klar umrissen, die Klauen lang und gefährlich – das sind die Figuren, die Gäste eines chinesischen Festessens begrüßen können. Wer genau hinblickt, erkennt die typische Faserung einer Karotte, Yamswurzel oder Rübe. Für Feste und Bankette schnitzt der chinesische Küchenchef solchen Tischschmuck aus Gemüse, um die wichtigsten Gerichte zu dekorieren. Dabei ist alles voller symbolischer Bedeutung: Die Geschöpfe aus Märchen und Mythologie, Gestalten, die langes Leben und Reichtum erbitten, Botschaften der Freude und Gesundheit etc. Die durch die Jahr-

chnitzt von Adam Kong; Zwiebelchrysanthemen, Karottenrosen, Zwiebellotusblüte

hunderte überlieferten Techniken werden mit ausgefeiltem Können und endloser Geduld angewandt.

Bei einem größeren Festessen besteht der erste Gang meist aus einer großen Platte mit Vorspeisen, was als raffiniertes Motiv geboten wird. Der geschnitzte weiße Rettichkopf eines Pfaus zum Beispiel kann sich in einem Körper aus Stückchen von Hühnerfleisch, Ei, Pilzen und Schinken fortsetzen, dann in einem fächerförmigen Schwanz, der sich über die Platte breitet und aus weiteren farbenprächtigen Zutaten besteht.

Auch jede folgende Platte für das Festessen wird mit sorgfältig zu Blumen- und Tiermotiven skulptierten Gemüsen garniert sein. Es ist dies eine Kunst, die eine geachtete Stellung in den Küchen größerer Restaurants sichert.

Ein einfaches, aber beeindruckendes Beispiel von Gemüseschnitzerei kann zum Suppen- oder Nachtischgang auf den Tisch kommen: Eine runde Melone wird oben aufgeschnitten, das Fruchtfleisch zur Verwendung in dem Gericht herausgelöst, dann die Außenseite mit Schnitzereien verziert, wobei jeder Schnitt das hellgrüne Fleisch freilegt.

Beim täglichen Kochen und zu Hause macht man sich selten die Mühe, die Platten zu dekorieren – vielleicht abgesehen von einem Korianderzweig oder einem Schalottenbüschel. Doch die meisten guten Restaurants statten ihre Servierplatten gern mit geschnitztem Gemüsedekor aus. Am einfachsten sind Formen, die mit metallenen Gemüseschneidern aus Karotten und Gurken gestanzt werden; man kann auch die ganze Rübe oder Gurke der Länge nach einkerben, so daß dann beim Schneiden einfache Formen wie Blätter oder Blümchen entstehen. Schon etwas schwieriger ist es, aus einem Stück Karotte, Yamswurzel oder Rübe Blumenformen zu schneiden. Auch Zwiebeln kann man so schneiden, daß sie Lotusblüten und Chrysanthemen ähneln – traditionellen Motiven, die den Chinesen wichtig sind. Tomaten, Gurken und Rettiche lassen sich in Fächer, Goldfische, Schildkröten, Hasen und andere einfache Figuren verwandeln. Geschnitzte Gurkenmotive verzieren oft den Rand eines Tellers. Bei mehreren traditionellen Mustern wird eine dicke Gurkenscheibe mit Schale fein zu einer Kammform geschnitten, was sich dann fächerförmig auf dem Teller ausbreitet. Auch im Gericht selbst werden Sie mitunter ästhetisch gearbeitete Gemüsescheiben mit Blumen- oder Tiermotiven entdecken. Manchmal haben diese eine symbolische Bedeutung, die sich auf den Anlaß bezieht; sie können aber auch rein dekorativ sein.

Ein sehr geschickter Gemüseschnitzer kann mit einem einzigen scharfen Messerchen auskommen. Der Enthusiast mag sich freilich einen kompletten Zubehörsatz kaufen. Er enthält ein Dutzend kleine scharfe Messer mit unterschiedlich geformten Klingen für besondere Aufgaben; eine Kollektion von Formen zum Ausstechen; Geräte mit V-förmigen oder gewölbten Klingen zum Auszacken und Formen; Geräte zum Aushöhlen und Ausstechen, schließlich Schaber und Skalpelle. Für die komplizierte Aufgabe der Gemüseschnitzerei mag ein einziger Satz aus über fünfzig verschiedenen Geräten bestehen.

JING LUNG LEE

GEDÜNSTETE SEEZUNGE

Erfahrung ist die wichtigste Zutat bei diesem Rezept. Nur sie kann Sie lehren, wie lange Sie einen Fisch von einer bestimmten Größe und Dicke kochen müssen. Dieses Gericht wird gewöhnlich für besondere Gelegenheiten zubereitet.

Für die Sauce:
1 TL dunkle Sojasauce
1 EL helle Sojasauce
1 TL Zucker
1 TL Salz
1/3 TL Pfeffer
1 TL Sesamöl
1 TL chinesischer Reiswein
Für die Seezunge:
2 Stangen Schalotten (Frühlingszwiebeln)
500 g ganze Seezunge, gewaschen, geputzt und trockengetupft
1 EL in feine Streifen geschnittener Ingwer
2-3 EL Erdnußöl
1 EL gehackte Schalotte (Frühlingszwiebel)

FÜR 4-6 PERSONEN

¶ In einer Schüssel alle Zutaten zur Sauce gut verrühren.
¶ Die zwei Schalottenstangen auf eine lange Platte legen. Die Seezunge daraufgeben und mit dem Ingwer bestreuen.
¶ 1 l Wasser in einem großen Topf schnell zum Kochen bringen. Einen Dämpfeinsatz in die Mitte setzen und die Platte mit dem Fisch daraufstellen. Zudecken und acht Minuten dämpfen.
¶ Die Platte herausnehmen und die Flüssigkeit abgießen.
¶ In einem anderen Topf das Öl erhitzen, die gehackten Schalotten zugeben und tehn Sekunden braten. Über den Fisch gießen und servieren.

TONG CHO WONG YU

GEBRATENER GELBER UMBERFISCH

Ich habe hier Umber gewählt (aber jeder langgrätige Fisch ist geeignet). Bei einem Fisch mit kleinen Gräten müssen Sie diese mit den Eßstäbchen auszupfen.

Für die Marinade:
1 EL helle Sojasauce
1 TL Salz
1 TL Zucker
1 TL Pfeffer
Für den Fisch:
1 Gelber Umberfisch oder Klippenbarsch (750 g - 1 kg), abgeschuppt, geputzt und trockengetupft
2 EL Maisstärke (Stärkemehl)
1,5 l Erdnußöl
1 TL kleingehackter Ingwer
1 EL kleingehackter Knoblauch
1 EL kleingehackte Schalotte (Frühlingszwiebel)
1 rote Chilischote, entkernt und in Streifen geschnitten

1 grüne Chilischote, entkernt und in Streifen geschnitten
500 ml süß-saure Sauce
1 TL chinesischer Reiswein
2 EL kleingehacktes Koriandergrün

FÜR 6-8 PERSONEN

¶ Alle Zutaten für die Marinade in einer Schüssel verrühren. Den Fisch mit sechs diagonalen Schnitten auf beiden Seiten einkerben und 30 Minuten marinieren. Anschließend die trockene Maisstärke auf beide Seiten reiben.

¶ Das Öl in einem Wok erhitzen, Fisch zugeben, auf mittlere Hitze zurückstellen und sieben Minuten braten. Das Öl erneut stark erhitzen. Den Fisch wieder in den Topf geben und eine Minute braten; aus dem Wok nehmen und abtropfen lassen.

¶ Das Öl bis auf 2-3 EL abgießen und den Wok wieder erhitzen. Ingwer, Knoblauch, Schalotte und Chili, später die süß-saure Sauce zugeben und aufkochen lassen. Dann den Wein zugeben.

¶ Die Sauce über den Fisch gießen, mit Koriander bestreuen und servieren.

Oben: Tong Cho Wong Yu; unten: Jing Lung Lee

Links: Sheung Ku E-Fu Min; rechts: Chiu Chau Chau Fan

SHEUNG KU E-FU MIN

E-FU-NUDELN MIT FRISCHEN UND SCHWARZEN PILZEN

E-fu-*Nudeln gibt es zwar überall in China, doch verbindet man sie im allgemeinen mit Teochiu, wo sie mit Essig und Zucker als Nachtisch gegessen werden. Nach der Legende wurden sie im Haushalt eines Mandarins „erfunden": Ein Herr E (*E-fu *bedeutet „das Haus des E") hatte einen Diener, der Nudeln in Wasser schütten sollte; stattdessen gab er sie in kochendes Öl. Voilà! Das Ergebnis waren lockere, fritierte Nudeln.*

Für die Sauce:
1 EL helle Sojasauce
2 EL Austernsauce
1 TL chinesischer Reiswein
1 TL Sesamöl
500 ml Hühnerbrühe (Suppenextrakt)
Für die Nudeln:
3 getrocknete schwarze Pilze, mit Wasser bedeckt 1 Stunde

eingeweicht, abgetropft und in feine Streifen geschnitten
185 g frische Strohpilze oder Champignons
500 ml siedendes Wasser
250 g E-fu-Nudeln
3-4 EL Erdnußöl/1 EL gehobelter Ingwer

FÜR 4–6 PERSONEN

❡ Alle Zutaten für die Sauce in einer Schüssel verrühren.
❡ Die schwarzen Pilze 15 Minuten dünsten und beiseite stellen.
❡ Die frischen Pilze in einem kleinen Topf eine Minute im siedenden Wasser kochen. Vom Feuer nehmen, abgießen und beiseite stellen.
❡ Die Nudeln in einen großen Topf mit siedendem Wasser geben. Ungefähr zwei bis drei Minuten kochen, bis sie weich sind. Vom Feuer nehmen, abgießen und beiseite stellen.
❡ Das Öl in einem Wok oder einer Bratpfanne erhitzen. Den Ingwer sowie die frischen und die schwarzen Pilze zugeben und eine Minute kochen. Die Sauce und die Nudeln zugeben. Unter ständigem Rühren kochen, bis fast die ganze Flüssigkeit verdampft ist. Dann servieren.

CHIU CHAU CHAU FAN

GEBRATENER REIS „YANG CHOW"

Wenn Sie hören, daß ein Küchenchef aus Shanghai kommt, können Sie ziemlich sicher sein, daß er genaugenommen aus Yang Chow stammt, einer Stadt nordwestlich von jener Hafenstadt, in der viele von Chinas großen Gourmetrezepten kreiert wurden. Der Grund für Yang Chows kulinarischen Ruhm liegt darin, daß Chinas Salzhändler ursprünglich hier zu Hause waren. Diese reichen Geschäftsleute hielten sich die besten Köche des Landes. Gebratener Reis mag ein gewöhnliches Gericht sein, aber in Yang Chow wurde er durchaus als Delikatesse betrachtet.

3-4 EL Erdnußöl
1 EL gehobelter Ingwer
3-4 Scheiben gekochter Schinken, in Quadrate von 0,5 cm geschnitten
125 g geschälte und gekochte Shrimps (Garnelen)
315 g Reis, gekocht und abgekühlt
1 EL helle Sojasauce
1 TL dunkle Sojasauce
1½ TL Salz
2 Eier, geschlagen
2 EL kleingehackte Schalotten (Frühlingszwiebeln)
3-4 EL Hühnerbrühe (Suppenextrakt)

FÜR 4-6 PERSONEN

❡ Das Öl in einem Wok erhitzen und Ingwer, Schinken und Shrimps zugeben. Dann den Reis zugeben, jeweils etwa 50 g auf einmal, und rühren, um die Körner zu trennen. Bei starker Hitze eine Minute weiterrühren.
❡ Die Sojasaucen und das Salz zugeben und bei starker Hitze eien Minute rühren. Die Eier zugeben und bei starker Hitze eine Minute rühren.
❡ Die Schalotten und die Brühe zugeben, dann verrühren und servieren.

Das Chinesische Festessen

Zweitausend Jahre alte Wandmalereien aus der Han-Dynastie stellen den Gastgeber eines Festessens inmitten seiner Freunde auf einem Sofa sitzend dar. Vor ihnen befindet sich ein niedriger Tisch, auf dem Dutzende von Gerichten stehen. Seitlich sieht man Gruppen von Dienern, die Fleisch auf dem Rost braten und Wein einschenken.

Da jede Dynastie versuchte, die vorangegangene in der Zahl der Gerichte und ihrer Kompliziertheit zu übertreffen, entwickelten sich die Bankette im Laufe der Zeit zu regelrechten Exzessen. Gegen Ende des 19. Jahrhunderts bestellte sich die Kaiserinwitwe, selbst wenn sie allein speiste, mitunter an die 100 Gerichte!

Die Gerichte, die von den Kaisern des 17. Jahrhunderts gewählt wurden, erhielten den Namen „Man-Bankett". Die Chinesen im Süden, die sich von denen im Norden ethnisch unterscheiden, hatten ihren eigenen Stil, der als „Han-Bankett" bekannt ist. Schließlich vermischten sich die beiden Traditionen zu einem Stil, den man heute rückblickend als Man-Han-Bankett bezeichnet.

Bis zum frühen 19. Jahrhundert waren Festessen in sechs Klassen eingeteilt worden. Einzelheiten wie die geforderten Mengen der Speisen und die Rangordnung der Gäste gemäß ihrer Bedeutung waren äußerst genau festgelegt. Das Man-Ban-

kett sollte aus 365 Gerichten bestehen – eines für jeden Tag des Jahres. Viele davon wurden übrigens nur für das Auge aufgetischt und waren nicht zum Essen bestimmt.

Die Tradition des Festessens dauert bis heute fort, die Proportionen freilich sind unserer heutigen Zeit entsprechend zurechtgerückt worden. Ein typisches Man-Han-Bankett umfaßt Gerichte aus allen wesentlichen Regionen Chinas. Dazu können zum Beispiel gehören:

Teochiu, Vorspeisen: Traditionelle Häppchen aus der südlichen Küstenregion, darunter fritierte Bällchen aus zerdrückten Shrimps, Stücke von geschmorter Gans mit Essig, gedünstete Krabbenkuchen und geschmorte Wellhornschnecken.

Kanton (Guangdong), Spanferkel: Über Holzkohle gebratenes Spanferkel, nach der Beschaffenheit seiner Haut beurteilt (das Fleisch ißt man bei einem Festessen nicht).

Mandschurei, Bärentatzen: Heute ist das Kochen von Bärentatzen generell verboten, in der Vergangenheit jedoch waren sie ein wichtiger Teil des Festessens.

Fujian („Mönch, der über die Mauer springt"): Vor zwei Jahrhunderten soll sich ein Mönchsnovize, den es nach Fleisch verlangte (Mönche waren strenge Vegetarier!), regelmäßig aus dem Kloster geschlichen haben, um Eßbares zu sammeln. Alle Leckerbissen, die er fand, gab er in einen Topf. Der Duft der Suppe war so verlockend, daß der Abt seinen Zorn über die Unbotmäßigkeit des Mönchs vergaß und „über die Mauer sprang", um die Suppe zu kosten. – Heute gibt es viele Varianten dieser köstlichen Suppe, die Abalonen, Nieren, Schinken und Kräuter enthalten kann.

Sichuan, in der Pfanne gebratene Riesengarnelen in Chilisauce: Diese Flußgarnelen werden mit Paprika, Knoblauch und Gewürzen aus dieser Provinz bereitet.

Beijing/Mandschurei, Pekingente: Das berühmteste Gericht aus China, das man in eine kleine, weiche Crêpe geschlagen zu essen pflegt.

Sichuan, geschmorter Tofu: Dieses berühmte Gericht, scharf mit einheimischem Chili geht auf das 16. Jahrhundert zurück.

Mongolei, Mongolischer Feuertopf: Dieses Gericht wird mit zahlreichen Saucen serviert (als Dips).

Beijing, handgemachte Nudeln: Am Ende des 19. Jahrhunderts entdeckte die Kaiserinwitwe diese Nudeln, als sie vor ihrem Palast einen Nudelmacher lärmen hörte. Er wurde vor die Kaiserin befohlen, um vorzuführen, wie er diese Nudeln herstellte. Man warnte ihn, daß ihn ein Verhängnis treffen werde, falls seine Nudeln die von ihm verursachte Ruhestörung nicht rechtfertigten (da er die Geschichte später erzählen konnte, müssen die Nudeln ein Erfolg gewesen sein).

Fung Shing, gebratener Klebreis: Für ein Festessen wird der Klebreis (Rundkornreis) mit Würsten und Pilzen gekocht.

Auch ein berühmtes Dessert gehört dazu, etwa Vogelnest aus Teochiu, mit Honig gesüßt und mit Lotusnüssen und Kokosmilch zweimal gegart. Den Abschluß des Festessens könnten chinesische Petits fours bilden: Pekinger Dattelplätzchen, kantonesisches Päonienkonfekt, Kristallkuchen aus Teochiu oder fritierte frische Milchbeignets aus Sichuan. Dazu werden aromatische Tees wie Dragon Well oder Iron Goddess of Mercy *(tit kuan yin)* serviert. Andere Getränke sind Chinas berühmtester Wein, der feurige *mao tai*, der aus Reis destillierte *haw tiao* und *tung hua*, ein trockener Weißwein, der im 19. Jahrhundert von deutschen Missionaren nach China eingeführt wurde.

1. Brunnenkressesuppe; 2. geschmortes Schweinefleisch mit Kohl; 3. Abalonen und schwarze Pilze in Austernsauce; 4. Dattelkuchen; 5. pochiertes Huhn; 6. knuspriges Rindfleisch mit Tangerinenschale und Sichuan-Pfeffer; 7. 100jährige Eier; 8. geschmorte Haifischflossen; 9. gedämpfter Fisch; 10. „Langes-Leben"-Nudeln; 11. Hors d'œuvres; 12. gedämpftes Schlangenbrot

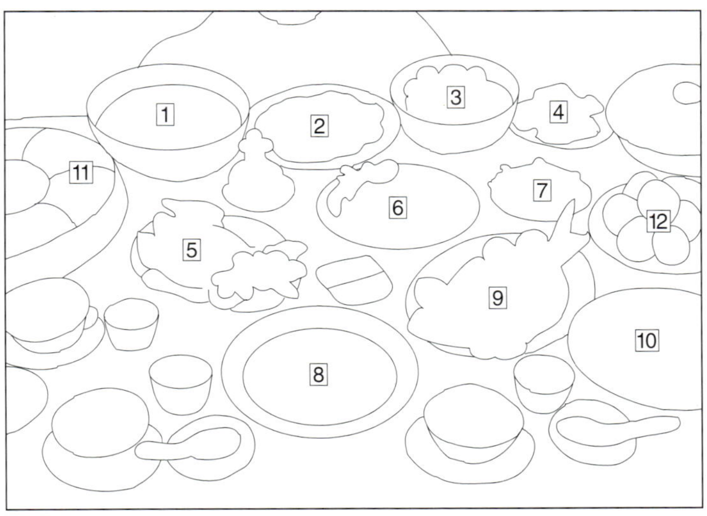

Suet Yi Lin Tze Gong

SÜSSE SUPPE MIT CHINESISCHEN MORCHELN UND LOTUSNÜSSEN

Weiße oder Chinesische Morcheln kosteten einst mehr als Vogelnester und sind noch immer eine teure Zutat. Diese süße Suppe ist wegen ihrer gesunden Wirkung (der Pilz und die Lotusnüsse sind beide gut für die Reinigung der Atemwege) und ihres Geschmacks beliebt.

15 g Chinesische Morcheln
185 g Lotusnüsse, geschält und halbiert
2 l Wasser
250 g Zucker

Für 4-6 Personen

¶ Die Morcheln mit warmem Wasser bedecken, bis sie weich sind. Abtropfen lassen und in mundgerechte Stücke zerkleinern.
¶ Die Lotusnüsse mit Wasser bedecken und zwei Stunden ziehen lassen. Abtropfen lassen.
¶ Wasser zum Kochen bringen, die Lotusnüsse zugeben und bei mittlerer Hitze kochen, bis sie weich sind (etwa eine Stunde). Den Zucker zugeben und durch Rühren auflösen. Dann die Morcheln zugeben und zehn Minuten kochen lassen.

Jin Fun Gor

GEBRATENE KLÖSSE

Die Klöße können als gutes Gericht zum Abschluß eines großen Essens in der Pfanne gebraten oder fritiert werden. Traditionell ißt man gebratene Klöße auch für sich oder tunkt sie in Hühnerbrühe.

Für die Klöße:
250 g ungekochte Shrimps (frische Garnelen), Köpfe entfernt, geschält, Darm entfernt (feingehackt)
60 g Schweinefilet, durchgedreht
30 g gekochter Schweinespeck, durchgedreht
60 g Bambussprossen, kleingeschnitten
1½ TL Salz
1 TL Pfeffer
¼ TL Sesamöl
1 TL Maisstärke (Stärkemehl)
1 l Erdnußöl
2 EL gehacktes Koriandergrün
1 Grundteig (siehe Shrimpstaschen-Rezept, Seite 52)
1 l Hühnerbrühe (Suppenextrakt)
1 EL helle Sojasoße
1 TL chinesischer Reiswein

Für 6-8 Personen

¶ Shrimps, Schweinefleisch, Speck, Bambussprossen, Salz, ½ TL Pfeffer, Sesamöl und Maisstärke vermischen. Anschließend vom Erdnußöl 1 EL in einem Wok erhitzen. Die Shrimpsmischung bei mittlerer Hitze 1½ Minuten sautieren und dann herausnehmen. Wenn sie abgekühlt ist, den Koriander zugeben.

¶ Den Teig für die Hülle zu einer Wurstform ausrollen und in 2 TL große Stücke teilen. Jedes Stück mit der Seite eines leicht gefetteten Hackmessers plattdrücken, damit man Hüllen von ungefähr 6,5 cm Durchmesser erhält. Mit einem Tuch zudecken.

¶ Eine Hülle auf eine flache Fläche legen und etwa 1 EL Füllung in die Mitte geben. Zufalten, so daß eine Halbmondform entsteht, und die Ränder zusammendrücken.

¶ Das restliche Öl im Wok stark erhitzen. Die Klöße zugeben und die Hitze reduzieren. Die Klöße bei mittlerer bis starker Hitze goldbraun braten. Herausnehmen, abtropfen lassen und auf eine Servierplatte legen.

¶ Die Brühe zum Kochen bringen und die restlichen Zutaten zugeben. Anschließend auf Suppenschalen verteilen und mit den gebratenen Klößen servieren.

Oben: Suet Yi Lin Tze Gong; unten: Jin Fun Gor

DIM SUM

DIM SUM

DIE POETISCHE ÜBERSETZUNG VON DIM SUM IST „KLEINE HERZEN“ ODER „DAS HERZ BERÜHREN“. Wörtlich verbindet es „Teilchen“ und „Herz“ und beschreibt kleine Happen, die den Gaumen erfreuen sollen.

¶ *Dim sum* sind als leichtes Mittagessen, als Brunch oder Zwischenmahlzeit beliebt. *Yum cha* nehmen, bedeutet *dim sum* essen, begleitet von einer immer wieder nachgefüllten Kanne chinesischen grünen Jasmintees oder des erfrischenden und auch verdauungsfördernden dunkleren Tees *po lei* oder *pu erh*. *Dim sum* bieten nahezu unbegrenzte Abwechslung. Es können gedämpfte und gebratene Teigtaschen sein, weiche Teigbrötchen, bißfeste Klebreiskuchen sowie alle Arten von gedünsteten Fleischwürfeln und Fleischklößchen, gebratenen Fleischstücken, knusprig gebratenen oder geschmorten pikanten Fleischhappen und Meeresfrüchten.

¶ Hinter den Kulissen hat der *dim sum*-Koch alle Hände voll zu tun. Zum Zubereiten der Hüllen und zum Füllen jedes Leckerbissens braucht er nur einige wenige Utensilien: ein *so choi*, einen hölzernen Hammer, um die Teighüllen oder „Häute“ zuzubereiten, einen metallenen *juat do*, um die Klößchen zu formen, und ein *ba pei do*, einen stumpfen Metallspatel, um die Reishüllen für gedämpfte Shrimpsklößchen zuzubereiten.

¶ Die Geschichte der *dim sum* ist mit vielen Legenden umwoben. Eine dieser Geschichten erzählt von den Adligen in Suzhou und Hangzhou, die im 14. Jahrhundert ihre Nachmittage in reich geschmückten Teehäusern verbrachten. Dort plauderten sie, tranken Tee und ließen sich von „Sängerinnen“ unterhalten. Dazu dachten sich ihre Diener und die Besitzer der Teehäuser ein schier endloses Angebot an Leckerbissen aus: Kuchen, Brötchen, Klöße, winzige Fleischklößchen, geformte Nudeln und geschmortes pikantes Schweinefleisch. Die Rezepte für diese Gerichte wurden durch die Jahrhunderte weitergegeben ...

¶ Nach einer anderen Überlieferung wurden *dim sum* für die großen kaiserlichen Festessen kreiert. Die Hauptgänge waren riesig, und vieles war gar nicht zum Verzehr, sollte nämlich nur das Auge „mitessen“ lassen, statt den Gaumen zu erfreuen. Die Essen zogen sich so lange hin, daß die Kaiser schmackhafte kulinarische *Intermezzi* verlangten, die sie für „zwischendurch“ genießen konnten.

¶ Die *dim sum*-Arten variieren von Provinz zu Provinz und von Küche zu Küche. In Hong Kong haben sich manche Restaurants auf die Ursprünge besonnen und bieten nur eine Auswahl der einfachen, traditionellen Gerichte an. Andere Restaurants sind stolz darauf, täglich zwei Dutzend verschiedene *dim sum* servieren zu können; wieder andere haben sich darauf spezialisiert, exotische Zutaten (z.B. Haifischflossen) zu verwenden.

Vorherige Seiten: Die Art und Weise, dim sum zuzubereiten, ist so vielfältig wie der Einfallsreichtum der Köche. Bevorzugt werden kleine Teigtaschen mit einer Fleisch- oder Gemüsefüllung. BRUCE PEEBLES

Gegenüber: Ein Verkaufsstand mit Fleischbällchen in Kunming (Provinz Yunnan). Diese Leckerei gehört zur dim sum *Tradition – ein köstlicher Snack für den kleinen Hunger, den man auf der Straße ißt oder sich im Teehaus reichen läßt.* CHINA TOURISM PHOTO LIBRARY/PENG ZHENGE

Har Kau

SHRIMPSTASCHEN

Diese Taschen, als har kau *bekannt, sind die berühmtesten aller* dim-sum-*Gerichte. Wenn Hong-Kong-Besucher nur vier chinesische Wörter sagen können, dann sind dies* „dim sum“ *und* „har kau“.

Für die Füllung:
250 g ungekochte Shrimps (frische Garnelen), geputzt, trockengetupft und in Stücke von 0,5 cm geschnitten
60 g gekochter Schweinespeck, feingehackt
60 g Bambussprossen, in feine Streifen geschnitten
1½ TL Salz
½ TL Pfeffer
¼ TL Sesamöl
1 TL Maisstärke (Stärkemehl)

Für die Taschen:
155 ml Wasser
125 g Tang-Mehl
2 TL Maisstärke (Stärkemehl)
½ TL Schweineschmalz
1,5 l kaltes Wasser

FÜR 8-12 PERSONEN

❡ Alle Zutaten für die Füllung in eine Schüssel geben und gut verrühren. 30 Minuten kühlen. Für die Taschen das Wasser in einem Topf zum Kochen bringen. Das Mehl und die Maisstärke vermischen und in das Wasser geben. Schnell rühren, bis die Mischung durchsichtig wird.

❡ Fünf Minuten zudecken. Aus dem Topf nehmen und das Schmalz unterkneten. Den Teig zu einer langen Wurst rollen. Etwa 1½ TL wegnehmen und mit der Seite eines leicht eingefetteten Hackmessers

Oben: Har Kau; links: Siu Mai; rechts: Chuen Kuen

plattdrücken, so daß Hüllen von 5 cm Durchmesser entstehen. Mit einem Tuch zudecken.

¶ Eine Hülle auf eine flache Fläche legen, 1½ TL der Füllung in die Mitte geben und so zufalten, daß die obere Klappe größer ist als die untere. In die obere Klappe sieben bis neun Falten drücken und zusammenpressen. Auf eine leicht eingefettete Platte legen. Ebenso mit den übrigen Hüllen verfahren.

¶ Das kalte Wasser im Wok zum Kochen bringen. Die Teigtaschen in einen leicht gefetteten Dämpfkorb setzen und ihn in den Wok stellen. Zudecken und bei starker Hitze fünf Minuten dämpfen. Dann den Korb aus dem Wok nehmen und zwei Minuten aufgedeckt abkühlen lassen. Die Teigtaschen herausnehmen, wenn die Hüllen fest werden.

CHUEN KUEN

FRÜHLINGSROLLEN

Frühlingsrollen, die traditionell zum Frühlingsfest gehörten, waren einst ein Do-it-yourself-Rezept. Auf den Tisch kamen die Hüllen sowie eine Auswahl an Schweine- und Hühnerfleisch oder verschiedene Gemüse für die Füllung, und jeder bereitete dann seine eigenen Rollen.

Für die Marinade:
2 TL helle Sojasauce
1 TL Austernsauce
1 TL Maisstärke (Stärkemehl)
Für die Frühlingsrollen:
125 g Hähnchenbrust, geschnetzelt
1 l Erdnußöl
2 getrocknete schwarze Pilze, eingeweicht, abgetropft, Stiele entfernt und in Streifen geschnitten
125 g Bambussprossen, in Streifen geschnitten
60 g Schnittlauch, in 2,5 cm lange Stücke geschnitten
16 Hüllen für Frühlingsrollen

FÜR 4-6 PERSONEN

¶ Alle Zutaten in einer Schüssel verrühren.

¶ Das Hähnchenfleisch 15 Minuten marinieren.

¶ 1-2 EL Öl in einem Wok erhitzen. Das Fleisch und die Pilze zugeben und bei mittlerer Hitze eine Minute pfannenrühren. Die Bambussprossen zugeben und 30 Sekunden pfannenrühren. Dann den Schnittlauch zugeben und gut unterrühren. Auf einen Teller geben und abkühlen lassen. Flüssigkeit abgießen.

¶ Eine Frühlingsrollenhülle auf eine glatte Fläche legen und eine Portion der Füllung in die Mitte geben. Beide Enden zur Mitte hin falten. Dann die untere Klappe zusammenfalten und die Hülle zu einer Röhre rollen. Den Rand der Klappe mit Wasser befeuchten und versiegeln. Ebenso mit den übrigen Hüllen verfahren.

¶ Das restliche Öl in einem Topf heiß werden lassen. Dann mehrere Rollen gleichzeitig braten, bis sie goldbraun sind (ca. 30 Sekunden). Herausnehmen, abtropfen lassen und sofort servieren.

SIU MAI

SCHWEINEFLEISCH-SHRIMPS-TASCHEN

Dies ist eines der beliebtesten dim sum, *etwa den Shrimpstaschen vergleichbar. In Hong Kong werden die Taschen manchmal mit Krebsrogen verziert, aber Karottenpüree tut es auch.*

Für die Marinade:
1 EL helle Sojasauce
½ TL Salz
½ TL Zucker
¼ TL Pfeffer
1 EL Maisstärke (Stärkemehl)
Für die Taschen:
125 g Schweinefilet, fein gewürfelt
30 g Schweinespeck, fein gewürfelt
125 g Fleisch von ungekochten Shrimps (frischen Garnelen), fein gewürfelt
2 getrocknete schwarze Pilze, eingeweicht, abgetropft, Stiele entfernt und fein gewürfelt
24 Won-ton-*Hüllen, in Kreise geschnitten*
2 EL gut gekochtes Karottenpüree
1,5 l Wasser

FÜR 4-6 PERSONEN

¶ Alle Zutaten für die Marinade in einer Schüssel verrühren.

¶ Schweinefleisch, Schweinespeck und Shrimps in eine Schüssel geben. Die Marinade zugießen und mit einer Gabel verrühren, bis die Mischung klebrig wird. Dann die Pilze zugeben und gut verrühren. 30 Minuten kühl stellen.

¶ Eine Hülle auf eine Handfläche legen. Etwas von der Fleischmischung in die Mitte geben. Mit dem Löffel nach unten drücken und leicht zusammenpressen, damit eine offene Tasche entsteht. Ein wenig Karottenpüree daraufsetzen, auf eine leicht eingefettete Platte legen. Mit den restlichen Zutaten ebenso verfahren.

¶ Das Wasser in einem Wok oder großen Topf zum Kochen bringen. Einen Dämpfeinsatz daraufstellen. Die Taschen darauflegen und bei starker Hitze zehn Minuten dämpfen.

Links: Kau Choi Kau; oben: Gai Bau; unten: Ngau Yuk Kou

NGAU YUK KOU

RINDFLEISCHKLÖSSCHEN

Sie müssen hierfür gutes Rindfleisch nehmen, weil ein Fleischzartmacher den Geschmack verändern würde. Dieses Gericht ist zu fein für solche Eingriffe.

1,3 l Wasser
1 TL Salz
185 g Chinakohl, in Stücke von 1 × 5 cm geschnitten
250 g Rinderfilet, durchgedreht
1 EL helle Sojasauce
½ TL Zucker
1 Eiweiß

1 EL Maisstärke (Stärkemehl)
60 g gekochter Schweinespeck, durchgedreht
2 TL Erdnußöl
2 EL Wasser

FÜR 6 PERSONEN

¶ 375 ml des Wassers mit 1/2 TL Salz zum Kochen bringen. Den Kohl zugeben und fünf Minuten kochen. Dann herausnehmen und abtropfen lassen.
¶ Das Rindfleisch, das restliche Salz sowie die Sojasauce mit einer Gabel gut vermischen. Zucker, Eiweiß und Maisstärke zugeben. Rühren, bis die Mischung klebrig wird. Die restlichen Zutaten zugeben und gut unterrühren. Aus der Mischung zwölf Klößchen formen.
¶ Den Kohl auf sechs Untertassen von 10 cm Durchmesser verteilen. Zwei Klößchen auf jede Untertasse geben.
¶ Das restliche Wasser in einem Wok zum Kochen bringen. Einen Dämpfeinsatz daraufsetzen und die Untertassen auf den Einsatz stellen. Zudecken, fünf Minuten dämpfen, dann servieren.

KAU CHOI KAU

GEBRATENE SCHNITTLAUCHTASCHEN

*Die Chinesen verwenden grünen (*gao choi*) und weißen (*kao wong*) Schnittlauch. In diesem Rezept verwende ich grünen Schnittlauch für ein sehr schmackhaftes* dim sum.

375 g chinesischer grüner Schnittlauch, gehackt
60 g getrocknete Shrimps (Garnelen), 30 Minuten eingeweicht, abgetropft und gehackt
2 EL durchgedrehter Schweinespeck
1/2 TL Salz
1 TL Zucker
1 TL chinesischer Reiswein
250 g Mehl
185 ml kochendes Wasser
1,5 l kaltes Wasser
3-4 EL Erdnußöl

FÜR 6-8 PERSONEN

¶ Die ersten sechs Zutaten in einer Schüssel verrühren und beiseite stellen.
¶ Das Mehl in eine andere Schüssel sieben, das kochende Wasser zugießen und verrühren. Zugedeckt 30 Minuten ziehen lassen.
¶ Den Teig etwa drei Minuten durchkneten, bis er glatt ist. Zu einer langen Wurst rollen und in zwei Stücke schneiden. Ein Stück mit einem Tuch zudecken und beiseite stellen. Das andere Teigstück in etwa 20 Stücke teilen und jedes zu einer runden Hülle von etwa 8 cm Durchmesser ausrollen.
¶ 1 1/2 EL von der Schnittlauchmischung auf die Mitte der Hülle geben. Halbmondförmig zusammenfalten und die Ränder fest zusammendrücken. Auf eine leicht eingefettete Platte setzen und einen Zwischenraum zwischen den Teigtaschen lassen.
¶ Das kalte Wasser in einem Wok zum Kochen bringen. Einen Dämpfeinsatz daraufstellen und die Platte mit den Taschen auf den Einsatz stellen. Zudecken und zehn Minuten dämpfen. Herunternehmen und abkühlen lassen.
¶ Das Öl im Wok erhitzen und die Teigtaschen braten, bis sie auf der Unterseite goldbraun sind.

GAI BAU

GEDÜNSTETE HÜHNERBRÖTCHEN

Dies ist ein herzhaftes, sättigendes Gericht aus Shanghai, wo die Köche sich anscheinend darauf verstehen, die knakkigen, gesunden Bambussprossen zu verarbeiten.

Für die Marinade:
1 EL Austernsauce
1 TL Salz
1 TL Zucker
1 TL chinesischer Reiswein
2 TL Maisstärke (Stärkemehl)
1/2 TL Pfeffer
1/4 TL Sesamöl
Für die Brötchen:
315 g Hühnerschenkelfleisch, in Würfel von 1 cm geschnitten
60 g Schweinespeck, gewürfelt
60 g Bambussprossen, in feine Streifen geschnitten
3 getrocknete schwarze Pilze, eingeweicht, abgetropft, Stiele entfernt und gewürfelt
1 EL Ingwer, in Streifen geschnitten
1 EL gehackte Schalotte (Frühlingszwiebel)
1 Teigrezept Chinesisches gedämpftes Brot (siehe Seite 230)

FÜR 12 PERSONEN

¶ Alle Zutaten für die Marinade in einer Schüssel verrühren.
¶ Das Hühnerfleisch und den Schweinespeck 15 Minuten marinieren.
¶ Bambussprossen, Pilze, Ingwer und Schalotten zugeben. Mit den Fingern gut vermischen.
¶ Zum Zubereiten und Dünsten der Brötchen siehe Schweinehack-Kohlbrötchen (Seite 60).

JIN HUP TZE

PFANNENGEBRATENE FLEISCHTASCHEN

„Fleischtaschen" ähneln Ravioli – Variationen der traditionellen Teigtaschen mit zwei Stücken als Hülle. Lauch und Knoblauch geben ihnen ihren besonderen Geschmack.

30 g Schweinespeck, durchgedreht
185 g Rinderfilet, durchgedreht
90 g Lauch, feingehackt
2 EL gehacktes Koriandergrün
1 EL helle Sojasauce
1/4 TL Salz
1/2 TL Zucker
1/4 TL Sesamöl
1 TL chinesischer Reiswein
1 TL Maisstärke (Stärkemehl)
48 Hüllen für Teigtaschen von etwa 5 cm Durchmesser
4-6 EL Erdnußöl
60 ml Hühnerbrühe (Suppenextrakt)

FÜR 6-8 PERSONEN

¶ Schweinespeck, Rindfleisch, Lauch, Koriander Sojasauce, Salz, Zucker, Sesamöl, Wein sowie Maisstärke in eine Schüssel geben und gut vermischen; aus der Schüssel nehmen und wieder hineinwerfen. Wiederholen, bis die Mischung fest wird.
¶ Eine Teighülle auf eine glatte Fläche legen und etwa 1 EL der Mischung in die Mitte geben. Eine andere Hülle darüberlegen und die Ränder zusammendrücken. Auf einen leicht eingefetteten Teller legen. Ebenso mit den übrigen Zutaten verfahren.
¶ Einen Wok sehr stark erhitzen. 2 EL Öl hineingeben und den Wok schwenken, damit der Boden gut bedeckt ist. Zwölf Fleischtaschen gleichzeitig hineingeben und bei mittlerer bis starker Hitze braten, bis die Unterseiten goldbraun sind.
¶ 2 EL Brühe zugeben. Auf schwache Hitze zurückschalten, zudecken und vier bis fünf Minuten kochen. Die Fleischtaschen wenden und bei starker Hitze eine Minute kochen. Auf eine Servierplatte legen und zum Warmhalten zudecken. Mit den übrigen Fleischtaschen ebenso verfahren.

WOR TIP

TOPFHOCKER

Topfhocker, auch als Pfannenhocker bekannt, stammen aus Nordchina. Sie müssen feuerheiß serviert werden. Die Sauce aus Ingwerstreifen und Essig soll sie abkühlen.

Für die Topfhocker:
250 g Schweinefilet, durchgedreht
60 g Schweinespeck, sehr fein gehackt
125 g Kohl, feingehackt
60 g Schnittlauch, gehackt
1 EL helle Sojasauce
1 TL Salz
1 TL Zucker
1/4 TL Pfeffer
1/4 TL Sesamöl
1 EL Maisstärke (Stärkemehl)
36 Hüllen für Teigtaschen
3-4 Erdnußöl
3 EL Hühnerbrühe (Suppenextrakt)
Für den Dip:
2 EL in Streifen geschnittener Ingwer
2 EL Gewürz- oder Weinessig
1 EL helle Sojasauce

FÜR 6-8 PERSONEN

¶ Schweinefleisch, Speck, Kohl und Schnittlauch in eine Schüssel geben. Sojasauce, Salz, Zucker, Pfeffer, Sesamöl und Maisstärke zugeben und gut vermischen. Mischung aus der Schüssel nehmen und wieder hineinwerfen. Dies wiederholen, bis die Mischung glatt und fest wird.
¶ Eine Teighülle auf eine glatte Fläche legen und einen EL der Mischung in die Mitte geben. Zu einem Halbmond formen und in die obere Klappe zum Schließen acht bis zehn Falten drücken. Auf eine leicht eingefettete Platte legen. Ebenso mit der restlichen Mischung verfahren.
¶ Einen Wok erhitzen. 2 EL Öl hineingeben und den Wok schwenken, damit der Boden bedeckt ist. Die Teigtaschen in den Wok legen und etwas Zwischenraum lassen, damit sie nicht zusammenkleben. Bei mittlerer Hitze etwa 1 Minute braten, bis die Unterseiten der Taschen leicht gebräunt sind.
¶ Die Brühe zugießen, zudecken und bei schwacher Hitze 5 Minuten kochen. Die Flüssigkeit abgießen. Das restliche Öl zugeben. Die Teigtaschen wenden und bei mittlerer Hitze 1 Minute braten.
¶ Ingwer, Essig und Sojasauce mischen und als Dip servieren.

JAI KAU

VEGETARISCHE TEIGTASCHEN

Ich verwende hier Erdnußöl, weil die meisten Kantonesen ihre vegetarischen Teigtaschen in diesem recht schweren Öl mögen. Übrigens sind beinahe alle frischen (nicht tiefgekühlten) Gemüse für dieses Rezept geeignet.

2-3 EL Erdnußöl
1 TL feingehackter Ingwer
1 TL feingehackter Knoblauch
60 g Bambussprossen, gehackt
60 g Karotten gehackt
60 g grüne Erbsen
60 g Champignons, gehackt
3 getrocknete schwarze Pilze, eingeweicht, abgetropft, Stiele entfernt und gehackt
15 g Wolkenohrenpilze, eingeweicht und grob gehackt
6 EL Hühnerbrühe (Suppenextrakt)
1 EL helle Sojasauce
1 TL Zucker
1 TL Salz
1 TL Austernsauce
1 TL chinesischer Reiswein
1 TL Maisstärke (Stärkemehl)
2 EL gehacktes Koriandergrün
36 Hüllen für Teigtaschen

FÜR 6-8 PERSONEN

¶ Das Öl in einem Wok erhitzen und Ingwer, Knoblauch, Gemüse sowie Pilze zugeben. Bei starker Hitze eine Minute pfannenrühren.
¶ Brühe, Sojasauce, Zucker, Salz, Austernsauce, Wein und Maisstärke mischen. In den Wok geben und bei mittlerer Hitze eine Minute pfannenrühren. Den Koriander zugeben und gut verrühren.
¶ Die Mischung auf einem Teller ausbreiten und mögliche Flüssigkeit abgießen. Abkühlen lassen.
¶ 1 EL der Mischung in die Mitte einer Hülle geben. Zu einem Halbmond formen und in die obere Klappe zum Schließen acht bis zehn Falten drücken. Auf einen leicht eingefetteten Teller legen.
¶ 1,5 l Wasser in einem Wok zum Kochen bringen und einen Dampftopf daraufstellen. Die Teigtaschen in den Dampftopf legen und etwas Zwischenraum lassen, damit sie nicht zusammenkleben.
¶ Die Teigtaschen bei starker Hitze zehn Minuten dämpfen und dann sofort servieren.

Links: Jin Hup Tze; oben: Jai Kau; unten: Wor Tip

Oben: Won Ton Tong; links: Jar Won Ton; rechts: Har Dor Sze

WON TON TONG

WON-TON-SUPPE

Dies ist ein gutes dim sum *Gericht, besonders am Ende eines Festessens. Dieses Rezept stammt aus Shanghai, nicht aus Kanton. Der grüne Kohl und die Fleischmischung machen das Gericht viel leichter als die kantonesische Version, in der auch Nudeln in die Suppe kommen.*

250 g Schweinefilet, durchgedreht
2 TL Salz
1 TL Sesamöl
1 TL Maisstärke (Stärkemehl)
125 g Bambussprossen, gewaschen und feingehackt
500 g Chinakohl, gewaschen und feingehackt
48 Won-ton-Hüllen
1,5 l kochendes Wasser
250 ml kaltes Wasser
1 l Hühnerbrühe (Suppenextrakt)
1 TL chinesischer Reiswein
1 EL helle Sojasauce
½ TL Pfeffer

FÜR 4-6 PERSONEN

❡ Schweinefleisch, Salz, Sesamöl und Maisstärke in eine Schüssel geben und gut vermischen. Bambussprossen und Kohl zugeben und gut unterrühren.

❡ Etwa 1½ TL von der Mischung auf eine Hülle löffeln. Anschließend zuklappen und leicht zusammendrücken.

❡ Die *won tons* in eine große Pfanne mit kochendem Wasser geben. Kaltes Wasser zugießen. Wenn das Wasser wieder kocht und die *won tons* an die Oberfläche kommen, herausnehmen und abtropfen lassen.

❡ Die Hühnerbrühe in einer großen Pfanne zum Kochen bringen und den Wein, die Sojasauce und den Pfeffer zugeben. Über die *won tons* gießen und servieren.

JAR WON TON

FRITIERTE WON-TONS MIT SÜSS-SAURER SAUCE

Viele chinesische Wörter um das Essen haben Ursprünge, die nichts mit ihrer kulinarischen Bedeutung zu tun haben. Won ton *zum Beispiel bedeutet wörtlich „Wolke und Schwalbe" und bezeichnete einen verschwommenen Eindruck, wie ein Vogel, der über einer Wolke fliegt. Heute versteht man unter* Won ton *etwas, das die Mischung der Zutaten darin umhüllt.*

1 l Erdnußöl
36 Won-tons (siehe Won-ton und Nudelsuppe, Seite 228)
1 TL feingehackter Knoblauch
1 TL feingehackter roter Chili
250 ml süß-saure Sauce

FÜR 4-6 PERSONEN

¶ Das Öl in einem Wok oder einer Bratpfanne stark erhitzen. Die *Won-tons* zugeben und bei reduzierter Hitze goldbraun braten, dann aus dem Wok nehmen und abtropfen lassen.
¶ Das Öl bis auf 1 EL aus dem Wok gießen und Knoblauch sowie Chili zugeben. Die Sauce zugießen, zum Kochen bringen und in einer Schüssel als Dip servieren.

HAR DOR SZE

SHRIMPSTOAST

Dieses beliebte dim sum *wird mit gewöhnlichem Weißbrot bereitet und ist ein pikantes, köstliches Gericht.*

Für die Marinade:
1/2 TL Salz
1/4 TL Pfeffer
1 TL Maisstärke (Stärkemehl)
1/2 Eiweiß
Für den Toast:
185 g Fleisch von rohen Shrimps (frischen Garnelen)
30 g Schweinespeck, fein gewürfelt
30 g magerer geräucherter Schinken, fein gewürfelt
1/2 Zwiebel, gehackt
4 Scheiben Weißbrot, etwa 0,5 cm dick, ohne Kruste
4 geschlagene Eier
1 l Erdnußöl

FÜR 4 PERSONEN

¶ Alle Zutaten für die Marinade verrühren.
¶ Shrimps, Speck, Schinken und Zwiebeln in eine Schüssel geben und die Marinade zufügen. Mit einer Gabel verrühren. Die Brotscheiben diagonal halbieren. Die Shrimpsmischung auf eine Hälfte streichen und mit der anderen bedecken.
¶ Das Öl in einem Wok erhitzen. Vier Stücke Brot hineingeben und bei schwacher Hitze goldbraun braten. Herausnehmen und abtropfen lassen.
¶ Heiß servieren.

Im Uhrzeigersinn von oben: Enteneier; hom tan *auf Holzkohle;* P'i tan *in Reishülsen*

HUNDERTJÄHRIGE EIER

„100jährige Eier" oder, wie manche sie nennen, „1000-jährige Eier" werden tatsächlich nur 100 Tage aufgehoben. Dabei bringt man Enteneier mit Konservierungsstoffen zusammen, die durch die Schale dringen und die Beschaffenheit des Eis verändern.

Es gibt in China zwei Methoden, Eier zu konservieren: *P'i tan* werden mit alkalischen Schlamm bestrichen und mit Asche, Reishülsen oder Teeblättern bedeckt, bevor man sie für 100 Tage in große irdene Töpfe legt. Der Dotter wird sahnig und nimmt ein scharfes Aroma an, das Eiweiß wird gelblich-grau und gerinnt zu einer festen Gallertmasse.

Das Ei wird geschält, in Scheiben geschnitten und mit eingemachten Ingwerstückchen und einem Essigdip serviert.

Hom tan werden in Lake und Salpeter oder einer Mischung aus feingemahlener Holzkohle sowie Lake konserviert. Der Dotter wird dabei körnig fest und nimmt einen angenehmen salzigen Geschmack an. Diese Eier müssen gekocht werden, bevor man sie mit einem Spritzer Sesamöl und Essig sowie einem Stückchen Ingwer ißt oder in Scheiben an *Congee* gibt.

100jährige Eier werden nicht nur wegen ihres Geschmacks geschätzt, sondern auch wegen des medizinischen Wertes. Der Konservierungsprozeß erhöht ihre alkalische Eigenschaft, was sie zu einem Mittel gegen Magengeschwüre macht. Sie gelten auch als Mittel gegen einen Kater.

MA TI GO

WASSERNUSSKUCHEN

Dieses leckere Dessert können Sie im Kühlschrank aufheben, wo es sich zwei bis drei Tage hält. Braten Sie es später einige Minuten in der Pfanne, karamelisiert der Zucker, was dem Kuchen einen anderen Geschmack gibt.

2,5 l Wasser
280 g Zucker
185 g Wassernußmehl
280 g Wassernüsse, geschält und gewürfelt
3 EL Erdnußöl

FÜR 8-10 PERSONEN

¶ 1 l Wasser in einem großen Topf zum Kochen bringen. Den Zucker zugeben und auflösen lassen. Den Herd abstellen und das Mehl einrühren.
¶ Die Wassernüsse zugeben und gut unterrühren.
¶ Die Mischung in eine eingefettete Kuchenform (20 x 20 x 5 cm) geben und beiseite stellen.
¶ Das restliche Wasser in einem Wok zum Kochen bringen. Einen Dämpfeinsatz daraufstellen und die Kuchenform in den Dampftopf stellen. Zudecken und 30 Minuten dämpfen. Kalt stellen.
¶ In Quadrate von 5 cm schneiden. Kalt servieren oder in Öl braten, bis sie auf beiden Seiten leicht gebräunt sind; heiß servieren.

CHOI YUK BOU

SCHWEINEHACK-KOHLBRÖTCHEN

Dies ist mein Lieblingsrezept für dieses Gericht, aber Sie können das Verhältnis von Fleisch und Kohl nach Ihrem eigenen Geschmack verändern.

Für die Marinade:
½ TL Pfeffer
½ TL Sesamöl
1 TL Maisstärke (Stärkemehl)
Für die Brötchen:
185 g Schweinefilet, fein gewürfelt
60 g Schweinespeck, fein gewürfelt
500 g chinesischer Weißkohl, gewaschen und grob gehackt
3 getrocknete schwarze Pilze, eingeweicht, abgetropft, Stiele entfernt und sehr fein gehackt
1 Rezept chinesisches gedämpftes Brot (Seite 230)
1,5 l Wasser

Oben links: Ma Ti Go; oben rechts: Choi Yuk Bou; unten: Cha Yip Darn

DIM-SUM-GERICHTE

Dim sum sind nicht nur Teigtaschen und Brötchen. Oft enthalten die Dämpfkörbchen Stücke *pai gwat* (Schweinefleisch) oder *ngau tao* (Kutteln), manchmal zusammen mit schwarzen Bohnen, Knoblauch und Chili, oder Rindfleischbällchen mit Limone und Koriander. Auch Schweine- oder Hähnchenfleisch in Tofuhülle, geschmorter Tintenfisch oder Hühnerfüße können dabei sein.

Die Auswahl an kalten Fleischstücken ist ein erfreuliches Element von *yum cha*. Aufgeschnittene kalte gebratene Ente, Stücke vom Schwein, fein geschnittenes rotes *cha siu*-Schweinefleisch, in Sojasauce pochiertes Huhn, geschnetzeltes gewürztes Schweine- oder Rindfleisch und eintopfartige Fleischmischungen werden zur Auswahl vom *Dim-sum*-Wagen hübsch präsentiert. Es gibt auch salatartige Gerichte, wie feine Streifen kaltes gedünstetes Hühnerfleisch mit sahnigem Sesamdressing und ein wenig Chili.

1. gebratenes Spanferkel; 2. gebratene Ente; 3. in Sojasauce pochiertes Huhn; 4. kaltes geschnetzeltes Huhn mit Sesamdressing; 5. Klebreiskuchen mit süßer Mungobohnenfüllung; 6. cha siu

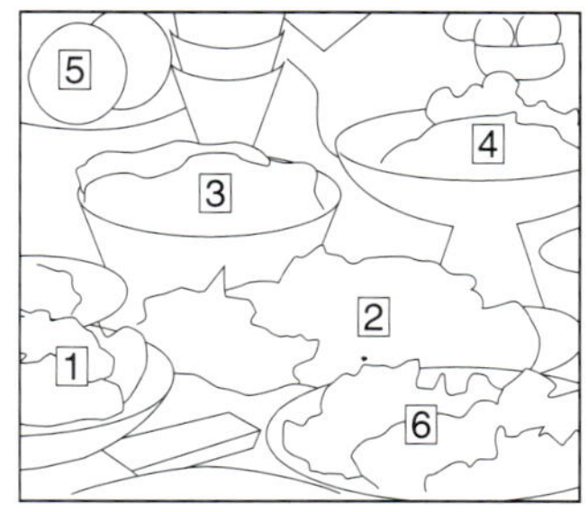

FÜR 12 PERSONEN

❡ Alle Zutaten für die Marinade mischen.
❡ Schweinefleisch und Speck 15 Min. marinieren.
❡ Den gehackten Kohl in ein sauberes, trockenes Tuch wickeln und zusammendrehen, um alle überflüssige Feuchtigkeit herauszupressen.
❡ Fleisch, Speck, Kohl und Pilze mischen.
❡ Den Teig zu einer Wurst rollen und in 24 Stücke teilen. Jedes flachdrücken und 1 EL Füllung auf die Mitte geben. Den Teig um die Füllung schlagen, ringsum Falten drücken und ein kleines Loch in der Mitte lassen. Ein Stück Butterbrotpapier an die Unterseite kleben; zehn Minuten aufgehen lassen.
❡ Das Wasser in einem Wok zum Kochen bringen. Einen Dämpfeinsatz in den Wok stellen und die Brötchen mit etwas Abstand hineinlegen. Bei starker Hitze zwölf Minuten dämpfen und servieren.

CHA YIP DARN

PIKANTE TEE-EIER

Die Chinesen bereiten sie meist nur mit Zimt und Sternanis zu. Aber Fünf-Gewürz-Pulver gibt ihnen mehr Raffinesse und Geschmack. Sie können als dim sum, *zum Frühstück oder als Betthupferl gegessen werden.*

1 Dutzend Eier
5 EL schwarzer Tee (Blätter)
1 EL Fünf-Gewürz-Pulver
60 ml dunkle Sojasauce
1 EL Salz
½ TL Zucker

FÜR 6-12 PERSONEN

❡ Die Eier in einen großen Topf legen und vollständig mit Wasser bedecken. Dann das Wasser bei mittlerer Hitze zum Kochen bringen, anschließend bei reduzierter Hitze 15 Minuten köcheln lassen. Schließlich die Eier herausnehmen und abkühlen lassen.
❡ Die Eier mit einem Löffel abklopfen, damit die Schale ringsherum Risse bekommt, und in einen großen Topf legen.
❡ Etwas Wasser zugeben, damit sie ganz bedeckt sind, anschließend alle übrigen Zutaten zugeben. Zum Kochen bringen und etwa drei Stunden köcheln lassen. Anschließend abgießen und abkühlen lassen.
❡ Die Eier schälen und jedes in sechs Keile aufschneiden.

JIN DARN KOK

EIERTASCHEN MIT SCHWEINEFLEISCH- UND ZWIEBELFÜLLUNG

Dieses Rezept ist sehr einfach, aber auch zeitaufwendig. Dennoch ist das Ergebnis die Arbeit wert, denn Sie werden dieses Gericht nie in einem Restaurant ausprobieren können. Es muß feuerheiß serviert werden, und kein Restaurant wird sich die Mühe machen wollen, es so zuzubereiten.

Für die Marinade:
½ TL Salz
¼ TL Sesamöl
½ TL chinesischer Reiswein
½ TL Maisstärke (Stärkemehl)
2 TL Wasser
Für die Teigtaschen:
125 g Schweinefilet, durchgedreht
6-8 EL Erdnußöl
1 mittelgroße Zwiebel, gehackt
½ TL Salz
3 Eier, geschlagen

FÜR 4-6 PERSONEN

❡ Alle Zutaten für die Marinade mischen.
❡ Das Schweinefleisch 15 Minuten marinieren.
❡ In einem Wok 1 EL Öl erhitzen. Die Zwiebel zugeben und sautieren, bis sie glasig ist.
❡ 2 EL Öl im Wok erhitzen. Das Fleisch bei mittlerer Hitze pfannenrühren, bis es ziemlich trocken ist. Zusammen mit dem Salz zu den Zwiebeln geben und gut verrühren.
❡ Den Wok wieder erhitzen. 1 EL Öl hineingeben und gleichmäßig im Wok verteilen. 1 EL Ei zugeben, um einen kleinen Pfannkuchen zu backen. Aus dem Wok nehmen und in die Mitte etwa 1½ TL von der Fleisch-Zwiebel-Mischung geben. Den Pfannkuchen zuklappen, solange er noch feucht ist, und leicht drücken, damit er geschlossen wird. Ebenso mit den übrigen Zutaten verfahren und servieren.

STERNANIS
Chinesischer Sternanis ist ein scharfes Gewürz, das in vegetarischen Gerichten, zu pfannengerührtem Fleisch und in Curries verwendet wird. Wegen des angenehmen Aromas gibt man es oft an dim sum, *und es paßt gut zu jedem Sojasaucengericht. Sternanis ist tatsächlich sternförmig, die kleine braune Samenhülse eines aromatischen immergrünen Strauchs oder Baums. Die Samenhülse muß vor der Verwendung gemahlen werden.*

JAR YU KOU

GEBRATENE HASELBÄLLCHEN

Für dieses Rezept können Sie jeden frischen weißen, sogar einen durchgedrehten Fisch verwenden. Das gute Gelingen dieses Gerichts hängt vom Rühren ab: Man muß die Mischung sehr langsam und sorgfältig rühren, bis die Paste sehr klebrig ist.

Links: Jin Darn Kok; rechts: Jar Yu Kou

500 g Fischfilet
1 Schalotte (Frühlingszwiebel), feingehackt
1½ TL Salz
½ TL Pfeffer
2 EL Wasser
1 EL Maisstärke (Stärkemehl)
1 l Erdnußöl
2 EL Hoisinsauce

FÜR 4-6 PERSONEN

¶ Alle Zutaten bis auf die Hoisinsauce in eine Schüssel geben. Mit einer Gabel verrühren, bis die Mischung klebrig ist, und eine Kugel formen.
¶ Mit nassen Händen aus der Masse Bällchen von 2 cm Durchmesser formen und auf eine leicht eingefettete Platte legen.
¶ Das Öl in einem Wok erhitzen. Die Hitze leicht reduzieren und die Fischbällchen hineingeben. Braten, bis sie goldbraun und aufgegangen sind. Mit der Hoisinsauce als Dip servieren.

JING PAI GUI

GEDÄMPFTE SCHÄLRIPPCHEN

Dies kann als dim sum *oder als Hauptgericht serviert werden. In Hong Kong findet es sich auf der* dim sum*-Karte.*

1 rote Chilischote, feingehackt
1 EL feingehackter Knoblauch
1 EL fermentierte schwarze Bohnen, zerdrückt
1 EL helle Sojasauce
1 TL dunkle Sojasauce
1 TL Chiliöl (wahlweise)
1 TL Zucker
1 TL chinesischer Reiswein
2 TL Maisstärke (Stärkemehl)
375 g Schweinerippchen, in mundgerechte Stücke gehackt
12 Stücke Ingwer
12 Stücke Schalotte, etwa 4 cm lang, nur weißer Teil
1 l Wasser

FÜR 6 PERSONEN

¶ Die ersten neun Zutaten in einer Schüssel mischen. Die Rippchen zugeben und eine Stunde marinieren.
¶ Die Rippchen auf sechs Untertassen von je 10 cm Durchmesser verteilen. Je zwei Stücke Ingwer und Schalotte pro Untertasse darauflegen.
¶ Das Wasser in einem Wok zum Kochen bringen. Einen Dämpfeinsatz und die Untertassen daraufstellen. Zudecken und 15 Minuten dämpfen.
¶ Sofort servieren.

Jing Pai Gui

Dim-Sum-Hüllen

Chinesische Köche haben den Bogen raus, die eßbaren „Häute" oder Hüllen zuzubereiten, mit denen sie die bißgroßen Klößchen und Brötchen umhüllen, die als *dim sum* serviert werden. Manche werden frisch im Restaurant oder in der Küche zu Hause zubereitet, andere sind Fertigprodukte.

Die einfachsten Hüllen sind die *won ton*, die aus Mehl und Eiern hergestellt werden. Der Teig wird geknetet, bis er glatt und elastisch ist, dann papierdünn ausgerollt und in Quadrate von 6 cm geschnitten. In Packungen von etwa 36 Stück frisch oder tiefgekühlt verkauft, können *won ton*-Hüllen rund vier Tage im Kühlschrank oder eingefroren einen Monat aufbewahrt werden. *Won ton* sind Teigtaschen, deren Füllung völlig umhüllt ist. Sie können gedämpft, in einer Suppe gekocht oder fritiert werden. Für *Siu mai* werden die gleichen Hüllen verwendet, doch bleibt die Füllung nach oben frei. Sie werden meist gedämpft, können aber auch gebraten werden.

Die fast durchsichtigen Hüllen für *dim sum* wie *har gau* und *fun gor* werden aus einer klebfreien Weizenstärke frisch zubereitet. Das Mehl wird mit kochendem Wasser zu einem weichen Teig verarbeitet, der in dünne, runde Hüllen geschnitten wird.

Hüllen für Frühlingsrollen sind ziemlich zäh, fassen sich trocken an und sind papierdünn. Aus Reismehl hergestellt, werden sie meist als tiefgekühltes Fertigprodukt verkauft, da die frischen Hüllen sehr schnell austrocknen und dadurch brüchig werden.

Für bestimmte Teigtaschen kann eine feine pergamentartige Haut aus Tofurückständen verwendet werden. Diese cremefarbenen Hüllen werden in großen flachen Blättern angeboten, die gefaltet sind und in warmes Wasser getaucht werden müssen, um für den Gebrauch weich zu werden. Tofuhüllen können in einem verschlossenen Behälter unbegrenzt aufbewahrt werden.

Teigtaschen aus Weizenmehlteig werden in Packungen von etwa 36 Stück verkauft. Sie sind weißer als *won ton*-Hüllen und im allgemeinen rund.

1. Teigtaschenhüllen; 2. Tofuhüllen; 3. Frühlingsrollenhüllen; 4. har gau-Teig und Hüllen; 5. Hüllen aus Weizenmehl

MIN FA GAI

GEDÄMPFTES HÜHNCHEN MIT SCHWIMMBLASE

Dies ist ein verbreitetes dim sum. *Ich empfehle Aalblase, Sie können aber auch Leng (Grünling) kaufen.*

Für die Marinade:
½ TL Salz
2 TL helle Sojasauce
1 TL chinesischer Reiswein
½ TL Zucker
1½ TL Maisstärke (Stärkemehl)
Für das Hühnchen:
2 Hühnchenschenkel, in mundgerechte Stücke zerlegt
6 getrocknete schwarze Pilze, eingeweicht und Stiele entfernt
1 Stück Schwimmblase vom Meeraal oder einem anderen Fisch, 4-5 Stunden in kaltem Wasser eingeweicht

Links: Min Fa Gai; rechts: Chuen Darn Siu Mai

2 l Wasser
6 Scheiben Ingwer

FÜR 6 PERSONEN

❡ Alle Zutaten für die Marinade verrühren.
❡ Das Hühnchenfleisch und die Pilze 30 Minuten marinieren.
❡ Die Schwimmblase aufschneiden und in 5 cm lange Stücke schneiden. In einem großen Topf 1 l Wasser zum Kochen bringen. Die Schwimmblase hineingeben und zehn Minuten kochen. Herausnehmen und unter fließendem Wasser abspülen. Trockenpressen.
❡ Die Schwimmblase auf sechs Untertassen verteilen. Das Hühnchenfleisch, die Pilze und den Ingwer zugeben.
❡ Das restliche Wasser in einem Wok zum Kochen bringen. Einen Dämpfeinsatz daraufstellen (die Untertassen auf den Einsatz). Zudecken und 15 Minuten dämpfen lassen.

CHUEN DARN SIU MAI

WACHTELEIER AUF SCHWEINEFLEISCHKLÖSSCHEN

Wachteleier sind preiswert, doch schmecken die Taubeneier noch besser. Vielleicht wollen Sie also lieber letztere in diesem Rezept verwenden.

Für die Marinade:
1 EL helle Sojasauce
1 TL Salz
½ TL Zucker
¼ TL Pfeffer
1 EL Maisstärke (Stärkemehl)
2 EL Hühnerbrühe (Suppenextrakt)
Für die Eier und Klößchen:
125 g Schweinefilet, durchgedreht
30 g Schweinespeck, durchgedreht
125 g ungekochtes Shrimpsfleisch, durchgedreht
2 getrocknete schwarze Pilze, eingeweicht, abgetropft, Stiele entfernt und fein gehackt
1 EL gehacktes Koriandergrün
12 Wachteleier, gekocht und geschält
1,5 l Wasser

FÜR 6 PERSONEN

❡ Alle Zutaten für die Marinade verrühren.
❡ Schweinefleisch, Schweinespeck, Shrimps und Marinade in eine Schüssel geben und verrühren, bis die Mischung klebrig wird. Die Pilze zugeben und gut verrühren. 30 Minuten kühlen.
❡ Mit nassen Händen (damit nichts haftet) die Masse in zwölf gleichgroße Portionen teilen und zu eiförmigen Klößchen formen. Auf jedes Klößchen etwas Koriander streuen und ein Wachtelei setzen. Zwei Klößchen auf eine Untertasse geben. Ebenso mit den restlichen Klößchen verfahren.
❡ Das Wasser im Wok zum Kochen bringen. Einen Dämpfeinsatz in den Wok setzen und die Untertassen auf den Einsatz stellen. Zudecken und bei starker Hitze zwölf bis fünfzehn Minuten dämpfen.

SUPPEN

州正宗牛肉

SUPPEN

KOMMT MAN AUF CHINESISCHE SUPPEN ZU SPRECHEN, LAUTET DIE ERSTE FRAGE OFT: ISST MAN SIE ZU Beginn, in der Mitte oder zum Schluß der Mahlzeit? Die Chinesen haben damit keine Probleme, da die meisten Speisen gleichzeitig auf den Tisch kommen und man die Suppe zum Reis, Fleisch und Gemüse essen kann; es gibt keine „Reihenfolge“ an sich. Selbst bei Festessen gehört die Suppe nicht zu einem bestimmten Gang.

¶ Die nächste Frage ist: Was ist Suppe? Die Chinesen unterscheiden zwischen leichten Suppen (klare Brühe mit etwas Fleisch und Zwiebeln) und schweren Suppen. Letztere sind Mahlzeiten für sich, die Brühe ist nahrhaft, die Gemüse- und Fleischeinlagen werden mit Sorgfalt ausgewählt.

¶ Eine Version des Mongolischen Feuertopfs besteht aus Hühnerbrühe (Suppenextrakt), in der Fleisch und Gemüse gegart, aber für sich gegessen werden. Eine „Restesuppe“ kann auch aus der Pekingente gemacht werden: Während die kaiserlichen Familien nur die Haut der Ente schätzten (und andere das Fleisch aßen), wurden die Knochen für die Tausenden, die in den kaiserlichen Küchen schufteten, zu einer herzhaften Suppe aufgekocht.

¶ Jede Region in China kann sich einer berühmten Suppe rühmen. Von den Suppen des Mongolischen Feuertopfs zur Schlangensuppe, zu der Gerichte aus weißen Chrysanthemenblüten, Champignons und Fischstückchen gegessen werden – all das beweist eine erstaunliche Breite und Vielfalt und es zeigt, wie sehr die Chinesen ihre Suppen schätzen.

¶ Die Kantonesen bereiten Teigtaschen mit einer Gemüsefüllung, um so die wohl berühmteste aller chinesischen Suppen, *Won Ton*, zu würzen. Suppen spielen vor allem in der Küche Sichuans eine wichtige Rolle; die Fülle von Gewürzen aus dieser Region, darunter Sichuanpfeffer, verbinden sich zu der berühmten süß-sauren Suppe. Im Norden wird die Brühe mit Sojasauce, Knoblauch und Ölen gewürzt. Die Suppen des Nordens gelten als die nahrhaftesten in China.

¶ Bereitet man Suppe für ein Festessen, so gilt: je seltener und teurer die Zutaten, desto besser. Die üppige Festsuppe wird zu einem nationalen Schatz – durch das Gefühl der Haifischflossen auf der Zunge, den festen Biß der Abalonen, den richtigen Essig und die lange, lange Kochzeit. Traditionell dem Kaiser vorgesetzt werden die „Palastsuppen“ oder *dat tsai* (wörtlich „große Gerichte“), dicke Haifischflossensuppen, kombiniert mit Fleisch von seltenen Tieren und Fischen. Wenn südostasiatische Monarchen den chinesischen Kaisern Tribut zahlten, waren auch die obligaten Vogelnester dabei, die gesüßt und zu den heute berühmten Suppen verarbeitet wurden.

Vorhergehende Seiten: Suppe ist in China weitaus mehr als nur ein erster Gang. Man ißt sie entweder wie eine Konsommee während und nach einer Mahlzeit, uns zwar als Kontrast zu schweren oder scharfen Gerichten, oder aber als Hauptgericht auf einer Nudel-, Fleisch- und Gemüsegrundlage. Für diese tibetische Familie in der Provinz Sichuan ist die dicke Suppe ein Hauptbestandteil der Mahlzeit.
LEO MEIER/WELDONS

Gegenüber: Stammgäste genießen ihre Nudelsuppe in einer der vielen Garküchen Beijings. Diese Einrichtungen am Straßenrand bieten billig und praktisch zu jeder Tageszeit sättigende Mahlzeiten. HUTCHISON LIBRARY/TREVOR PAGE

SAI WU NGOR YUK

WESTSEE-RINDFLEISCHSUPPE

Der Westsee ist der große See in Hangzhou, der als einer der schönsten ganz Chinas gilt. Diese Suppe ist ein kantonesisches Gericht; sie ist so köstlich, daß sie nach dieser Sehenswürdigkeit in Hangzhou genannt wurde.

Für die Marinade:
1 TL Salz
1 TL Zucker
2 TL Maisstärke (Stärkemehl)
1 EL Wasser
Für die Suppe:
125 g durchgedrehtes Rinderfilet
500 ml Wasser
1 l Restebrühe (siehe Rezept Seite 75)
1 EL gehobelter Ingwer
1 TL 1 EL gehackte Schalotte (Frühlingszwiebel)
1 EL helle Sojasauce
1/2 TL Pfeffer
1 TL Sesamöl
1 TL chinesischer Reiswein
2 EL Maisstärke (Stärkemehl), in 2 EL Wasser gelöst
2 Eiweiß
1 EL gehacktes Koriandergrün

FÜR 4-6 PERSONEN

❡ Alle Zutaten der Marinade gesondert verrühren.
❡ Das Rindfleisch 15 Minuten marinieren.
❡ Das Wasser in einem Topf zum Kochen bringen. Das Rindfleisch zugeben und unter Rühren lockern. Wenn es weiß wird, aus dem Topf nehmen und abtropfen lassen.
❡ In einem anderen Topf die Brühe zum Kochen bringen. Ingwer, Schalotte, Sojasauce, Pfeffer, Sesamöl, Wein und Maisstärke zugeben. Das Eiweiß einrühren. Rindfleisch und Koriander zugeben und erhitzen.
❡ Sofort servieren.

Oben: Sai Wu Ngor Yuk; unten: Suen Lat Tong

Yunnan-Dampftopf mit Suppe aus Hühnchen und chinesischen Kräutern.

Yunnan-Dampftopf

Chinesische Köche wenden mehrere Methoden an, um aus den Suppenzutaten Aroma zu gewinnen und dafür zu sorgen, daß sie zu saftiger Zartheit verkocht werden. Eine dieser Methoden ist das „Doppeltkochen": Man gart die Zutaten in einem verschlossenen Topf, der in einem Dampftopf steht. Die Töpfe können einfach ein unten und oben verschlossenes Stück Bambus sein und werden oft zum Garen von Schweinefleisch oder Täubchen benutzt. Für Suppen und viele der berühmten fetten Schweinefleischgerichte nimmt man winzige Töpfe und Tassen aus braunem unglasiertem Ton. In Restaurants und zu Hause werden in den meisten Teilen Chinas feuerfeste Keramiktöpfe mit doppeltem Deckel verwendet, in den zentralen Provinzen dagegen zieht man den Yunnan-Dampftopf vor.

Zur Suppe werden nur Fleisch und Gemüse (ohne oder mit ganz wenig Flüssigkeit) angesetzt. Wenn das Wasser im Dampftopf zu sieden beginnt, steigt der Dampf durch den Schornstein in der Mitte des Topfes auf, kondensiert im Topf und rinnt an dem schrägen Schornstein nach unten, um die Suppe zu bilden (sehr gut für langsames Garen).

Suen Lat Tong

SAUER-SCHARFE SUPPE

Zubereitet wird diese Suppe in Restaurants (in Sichuan fehlt sie tatsächlich in keinem einzigen), zu Festessen und zu Hause. Es gibt zu diesem Rezept so viele Variationen, wie es Köche gibt. Ursprünglich wurde die Suppe mit Hühnerfleisch zubereitet, aber das muß nicht sein. Das Gelingen des Gerichts hängt vor allem vom Gleichgewicht zwischen dem Pfeffer und dem Essig ab.

Für die Marinade:
2 TL Salz
1 TL Zucker
1 EL Maisstärke (Stärkemehl)
2 EL Wasser
Für die Suppe:
60 g Schweinefilet, in Streifen geschnitten
60 g rohe Shrimps (frische Garnelen), geschält und vom Darm befreit
500 ml Wasser
1 l Restebrühe (siehe Rezept Seite 75)
12 Wolkenohrenpilze, 30 Minuten in kaltem Wasser eingeweicht und abgetropft
1 Stück Tofu, kleingeschnitten
60 g Bambussprossen, kleingeschnitten
1 EL gehobelter Ingwer
1 EL gehackte Schalotte (Frühlingszwiebel)
2 EL Gewürz- oder Weinessig
1 TL Chiliöl
1/2 TL Pfeffer
2 EL Maisstärke (Stärkemehl), in 2 EL Wasser aufgelöst
1 Ei, geschlagen
1 TL chinesischer Reiswein
2 TL dunkle Sojasauce

FÜR 4-6 PERSONEN

❡ Alle Zutaten für die Marinade verrühren, dann gleichmäßig auf zwei Schüsseln verteilen.
❡ Schweinefleisch und Shrimps 15 Minuten in getrennten Schüsseln marinieren.
❡ Das Wasser in einem Topf zum Kochen bringen. Das Schweinefleisch zugeben und eine Minute kochen. Die Shrimps zugeben und eine Minute kochen; abtropfen lassen.
❡ Die Brühe in einem anderen Topf zum Kochen bringen. Pilze, Tofu, Bambussprossen, Ingwer, Schalotte, Essig, Chiliöl, Pfeffer und Zucker zugeben.
❡ Wenn die Brühe wieder kocht, Schweinefleisch und Shrimps zugeben. Die Maisstärke einrühren. Das Ei unter Rühren zugeben. Den Wein und die Sojasauce zugeben und heiß servieren.

Oben: Sheung Tong; Mitte: Choi Hung Hoi Sinn Tong; unten: Tung Ku Kai Tong

CHOI HUNG HOI SINN TONG

REGENBOGENSUPPE MIT MEERESFRÜCHTEN

Das Rezept für dieses Gericht wurde etwa um 1970 kreiert, wahrscheinlich von einem Hotelküchenchef in Hong Kong. Daß es für Touristen gedacht war, macht es jedoch nicht weniger appetitanregend – tatsächlich hat dies sogar Tradition. Im 17. und 18. Jahrhundert wurden kantonesische Köche oft nach Beijing eingeladen, um Meisterkreationen für Mandschu-„Touristen" zu schaffen.

Für die Marinade:
2 TL Salz
2 TL Zucker
2 TL Maisstärke (Stärkemehl)
1 TL Sesamöl
1 EL Wasser

Für die Suppe:
6 conpoy (getrocknete Jakobsmuscheln)
125 g rohe Shrimps (frische Garnelen), geschält und vom Darm befreit, gewaschen und trockengetupft
125 g Seebarschfilet, gewürfelt
1 l Wasser
1 l Restebrühe (siehe Rezept Seite 75)
1 EL gehobelter Ingwer
60 g Karotten, feingeschnitten
1 EL helle Sojasauce
1 TL chinesischer Reiswein
2 EL Maisstärke (Stärkemehl), in 2 EL Wasser aufgelöst
60 g Gurke, in dünne Scheiben geschnitten
1 EL gehacktes Koriandergrün

FÜR 4-6 PERSONEN

❡ Alle Zutaten für die Marinade in einer Schüssel verrühren.
❡ Conpoy, Shrimps und Seebarsch 15 Minuten marinieren.
❡ Das Wasser in einem großen Topf zum Kochen bringen und die Meeresfrüchte zugeben. Wenn das Wasser erneut aufkocht, die Meeresfrüchte sofort herausnehmen, abtropfen lassen und beiseite stellen.
❡ In einem anderen großen Topf die Brühe zum Kochen bringen. Ingwer und Karotten zugeben und zwei Minuten kochen lassen. Anschließend die Meeresfrüchte zugeben und kochen, bis die Brühe erneut aufwallt.
❡ Sojasauce und Wein zugeben. Die Maisstärke einrühren. Gurke und Koriander darüberstreuen und servieren.

TUNG KU KAI TONG

HÜHNERSUPPE MIT SCHWARZEN PILZEN

Dies ist eine ganz besonders einfache, schmackhafte und gesunde Suppe. Aber Sie müssen sehr sorgfältig die Kochzeit des Hühnerfleischs beachten: Wenn es zu lange kocht, kann es faserig werden und die Suppe ruinieren.

Für die Marinade:
1/2 TL Salz
1/2 TL Zucker
1 TL Maisstärke (Stärkemehl)
1 EL Wasser
1 TL chinesischer Reiswein
Für die Suppe:
500 ml Wasser
125 g Hühnchenbrust, in Streifen von 5 x 2,5 cm geschnitten
4 getrocknete schwarze Pilze, 1 Stunde in warmem Wasser eingeweicht, abgetropft und Stiele entfernt
1/2 TL Salz
1/2 TL Zucker
1 TL chinesischer Reiswein
1 l Restebrühe (siehe nebenstehendes Rezept)
1 EL gehobelter Ingwer
1 EL helle Sojasauce
1/4 TL Sesamöl

FÜR 4-6 PERSONEN

❡ Alle Zutaten für die Marinade verrühren.
❡ Das Hühnerfleisch 15 Minuten marinieren.
❡ Das Wasser in einem Topf zum Kochen bringen und das Fleisch zugeben. Wenn es weiß geworden ist, herausnehmen und abtropfen lassen.
❡ Die Pilze kleinschneiden. Mit Salz, Zucker und Wein vermischen, in einem Topf mit kochendem Wasser auf einen Dämpfeinsatz stellen und zehn Minuten dünsten; dann aus dem Topf nehmen.
❡ Die Brühe in einem großen Topf zum Kochen bringen und den Ingwer zugeben. Das Fleisch und die Pilze zugeben, dann die Sojasauce sowie das Sesamöl erhitzen.

SHEUNG TONG

EXTRAFEINE BRÜHE

Extrafeine Brühe ist die Seele der chinesischen Kochkunst, in Aroma und Vielschichtigkeit einem edlen Wein vergleichbar. Sie wird nur für die feinsten Gerichte verwendet, besonders in Verbindung mit so teuren Zutaten wie zum Beispiel Haifischflossen. Weil der chinesische Koch nichts wegwirft, können Reste von der Zubereitung der Extrafeinen Brühe für die Restebrühe genommen werden.

1,25 kg Hühnerfleisch
1,25 kg mageres Schweinefleisch
1 kg magerer geräucherter Schinken
3,75 l Wasser
125 g Ingwer, leicht zerdrückt
6 Schalotten (Frühlingszwiebeln)
3 Stücke getrocknete Orangenschale

ERGIBT 2,5 L

❡ Das Fleisch in große Stücke schneiden und in einen Topf geben. Wasser zugießen, bis das Fleisch bedeckt ist, dann zehn Minuten kochen. Die Fleischstücke abtropfen lassen und abspülen.
❡ Das Wasser in einem sehr großen Topf zum Kochen bringen. Die Fleischstücke und alle übrigen Zutaten zugeben. Wenn die Mischung wieder kocht, die Hitze zurückschalten und unbedeckt fünf Stunden köcheln lassen. Die Flüssigkeit durch ein Sieb gießen und die anderen Zutaten wegwerfen (oder zur Verwendung in der Restebrühe aufheben).

RESTEBRÜHE

ERGIBT 2,5 L

❡ Alle festen Zutaten, die für die Extrafeine Brühe verwendet wurden, aufsparen und in einen großen Topf geben. 3 l Wasser zugießen und zum Kochen bringen. Die Hitze zurückschalten und unbedeckt 2 1/2 Stunden köcheln lassen. Anschließend die Flüssigkeit durch ein Sieb gießen und die anderen Zutaten wegwerfen.

JUG YU LO PAK TONG

KARPFEN-RÜBEN-SUPPE

Dies ist ein mildes Gericht aus Sichuan. Ich nehme für die Marinade gern Karpfen, aber man kann jeden Fisch verwenden.

1-2 Weiße Rüben, etwa 500 g, geschält und in Schnitzel von 5 cm geschnitten
1 Karpfen, etwa 500 g, geputzt und trockengetupft
2-3 EL Erdnußöl
1 l Restebrühe (siehe Rezept Seite 75)
4 Stücke Ingwer
1 EL gehacktes Koriandergrün
1 TL Pfeffer

FÜR 4-6 PERSONEN

¶ Die Rüben in einen Topf geben, mit Wasser bedecken und 5 Minuten kochen lassen.
¶ Eine Bratpfanne erhitzen und das Öl hineingeben. Den Fisch braten, bis er leicht gebräunt ist.
¶ Die Brühe in einem großen Topf zum Kochen bringen. Den Fisch mit den Rüben und dem Ingwer in den Topf geben. Wenn die Brühe erneut kocht, 30 Minuten köcheln lassen. Die Suppe auf Schalen verteilen, den Koriander und den Pfeffer zugeben und servieren.

Unten: Jug Yu Lo Pak Tong

Haifischflossenspitzen der Güte „Premier“

HAIFISCHFLOSSEN

Haifischflossen sind die fadenartigen getrockneten Knorpel von den Flossen bestimmter Haie, besonders des Hammerhais und des Tigerhais. Der erste liefert lange, glatte, der zweite kurze, dicke Fäden.

Wegen der Überfischung sind die Fischer heute gezwungen, bis vor Mexiko und Süfafrika nach dieser Delikatesse zu fischen, die in China die zweitteuerste nach den Abalonen ist

Wie viele exotische Zutaten in der chinesischen Küche werden Haifischflossen wegen ihres „medizinischen“ Wertes geschätzt. In einem alten Arzneibuch werden sie als Tonikum für gute Haut beschrieben. Vielleicht könnte man sie als die „Trüffel“ Chinas bezeichnen, da sie den Geschmack jedes Gerichts verstärken.

ZUBEREITUNG

Haifischflossen verlangen eine ziemlich lange Zubereitung. Die ganze Flosse wird vom Fisch entfernt, bis zu drei Tage in kaltem Wasser eingeweicht, dann bei schwacher Hitze gekocht, bis sich die Haut abschält. Um das Fleisch zu entfernen, muß es weiter mehrere Tage eingeweicht werden, bis es sich vom Knorpel lösen läßt, der dann getrocknet werden kann. In der Küche müssen die Haifischflossen dann weiter verarbeitet werden; meist köchelt man sie mit Ingwer, Schalotten und Reiswein. Serviert werden sie traditionell als Fäden in einer köstlichen Suppe, in der sie geköchelt werden, bis sie wunderbar weich sind. Teurer ist es, die Haifischflossen als Ganzes zu schmoren. Sie nehmen dann die beigegebenen Gewürze auf, behalten aber einen festen Biß.

Haifischflossen werden folgendermaßen eingeteilt:

- „Most superior“ bedeutet von der Flossenspitze und kann die Form feiner Fäden oder der ganzen dreieckigen Flosse haben.
- „Very superior“ kommt von der Mitte der Flosse.
- „Superior“ von dem Teil, der dem Körper am nächsten liegt.
- „Premier“ bezeichnet Flossenflocken, die beim Putzen abgebrochen sind; diese sind nur in Verbindung mit Krabben, Zwiebeln und Eiern zu gebrauchen.

ZUR BEACHTUNG

Der hohe Preis der Haifischflossen hat manche skrupellosen Gastwirte angeregt, imitierte Zutaten zu verwenden. Ein todsicherer Echtheitstest ist, eine kleine Faser auf dem Tisch zu reiben: Die falsche Flosse wird in Pulver zerfallen, während die echte ganz bleibt.

LING MOWN DUN NGARP

ENTEN- UND LIMONENSUPPE

Die Menschen in Teochiu lieben eingelegte Limonen, weil es eine „kühlende" Zutat ist. Diese Sommersuppe mit ihrem ausgeprägten Zitrusgeschmack ist sehr erfrischend.

1 junge Ente, etwa 1,5 kg
1 l Wasser
1 eingelegte Limone
4 Scheiben Ingwer
1 EL chinesischer Reiswein
1 l kochende Restebrühe (siehe Rezept Seite 75)

FÜR 4-6 PERSONEN

¶ Die Ente in sechs Stücke teilen, gründlich säubern und in einen großen Topf geben. Das Wasser zugießen und zum Kochen bringen. Die Ente fünf Minuten kochen, herausnehmen und abtropfen lassen.
¶ Ente, Limone, Ingwer und Wein in eine große Suppenterrine mit Deckel geben. Die Brühe zugießen und zudecken. Die Terrine in einem Topf mit kochendem Wasser auf einen Dämpfeinsatz stellen und drei Stunden dämpfen. Dann die Suppe auf Schalen verteilen und servieren.

HI YUK SUK MAI GUNG

KRABBEN-MAIS-SUPPE

Dies ist eine normale Suppe in kantonesischen Restaurants – manchmal ist sie enttäuschend. Mit einer richtigen Restebrühe wird dieses Gericht jedoch viel schmackhafter.

1 Krabbe, etwa 375 g
1 EL Erdnußöl
1 EL gehobelter Ingwer
750 ml Restebrühe (siehe Rezept Seite 75)
1 Dose Zuckermais
1 EL gehacktes Koriandergrün
1 TL chinesischer Reiswein

FÜR 4-6 PERSONEN

¶ Die Krabbe mit dem Bauch nach oben auf ein Schneidebrett legen und halbieren. Gründlich putzen und 15 Minuten in einem Topf dünsten. Das Fleisch von der Schale lösen und beiseite stellen.
¶ Das Öl in einem Topf erhitzen und den Ingwer zugeben. Brühe und Mais zugeben und gut verrühren. Die Mischung zum Kochen bringen, das Krabbenfleisch zugeben und rühren. Wenn sie erneut kocht, Koriander und Wein zugeben.

Links: Hi Yuk Suk Mai Gung; rechts: Ling Mown Dun Ngarp

CHING QUA YUK PEEN TONG

SCHWEINEFLEISCH-GURKEN-SUPPE

Diese Suppe ist eine sehr interessante Mischung aus verschiedenen Geschmacksrichtungen – erfrischende Gurke, würziges Schweinefleisch und als besonderer Pfiff etwas Essig.

Für die Marinade:
1 TL Zucker
1/4 TL Sesamöl
2 TL Maisstärke (Stärkemehl)
1 EL Wasser
Für die Suppe:
185 g Schweinefilet, in Streifen von 5 x 2,5 cm geschnitten
750 ml Wasser
1 l Restebrühe (siehe Rezept Seite 75)
6 Scheiben Ingwer
1/2 TL Sesamöl
1 TL Gewürz- oder Weinessig
1 TL Salz
1 TL chinesischer Reiswein
1/2 TL Pfeffer
1 Gurke, von Kernen befreit und in Streifen geschnitten

FÜR 4-6 PERSONEN

¶ Alle Zutaten für die Marinade verrühren.
¶ Das Schweinefleisch 15 Minuten marinieren.
¶ Das Wasser in einem Topf zum Kochen bringen und das Fleisch zugeben. Wenn das Wasser wieder kocht, das Fleisch herausnehmen.
¶ Brühe und Ingwer in einen großen Topf geben und zum Kochen bringen. Sesamöl, Essig, Salz, Wein und Pfeffer zugeben, dann Schweinefleisch und Gurke, schließlich erhitzen.
¶ Auf 4-6 Schalen verteilen und servieren.

LIN NGOU NGOR NAM TONG

RINDERBRUST-LOTUSWURZEL-SUPPE

Nordchina ist berühmt für seine Rinderbrust, doch handelt es sich hier um ein kantonesisches Gericht, in dem Rindfleisch mit Lotuswurzelsuppe kombiniert wird. Mit etwas gedünstetem Reis erhalten Sie eine komplette Mahlzeit.

1 kg Rinderbrust, in Würfel von 3 cm geschnitten
60 g Ingwer, zerstoßen
3 l Wasser

Gegenüber: oben: Lin Ngou Ngor Nam Tong; unten: Ching Qua Yuk Peen Tong

GETROCKNETE ZITRUSSCHALE
In vielen chinesischen Rezepten taucht getrocknete Zitrusschale auf. Sie verleiht pfannengerührten Gerichten Aroma, mildert sehr scharfe Gerichte, gibt faden Saucen einen leicht säuerlichen Geschmack oder Suppen und Geflügel eine interessante Note. Puristen bereiten sie vielleicht am liebsten selbst, indem sie die Schale einer Orange oder Tangerine (Mandarine) im Backofen oder in der Sonne trocknen. Aber getrocknete Zitrusschalen sind auch in chinesischen Lebensmittelgeschäften erhältlich.

6 rote Datteln, entkernt
1/3 Stück getrocknete Tangerinen-(Mandarinen-)Schale, 30 Minuten in kaltem Wasser eingeweicht
1 Lotuswurzel, etwa 500 g, geputzt und quer in 0,5 cm dicke Stücke geschnitten
2 TL Salz
Für die Sauce:
3-4 EL Erdnußöl
6 Knoblauchzehen, zerdrückt
6 Scheiben Ingwer
2 EL Austernsauce
1 EL dunkle Sojasauce
1 EL chinesischer Reiswein
1 1/2 EL Maisstärke (Stärkemehl)
500 ml Fleischbrühe

FÜR 6-8 PERSONEN

¶ Das Rindfleisch in einen Topf mit Wasser geben. Zum Kochen bringen, drei Minuten weiterkochen lassen und das Fleisch dann aus dem Topf nehmen.
¶ Einen Wok erhitzen und Ingwer sowie Fleisch zugeben. Bei mittlerer Hitze sautieren, bis der gesamte Fleischsaft verdampft ist.
¶ Das Wasser in einen Topf gießen. Datteln, Tangerinenschale und Lotuswurzel zugeben und zum Kochen bringen. Rindfleisch und Ingwer zugeben.
¶ Wenn das Wasser wieder kocht, die Hitze zurückschalten und zwei Stunden köcheln lassen. Vom Feuer nehmen, zudecken und eine Stunde ziehen lassen. Wieder aufkochen, dann die Hitze zurückschalten und zwei Stunden köcheln lassen.
¶ Fleisch und Lotuswurzel aus dem Topf nehmen und beiseite stellen. Das Salz in den Topf geben, die Suppe auf Schalen verteilen und servieren.
¶ Für die Sauce: Das Öl in einem Wok erhitzen und den Knoblauch und Ingwer braten. Rindfleisch und Lotuswurzeln zugeben. Die restlichen Zutaten in einer Schüssel vermischen und in den Wok geben. Bei starker Hitze eine Minute rühren und getrennt servieren.

Vorbereitete Zutaten und Saucen zum Dippen um einen Feuertopf

Chinesesische Feuertöpfe

Gemeinschaftliches Essen ist ein wichtiges Element der chinesischen Gesellschaft. In manchen Fällen werden Gerichte bei Tisch gekocht, wobei jeder Gast sich selbst versorgt. Für solche Gerichte werden elegante „Feuertöpfe“ aus Messing, bestehend aus einem runden „Graben“ um einen zentralen Schornstein über einer Holzkohlenpfanne, verwendet. Sie tragen ausgefallene Namen wie „Chrysanthemen-Feuertopf“, „Mongolischer Feuertopf“ und „Zehn-Sorten-Feuertopf“.

Die Rohzutaten, etwa Kohl oder andere Gemüse, Schalotten , Tofu, Fleischbällchen, geschnetzeltes Fleisch, Meeresfrüchte und Nudeln, werden auf Tellern um den Feuertopf aufgereiht. Jeder Tischgast trifft seine Wahl unter den Zutaten, um sie in die sprudelnde Fleischbrühe im Graben zu tauchen. Vor dem Essen wird jeder Bissen in eine der bereitstehenden pikanten Saucen oder in geschlagenes Ei getaucht. Wenn alle Hauptzutaten verspeist sind, werden die Nudeln in den Feuertopf gegeben und als Suppe mit der kräftig gewürzten Brühe gegessen – der berühmte Feuertopf aus Sichuan ist ein zweiteiliger Wok, der in eine Platte über einer Wärmequelle eingesetzt wird. Der eine Behälter enthält Öl, der andere eine Brühe, in der sich jede Menge Chili befindet. Die Zutaten werden auf dünne Bambusspieße aufgereiht und zum Garen in die heiße Flüssigkeit gehalten.

Oben: Pi Quuk Cheung Yu Pak Choi Tong; unten: For Tu Chun Pak Tong

PI QUUK CHEUNG YU PAK CHOI TONG

SCHÄLRIPPCHEN IN KRAKEN-KOHL-SUPPE

Die Chinesen essen viel Kraken, meist getrocknet. Sie sind nicht teuer und schmecken kräftiger als Kalamare.

1 kg Schälrippchen
3 l Wasser
60 g gehackter Ingwer
1/3 Stück getrocknete Tangerinen-(Mandarinen-)Schale, 30 Minuten in kaltem Wasser eingeweicht
1 getrocknete Krake (90-125 g), 1-2 Stunden in kaltem Wasser eingeweicht und abgetropft
750 g Grünkohl
3 getrocknete Feigen

FÜR 6-8 PERSONEN

¶ Die Schälrippchen in einen Topf mit Wasser geben und zum Kochen bringen. Das Fleisch herausnehmen, abspülen und abtropfen lassen.
¶ Wasser, Ingwer und Tangerinenschale zum Kochen bringen. Das Fleisch und alle übrigen Zutaten zugeben. Wenn das Wasser wieder kocht, bei geringerer Hitze drei Stunden köcheln lassen.

FOR TU CHUN PAK TONG

SCHINKEN-KOHL-SUPPE

Obwohl sich dies stark nach einer irischen Suppe anhört, ist es ein Gericht, das man in Beijing das ganze Jahr über gern ißt. Schließlich bieten die Märkte zwölf Monate im Jahr alle möglichen Kohlsorten an, und diese Suppe bietet eine leckere Möglichkeit, Gemüse zu essen und sich an gutem Schinken zu delektieren.

2-3 EL Erdnußöl
4 Scheiben Ingwer
500 g kleingeschnittener Chinakohl
1 l Restebrühe (siehe Rezept Seite 75)
60 g magerer geräucherter Schinken, dünn geschnitten

FÜR 4-6 PERSONEN

¶ Das Öl in einem Wok erhitzen und den Ingwer und den Kohl zugeben. zwei Minuten bei starker Hitze rühren.
¶ Die Brühe zugießen. Wenn sie zu kochen beginnt, auf mittlere Hitze zurückstellen, zudecken und 15 Minuten kochen. Den Schinken zugeben und fünf Minuten kochen.

Oben: Cho Chiu Yu Tong; unten: Conpoy Daun Far Tong

CHO CHIU YU TONG

FISCHSUPPE MIT GEWÜRZESSIG

Dieses Rezept sollte gleichzeitig mit der Seezunge in Weinsauce (s. Seite 103) bereitet werden, denn Sie können die Reste und Gräten für diese sehr kräftige Suppe verwenden.

750 g Seezunge, Seebarsch oder Klippenbarsch
2-3 EL Erdnußöl
1 l Restebrühe (siehe Rezept Seite 75)
6 Scheiben Ingwer
3 Schalotten (Frühlingszwiebeln)
1 EL Gewürz- oder Weinessig
1½ TL Pfeffer
1 TL chinesischer Reiswein
½ TL Sesamöl
1 EL gehacktes Koriandergrün
Salz zum Abschmecken

¶ Die Suppe in einen anderen Topf abgießen und zum Kochen bringen. Essig, Pfeffer, Wein, Sesamöl und Koriander zugeben. Mit Salz abschmecken, dann getrennt servieren.

CONPOY DAUN FAR TONG

CONPOY-EIERTROPFEN-SUPPE

Eiertropfen-Suppe wird immer mit den Chinesen in Verbindung gebracht – und das aus gutem Grund. Als Zutat ähnelt sie der Pointe einer Komikernummer: „Wir waren so arm, daß…" In der Tat waren die Kantonesen früher oft so arm, daß sie Suppe aus Quellwasser, einem Hauch Zwiebel – und als Aroma einigen Tropfen geschlagenen Eies bereiten mußten. Dieses Gericht ist noch immer köstlich, ziemlich leicht und schnell zu kochen.

4 conpoy *(getrocknete Jakobsmuscheln)*
1 TL chinesischer Reiswein
1/2 TL Sesamöl
1 l Restebrühe (siehe Rezept Seite 75)
1 EL gehobelter Ingwer
2 Eier, geschlagen
1 EL gehackte Schalotten (Frühlingszwiebeln)

FÜR 4-6 PERSONEN

¶ Die *conpoy* in einer kleinen Schüssel zwei Stunden mit Wasser bedeckt einweichen. Wein und Sesamöl zugeben. Die Schüssel in einem Topf mit kochendem Wasser auf einen Dämpfeinsatz stellen und 20 Minuten dämpfen. Abkühlen lassen und Flüssigkeit in der Schüssel aufheben. Die Jakobsmuscheln in Stücke reißen und beiseite stellen.
¶ Brühe und Ingwer in einen großen Topf geben und zum Kochen bringen; dann die *conpoy* und die aufgehobene Flüssigkeit zugeben. Eier einrühren und die Schalotten zugeben. Auf Schalen verteilen und servieren.

FÜR 4-6 PERSONEN

¶ Den Fisch in Stücke schneiden und waschen. Das Öl in einem Wok erhitzen und den Fisch braten, bis er leicht gebräunt ist.
¶ Brühe, Ingwer und Schalotten in einen großen Topf geben und zum Kochen bringen. Den Fisch zugeben und zugedeckt bei mittlerer bis geringer Hitze 30 Minuten kochen. Ihn dann aus dem Topf nehmen, auf eine Servierplatte legen und servieren.

SEETANG
Die Chinesen verwenden zwei Sorten von Seetang: purpurrot im allgemeinen für Suppen und weiß für vielerlei Zwecke. Die Zubereitung beider Sorten ist einfach. Der Tang wird 10-15 Minuten in kochendes Wasser gelegt, dann in kaltem Wasser gewaschen, bis die Oberfläche sich nicht mehr klebrig anfühlt. Schließlich wird er mit einem sauberen Tuch trockengewischt. Seetang wird in bestimmten Enten- und Schweinefleischvorspeisen auch als Salatgemüse verwendet.

BOU PEEN DOU MIU TONG

ABALONEN-ERBSENRANKEN-SUPPE

Dies ist ein Festgericht, aber kein kaiserliches Bankettgericht, da die Fürstlichkeiten diese Zutat nie in einer einfachen Suppe gespeist hätten. Dennoch ist es etwas ganz Feines: Das Aroma der Erbsenranken gibt den Abalonen, die sich zart und schön wie nichts auf der Welt beißen, einen besonderen Geschmack.

1 l Restebrühe (siehe Rezept Seite 75)
4 Scheiben Ingwer
1 Dose (425 g) Abalonen, in Streifen geschnitten
1 TL chinesischer Reiswein
1/4 TL Sesamöl
Salz
2-3 EL Erdnußöl
500 ml Wasser
250 g Erbsenranken

FÜR 4-6 PERSONEN

❡ Die Brühe mit dem Ingwer in einem großen Topf zum Kochen bringen. Abalonen, Wein und Sesamöl zugeben. Mit Salz abschmecken.
❡ Das Erdnußöl und eine Prise Salz in einem großen Topf erhitzen. Das Wasser zugießen und zum Kochen bringen, dann die Erbsenranken zugeben und rühren. Wenn das Wasser wieder kocht, die Erbsenranken herausnehmen, abtropfen lassen und auf Suppenschalen verteilen.
❡ Die Suppe über die Erbsenranken gießen.

SHEUNG TONG CHUK SANG GARP DAN

BAMBUSPILZE UND TAUBENEIER IN EXTRAFEINER BRÜHE

Der seltene Bambuspilz macht dies zu einem besonderen Festgericht. Taubeneier sind immer eine Delikatesse. Mild und ein wenig klebrig, hat diese Suppe eine besondere Bedeutung: Das Ei gilt in China als kräftiges Aphrodisiakum.

8-12 Stücke Bambuspilz
750 ml kochendes Wasser
4-6 Taubeneier
500 ml kaltes Wasser
1 TL chinesischer Reiswein
1 l Extrafeine Brühe (siehe Rezept Seite 75)
1-1½ EL in Streifen geschnittener magerer geräucherter Schinken

❡ Lamellen, Spitze und Köpfe der Pilze abschneiden und wegwerfen. Was übrig bleibt, mit warmem Wasser bedeckt zwei Stunden einweichen.
❡ Pilze im kochenden Wasser drei Minuten blanchieren. Herausnehmen und abtropfen lassen.

¶ Die Eier und das kalte Wasser in einen Topf geben. Langsam zum Kochen bringen und 15 Minuten kochen. Anschließend die Eier herausnehmen und abkühlen lassen. Schälen und beiseite stellen.

¶ Pilze, Eier, Brühe und Wein in eine Suppenterrine mit Deckel geben. Diese in einen Topf mit kochendem Wasser auf einen Dämpfeinsatz stellen und 30 Minuten dünsten. Die Suppe auf Schalen verteilen und den Schinken darüberstreuen.

Links: Bou Peen Dou Miu Tong; rechts: Sheung Tong Chuk Sang Garp Dan

Fisch & Meeresfrüchte

FISCH & MEERESFRÜCHTE

MIT EINER KÜSTENLINIE VON 4.800 KILOMETERN LÄNGE, EINER FÜLLE VON SEEN, FLÜSSEN, künstlichen und natürlichen Kanälen sowie Temperaturen, die von unter Null bis zu tropischer Hitze reichen, besitzt China wahrscheinlich mehr Salz- und Süßwasserfische sowie Meeres- und Flußschalentiere als jedes andere Land auf der Welt. Anhand alter Chroniken lassen sich Fischfang und Fischzucht über Tausende von Jahren zurückverfolgen.

¶ Der chinesische Feinschmecker von heute kennt für den Fisch nur eine Regel: Unbedingt frisch muß er sein. Während sich Tiefkühlkost immer stärker durchsetzt, werden Fische auf chinesischen Märkten nach Möglichkeit lebend gekauft. Käufer gehen mit Beuteln auf den Markt, in denen sie Fische im Wasser nach Hause tragen können.

¶ Wenn der Fisch nicht lebend zu haben ist, sucht die chinesische Hausfrau oder der Küchenchef nach deutlichen Zeichen der Frische. Die Augen sollten klar sein, nicht verschleiert, die Kiemen rosa bis rot. Das Fleisch muß fest und geruchlos sein.

¶ Wenn der Fisch geputzt und abgeschuppt ist, wird er im allgemeinen ganz gekocht bzw. als Filet oder Steak für einen Schmortopf oder ein gemischtes Meeresfrüchtegericht verwendet. Möglich sind viele Zubereitungsarten, aber Dämpfen wird mit Abstand am meisten geschätzt. Dabei bleiben Duft, Farbe und Geschmack so natürlich wie möglich.

¶ Chinesen betrachten Salzwasserfische mit Mißtrauen. Für sie haben diese Fische einen zu brakkigen Geschmack. Flußfische sind ihre Lieblingsfische, und ganz außerordentlich schätzen sie die Felsen- und Schwarzen Karpfen. Aber *shek paan*, der Zackenbarsch aus dem Meer, ist die Ausnahme; alle Chinesen mögen ihn wegen des zarten Fleisches. Der flache silberweiße *paak cheong* (Butterfisch) und *hung yu* (Schnapper) sind Fische, die dem chinesischen Geschmack entgegenkommen.

¶ Aus dem Ozean kommen auch Schalentiere. Aber Süßwassergarnelen und -krabben werden auch in Chinas zahlreichen Seen und den breiten Flüssen, die das Land durchschneiden, gefangen. Auch Aale sind eine reiche Nahrungsquelle und besonders in Shanghai hoch angesehen, wo sie in einer fetten braunen Sauce geschmort und großzügig mit weißem Pfeffer bestreut werden, bevor sie auf den Tisch kommen.

¶ „Betrunkene Shrimps" sind eine kulinarische Frivolität in bester chinesischer Tradition. Lebende Shrimps werden in einer Schüssel mit warmem Wein über eine schwache Flamme gestellt. Die Verbindung von Wein, Hitze und Sauerstoffmangel verursacht einen langsamen Tod der Tiere vor dem Verzehr.

¶ Es ist wahr, daß die Chinesen jedes ungiftige Tier, das aus dem Meer gefischt werden kann, mögen. So haben viele seltsame Geschöpfe der Tiefe ihren festen Platz in der Küche und im Kochtopf.

Vorhergehende Seiten: Wie viele andere Nahrungsmittel wird Fisch oft luftgetrocknet. Das Aroma, auch nach dem Einweichen oder Dämpfen, ist stark und unverwechselbar und bei den Chinesen sehr beliebt. BRUCE COLEMAN LIMITED/FRASER HALL

Gegenüber: Ein kleines Fischermädchen aus der Provinz Kwangtung (Guangdong) hält einen großen gepökelten Fisch. Pökeln ist in China eine verbreitete Konservierungsmethode, und viele mögen den kräftigen Geschmack, den der Fisch beim Braten bekommt. CHINA TOURISM PHOTO LIBRARY/CHAN YAT NIN

HEUNG LARK JIN YU

GEBRATENER FISCH MIT ROTER CHILISAUCE

Die am höchsten geschätzte Eigenschaft in der kantonesischen Küche ist Frische. Wenn jedoch die Zutaten nicht alle frisch sein können, mag eine kräftige Sauce Ihnen helfen, dies zu verbergen. Der Fisch für dieses Gericht darf tiefgekühlt sein, wird aber wegen des roten Chilis und des Knoblauchs dennoch gut schmecken.

Für die Sauce:
1 EL helle Sojasauce
1 TL dunkle Sojasauce
1 TL Zucker
2 TL chinesischer Reiswein
125 ml Hühnerbrühe (Suppenextrakt)
125 ml Wasser
Für den Fisch:
500 g ganzer Fluß- oder Seebarsch
1 EL Maisstärke (Stärkemehl)
4-6 EL Erdnußöl
1 EL gehobelter Ingwer
1 EL gehackte Schalotte (Frühlingszwiebel)
1 EL entkernte und gehackte rote Chilischote
1 TL gehackter Knoblauch

FÜR 4-6 PERSONEN

❡ Alle Zutaten für die Sauce gut vermischen.
❡ Den Fisch in der Maisstärke wälzen.
❡ Das Öl in einem Wok erhitzen, den Fisch hineinlegen und bei mittlerer Hitze auf jeder Seite drei Minuten braten. Den Fisch herausnehmen.
❡ Das Öl bis auf 1-2 EL abgießen und den Wok wieder erhitzen. Ingwer, Schalotten, Chili und Knoblauch zugeben. 15 Sekunden pfannenrühren.
❡ Den Fisch wieder in den Wok geben. Die Sauce über den Fisch gießen, zudecken und bei mittlerer bis schwacher Hitze zwei Minuten kochen.

SZE JUP JING YU

GEDÜNSTETES LACHSSTEAK MIT SCHWARZEBOHNENSAUCE

Was für eine Kombination! Der kräftige, saftige Lachs und dicke, starke Schwarzebohnensauce ergänzen einander zu einer völlig neuen Geschmacksrichtung. In manchen Rezepten wird diese Sauce zu Fisch von erlesenem Eigengeschmack gegeben, was aber immer ein Fehler ist, da der Fisch so von der Sauce überdeckt wird. Lachs jedoch kann für sich stehen und die schwarzen Bohnen ausgleichen.

Für die Sauce:
2 EL fermentierte schwarze Bohnen, gehackt
1 EL helle Sojasauce
1 TL Zucker
1 TL Sesamöl
2 TL chinesischer Reiswein
2 TL Maisstärke (Stärkemehl)
1 EL Wasser

Für den Lachs:
2 Lachssteaks, je 250 g
2 Schalotten-(Frühlingszwiebel-)Stangen
3-4 EL Erdnußöl

FÜR 4-6 PERSONEN

❡ Alle Zutaten für die Sauce gut vermischen. Die Schalottenstangen und den Fisch auf eine Platte geben. Die Sauce über dem Fisch verteilen. 750 ml-1 l Wasser in einem Topf zum Kochen bringen. Einen Dämpfeinsatz in die Mitte des Topfes setzen und die Platte mit dem Fisch daraufstellen. Zudekken und bei starker Hitze sieben bis acht Minuten dämpfen.

❡ Das Erdnußöl in einem Töpfchen erhitzen, über den Fisch gießen und servieren.

Oben: Sze Jup Jing Yu; unten: Heung Lark Jin Yu

CHUEN MAI GONE SIU YU

GESCHMORTER DORSCH MIT PUFFBOHNENSAUCE

Dies ist ein sehr pikantes Gericht aus Sichuan. Die scharfe Puffbohnenpaste enthält viel Knoblauch und Chili, was diesem Gericht den Pfiff gibt, der das Kennzeichen der Küche von Sichuan ist. Dorsch ist sehr verbreitet, Sie können aber auch jeden anderen Fisch nehmen.

Für die Marinade:
1 EL helle Sojasauce
1 TL Zucker
1 TL Pfeffer
2 TL Maisstärke (Stärkemehl)
Für den Fisch:
2 Dorschsteaks, etwa 500 g
4-5 EL Erdnußöl
1 EL gehackter Ingwer
1 EL gehackter Knoblauch
1 EL gehackte Schalotte (Frühlingszwiebel)
Für die Sauce:
1 EL helle Sojasauce
2 EL scharfe Puffbohnenpaste
1 TL Zucker
250 ml Hühnerbrühe (Suppenextrakt)

FÜR 4-6 PERSONEN

¶ Alle Zutaten für die Marinade vermischen.
¶ Den Dorsch 15 Minuten marinieren.
¶ Alle Saucenzutaten vermischen.
¶ 2-3 EL Öl in einem Wok erhitzen und den Dorsch braten, bis er auf beiden Seiten gebräunt ist. Herausnehmen und abtropfen lassen.
¶ 2 EL Öl im Wok erhitzen und Ingwer, Knoblauch und Schalotte zugeben. Wenn es zu duften beginnt, die Sauce zugießen. Den Fisch wieder in den Wok legen und bei mittlerer bis schwacher Hitze fünf Minuten kochen.
¶ Sofort servieren.

SHEUNG DONG YU LAU

GESCHMORTER DORSCH MIT PILZEN UND BAMBUSSPROSSEN

Dorsch kann fade sein – geben Sie ihm also mit dieser kräftigen Sauce den besonderen Pfiff. Die Pilze, Wein und Ingwer machen wett, was dem Fisch an Eigengeschmack fehlt. Es ist nicht schlimm, wenn Sie tiefgekühlten Fisch verwenden müssen: Das Schmoren in der Sauce verschleiert die Tatsache, daß er nicht frisch ist.

Für die Marinade:
1 TL Salz
1 TL Zucker
1 TL Sesamöl
1 EL Maisstärke (Stärkemehl)
Für den Fisch:
500 g Dorschfilet, in Stücke von 2,5 × 1 cm geschnitten
750 ml Erdnußöl
1 TL feingehackter Knoblauch
2-3 Stücke Ingwer
2 Schalotten (Frühlingszwiebeln), nur weiße Teile, in 3 cm lange Stücke geschnitten
6 getrocknete schwarze Pilze, 1 Stunde in warmem Wasser eingeweicht, abgetropft und Stiele entfernt
60 g Bambussprossen, kleingeschnitten
375 ml Hühnerbrühe (Suppenextrakt)
1 EL Austernsauce
1 TL dunkle Sojasauce
1 TL chinesischer Reiswein

FÜR 4-6 PERSONEN

¶ Alle Zutaten für die Marinade in einer Schüssel verrühren.
¶ Den Dorsch 15 Minuten marinieren.
¶ Das Öl in einem Wok erhitzen und den Dorsch braten, bis er leicht gebräunt ist. Herausnehmen und beiseite stellen.
¶ Das Öl bis auf 2-3 EL abgießen und den Wok wieder erhitzen. Knoblauch, Ingwer, Schalotten, Pilze und Bambussprossen zugeben. Eine Minute rühren. Den Dorsch wieder in den Wok geben und die Brühe zugießen. Zudecken und bei mittlerer bis schwacher Hitze sieben Minuten kochen.
¶ Alle übrigen Zutaten zugeben. Gut verrühren und servieren.

Links: Chuen Mai Gone Siu Yu; rechts: Sheung Dong Yu Lau

Links: Chiuchow Chu Yu; rechts: Hung Siu Yu

CHIUCHOW CHU YU

FISCHTOPF „CHIUCHOW"

Wenn man sich in Chiuchow zu einem deftigen Eintopf an den Tisch setzt, gibt es ein Ritual. Alle tauchen einen Löffel in die Schüssel in der Mitte; wenn sie die Suppe mögen, nikken und schmatzen sie beifällig. Dieser Eintopf ist typisch für Chiuchow, und die Meerbrasse ist sehr schmackhaft.

Für die Würze:
1 TL Salz
½ TL Pfeffer
2 TL Maisstärke (Stärkemehl)
Für den Fisch:
500 Meerbrassenfilet, in Stücke von 2,5 x 3 cm geschnitten
2-3 EL Erdnußöl
500 ml Hühnerbrühe (Suppenextrakt)
2-3 Scheiben Ingwer
1 Stengel chinesischer Sellerie, in Stücke geschnitten
1 EL Fischsauce
1 EL eingelegte Gemüse
1 TL chinesischer Reiswein

FÜR 4-6 PERSONEN

¶ Alle Zutaten für die Würze gut vermischen.
¶ Den Fisch in der Würze wälzen und 15 Minuten beiseite stellen.
¶ Das Öl in einem Wok erhitzen und den Fisch etwa 1½ Minuten sautieren.
¶ In einem Topf die Brühe zum Kochen bringen und Ingwer und Sellerie zugeben; dann den Fisch in den Topf geben, zudecken und bei mittlerer Hitze fünf Minuten kochen. Fischsauce, eingelegte Gemüse und Wein zugeben.
¶ Sofort servieren.

HUNG SIU YU

GESCHMORTER FISCH „SHANGHAI"

Karpfen, Umberfisch oder Schellfisch und sogar Seebarsch sind für dieses üppige Gericht geeignet. Das Aroma, dem der Essig das gewisse Etwas gibt, ist verlockend. In Shanghai liebt man Zucker in Saucen, die damit einen unverwechselbaren Geschmack bekommen.

Für die Marinade:
1½ TL Salz
½ TL Pfeffer
1½ EL Maisstärke (Stärkemehl)
1½ EL Wasser
Für den Fisch:
1 kg Karpfen, Umberfisch oder Schellfisch, abgeschuppt, gewaschen, geputzt und trockengetupft
250 ml Erdnußöl
6 Knoblauchzehen
2-3 Scheiben Ingwer
2 Schalotten (Frühlingszwiebeln), gehackt
1 EL helle Sojasauce
1 EL dunkle Sojasauce
2 TL Zucker
1 TL Gewürz- oder Weinessig
750 ml Hühnerbrühe (Suppenextrakt)
1 TL chinesischer Reiswein

FÜR 4-6 PERSONEN

¶ Alle Zutaten für die Marinade gut vermischen.
¶ Den Fisch 30 Minuten marinieren.
¶ Das Öl in einem Wok erhitzen und den Fisch braten, bis er auf beiden Seiten leicht gebräunt ist. Den Fisch aus dem Wok nehmen, abtropfen lassen und beiseite stellen.
¶ Das Öl bis auf 3-4 EL abgießen und den Wok wieder erhitzen. Knoblauch, Ingwer und Schalotten zugeben und eine Minute sautieren.
¶ Die Sojasaucen, Zucker Essig und Brühe zugeben, dann den Fisch wieder in den Wok geben, zudecken und bei mittlerer bis schwacher Hitze 15 Minuten kochen. Abschließend den Wein zugeben und servieren.

Verschiedene Fische und Meeresfrüchte

Der mächtige *Yangtze*, der in Mäandern durch Mittelchina fließt, und der *Huangho* (Gelber Fluß), weiter nördlich in der Provinz Shandong, sind reich an Fischen, Aalen, Schildkröten und sogar mehreren Arten von Süßwasserschalentieren. Desgleichen sind der romantische Westsee und Chinas viele andere mit Seerosen bedeckte Seen Brutplätze für Karpfen und weitere Fische sowie einige einzigartige Weichtiere.

Nachts gleiten auf dem malerischen Fluß Li im Süden schmale Boote über die glatte Oberfläche, in der sich die hochragenden Berge zu beiden Seiten spiegeln. Im Bug hocken abgerichtete Kormorane, deren Aufgabe es ist, nach Fischen zu tauchen und diese zu den Booten zurückzubringen. Das chinesische Wort für Fisch ist *„yu"*, das mit einem anderen Ton auch Überfluß bedeuten kann.

Karpfen: Am höchsten geschätzt sind Karpfen, die täglich in großen Mengen in Netzen gefangen werden. Die kleine Karausche *(jug yu)* ist ein fleischiger, zarter Fisch. Sie ist im ganzen Land beliebt und wird nach vielen verschiedenen Rezepten gekocht.

Graskarpfen *(wan yu)***:** Dieser Fisch hat einen langen fleischigen Körper und einen dicken Schwanz. Oft wird er vor dem Kochen mariniert, damit die Würze das Fleisch bis zu den Gräten durchdringen kann. Eine ungewöhnliche Art der Zubereitung dieses Fisches ist, ihn in einem Bambusrohr über glühenden Kohlen zu grillen.

Felsenkarpfen: Diese haben kleine Köpfe, dicke Körper und kleine Gräten. Ihr nahrhaftes süßes Fleisch wird durch kräftige Gewürze und süß-saure Mischungen ergänzt.

Döbel oder Dickkopf: Sie werden wegen ihrer fleischigen Köpfe geschätzt, die mindestens ein Viertel ihres Gesamtgewichts ausmachen. Man läßt sie stundenlang in köstlichen milchigen Suppeneintöpfen köcheln.

Über die Generationen sind viele komplizierte Zubereitungsarten für Fisch ersonnen worden. Eine besonders beeindruckende ist „Fisch in der Form einer Weintraube": Ein fleischiges Filet wird noch in der Haut tief eingekerbt und mit Mehl bestreut, dann gebraten, damit es sich zu der goldenen „Trauben"-Form rollt und teilt. Es wird mit einer süß-herben Sauce auf Traubenbasis serviert.

Das vielleicht berühmteste Fischgericht Chinas ist „Westsee-Karpfen", genannt nach dem malerischen Westsee in Hangzhou. Die Fische werden in glühend heißen Woks gekocht, dabei nur ganz kurz angebraten, dann in Wein geschmort und schließlich mit einer süßen und scharfen goldenen Sauce glasiert.

Mandarinfisch *(kwai yu)***:** Sie sind neben dem Karpfen die meistgegessenen Fische in China. Im Fleisch sind sie dem Fluß- oder Seebarsch ähnlich.

Andere kleine Fische: Schlangenkopf *(sang yu)* und Hasel *(lang yu)*, Schleie und Wels werden in großen Mengen gegessen.

Dorsch und Zackenbarsch *(sheek pan)***:** Dies sind zwei überaus beliebte chinesische Meeresfische.

Goldfaden *(hung sam)***:** Er hat einen rosa Körper, gelbe Streifen, fadenförmige Ausläufer des Schwanzes und ist einer der häufigsten Fische in südchinesischen Gewässern.

Butterfisch: Butterfische werden mit würzigem Rauch behandelt, bevor man sie brät oder dünstet, um sie rotbraun und duftend zu servieren.

Salz- und Süßwasseraale: Man kauft sie lebend auf chinesischen Fischmärkten, wo sie in Plastikbeutel geschöpft und dann, noch zappelnd, nach Hause in die Küche getragen werden.

Kalmar und Kuttelfisch: Sie erscheinen in vielen chinesischen Gerichten, und der chinesische Koch hat eine Möglichkeit gefunden, das zähe weiße Fleisch zart zu machen. Mit dem Hackmesser zieht er eine dichte Reihe Kerben durch das Fleisch, dann dreht er das Stück und schneidet es quer zu den Kerben. Das Fleisch bildet dann beim Kochen „Tannenzapfen"-Ringel.

1. Kuttelfisch; 2. Graskarpfen (wan yu)*; 3. Dorsch; 4. Mandarinfisch* (kwai yu)*; 5. Dickkopf* (dai yu)*; 6. Gelber Aal* (wong sin)*; Kalmar; 8. Weißer Aal* (pak sin)*; 9. Schlangenkopf* (sang yu)*; 10. Hasel* (lang yu)

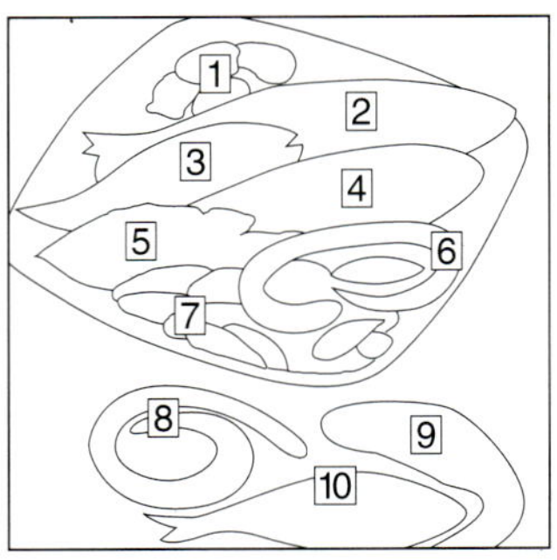

Oben: Fu Qua Mun Yu; unten: Jum Yu

JUM YU

POCHIERTES LACHSSTEAK

Lachs ist in China zwar erhältlich, kommt aber nicht oft auf den Tisch. Der Haken daran ist, daß Lachs ein saisonales Gericht ist und die Chinesen ihre Lieblingsspeisen das ganze Jahr über bekommen wollen. Das Koriandergrün gibt diesem kantonesischen Rezept sein außergewöhnliches Aroma.

Für die Marinade:
1 TL Salz
1 TL Zucker
½ TL Sesamöl
1 EL Maisstärke (Stärkemehl)
Für den Fisch:
500 g Lachssteak, etwa 1 cm dick
2 l Wasser
2 Schalotten (Frühlingszwiebeln)
4-6 Scheiben Ingwer
1 EL chinesischer Reiswein
1 EL Salz
2 EL Erdnußöl
2 EL helle Sojasauce
1 TL Zucker
1 TL Sesamöl
250 ml Hühnerbrühe (Suppenextrakt)
1 EL feingehackter frischer Koriander

FÜR 4-6 PERSONEN

❡ Alle Zutaten für die Marinade vermischen.
❡ Den Lachs 15 Minuten marinieren.
❡ Wasser, Schalotten, Ingwer, Wein und Salz in einen großen Topf geben und schnell zum Kochen bringen. Den Lachs zugeben. Wenn das Wasser erneut kocht, die Hitze zurückschalten und 15 Minuten köcheln lassen. Herausnehmen, abtropfen lassen und den Lachs auf eine Servierplatte legen.
❡ In einem Wok das Erdnußöl erhitzen. Sojasauce, Zucker, Sesamöl und Brühe zugeben; dann zum Kochen bringen und über den Lachs gießen. Den Koriander darüberstreuen und servieren.

FU QUA MUN YU

GESCHMORTER BUTTERFISCH MIT BITTERMELONE

Der Butterfisch ist in der kantonesischen Küche beliebt, und während des tropischen Sommers ist die Verbindung von Butterfisch sowie Bittermelone ein willkommener „Kühler". Diese Mischung mag eigenartig erscheinen, aber die Geschmacksrichtungen harmonieren gut.

Für die Würze:
1 TL Salz
1 TL Zucker
1 EL Maisstärke (Stärkemehl)
Für den Fisch:
500 g Butterfisch, Seebarsch oder Zackenbarsch, abgeschuppt, gewaschen, geputzt und trockengetupft
500 g Bittermelone, entkernt und in Stücke geschnitten
1 l kochendes Wasser
250 ml Erdnußöl
2 EL fermentierte schwarze Bohne
2 Knoblauchzehen, feingehackt
1 EL helle Sojasauce
1 TL dunkle Sojasauce
1 TL Zucker
1 l Hühnerbrühe (Suppenextrakt)
1 TL chinesischer Reiswein

FÜR 4-6 PERSONEN

¶ Alle Zutaten für die Würze vermischen.
¶ Den Fisch in der Würze wälzen.
¶ Die Melone zwei Minuten im kochenden Wasser blanchieren. Abtropfen lassen und beiseite stellen.
¶ Das Öl in einem Wok erhitzen und den Fisch braten, bis er auf beiden Seiten leicht gebräunt ist. Den Fisch aus dem Wok nehmen, abtropfen lassen.
¶ Das Öl bis auf 2-3 EL abgießen und den Wok wieder erhitzen. Die schwarzen Bohnen und den Knoblauch verrühren und in den Wok geben. Die Mischung bei schwacher Hitze eine Minute kochen, dann die Sojasaucen und den Zucker beitun.
¶ Die Bittermelone zugeben und bei starker Hitze eine Minute pfannenrühren. Die Brühe zugießen und zum Kochen bringen. Den Fisch wieder in den Wok geben, zudecken und bei mittlerer bis schwacher Hitze zwölf Minuten kochen. Den Fisch und die Melone auf eine Servierplatte tun und die Sauce bei starker Hitze ein wenig einkochen. Den Wein zugeben und die Sauce über den Fisch gießen.

Getrocknete und wieder aufgeweichte Seegurken

SEEGURKEN

Die gewöhnliche „stachelige" Seegurke *(chee sum)*, *bêche de mer* oder *trepang*, ist eine der am höchsten geschätzten Zutaten im Speiseschrank des chinesischen Gourmets. Obwohl die Seegurke so gut wie keinen Geschmack hat und gallertartig ist, wird sie für ein kräftiges Aphrodisiakum gehalten. Wie Haifischflossen nimmt sie das Aroma der nahrhaften Saucen an, in denen sie gekocht wird.

Getrocknete Seegurken müssen sehr lange eingeweicht werden oder über Nacht sehr langsam köcheln, um ihre starren Formen weich zu machen. Dann schneidet man sie auf, kratzt mögliche Reste der Eingeweide heraus und weicht sie eine weitere halbe Stunde in kaltem Wasser ein. Sobald sie kochfertig sind, können sie bis zu einer Woche im Kühlschrank aufbewahrt werden, falls das Wasser täglich gewechselt wird. Zusätzliches Sieden mit etwas Ingwer hilft für die Marinade, den fischigen Geschmack zu beseitigen, und verbessert das Aroma. Seegurken werden für sich gekocht oder Suppen und Eintöpfen beigegeben. Die seltenere „glatte" Seegurke *(tok sum)* wird ebenfalls zum Essen verkauft.

Getrocknete, gesalzene Streifen von Quallen und ganze flache, sonnengetrocknete Mäntel; oben rechts: frische Qualle

QUALLEN

Wenn die Sonne über dem Strand von Hatchao in Thailand aufgeht, gehen Boote vor Anker, deren Netze die häßlichsten Geschöpfe des Meeres enthalten. Hatchao Samran ist ein wichtiger Hafen für den Quallenfang – eine von den Chinesen hochgeschätzte Delikatesse, die heute fern der überfischten chinesischen Gewässer gesucht werden muß.

Nach dem Säubern und Trocknen werden die flachen Mäntel der Quallen hauchdünn geschnitten. Quallen werden wie Haifischflossen und andere chinesische Delikatessen eher wegen der Struktur als wegen des Geschmacks geschätzt. Man serviert sie als kalte Vorspeise, die zart im Biß ist und mitunter zu pfannengerührten Huhngerichten gegeben wird.

Quallen werden getrocknet in Scheiben von knapp 40 cm Durchmesser verkauft. Im versiegelten Behälter sind sie unbegrenzt haltbar. Zum Zubereiten werden die flachen Blätter drei bis vier Stunden in kaltem Wasser eingeweicht, dann kurz mit heißem Wasser übergossen. Wenn die Qualle zu einem Salat gegeben werden soll, ist kein weiteres Kochen mehr nötig. Soll sie jedoch pfannengerührt werden, muß sie noch ganz kurz in einem sehr heißen Wok abgebrüht werden.

SIN KU YU KAU

PFANNENGERÜHRTES FISCHFILET MIT FRISCHEN CHAMPIGNONS

In diesem Gericht kontrastieren nahrhafte Fischstücke mit den Champignons, die einen kräftigen Geschmack haben.

Für die Marinade:
1 TL Zucker
1 TL Salz
½ TL Sesamöl
1 TL Maisstärke (Stärkemehl)
1½ EL Erdnußöl
Für den Fisch:
375 g Dorsch- oder Lachsfilet, in Stücke von 3 x 2,5 cm geschnitten
315 g Champignons
750 ml kochendes Wasser
250 ml Erdnußöl
1 TL kleingehackter Knoblauch
1 TL kleingehackter Ingwer
½ TL Salz
1 EL Austernsauce
1 TL dunkle Sojasauce
½ TL Sesamöl
1 TL Maisstärke (Stärkemehl)
250 ml Hühnerbrühe (Suppenextrakt)
1 TL chinesischer Reiswein
1 EL gehackte Schalotte (Frühlingszwiebel)

FÜR 4-6 PERSONEN

❡ Alle Zutaten für die Marinade vermischen.
❡ Den Fisch 15 Minuten marinieren.
❡ Die Pilze im kochenden Wasser eine Minute blanchieren. Abgießen und beiseite stellen.
❡ Das Öl in einem Wok erhitzen und den Fisch zugeben, dabei umrühren, um die Brocken zu trennen. Den Fisch bei mittlerer Hitze zwei Minuten braten, dann aus dem Wok nehmen und abtropfen lassen.
❡ Das Öl bis auf 2-3 EL abgießen, den Wok wieder erhitzen. Knoblauch, Ingwer, Pilze und Fisch zugeben und bei starker Hitze eine Minute pfannenrühren. Salz, Austernsauce, Sojasauce, Sesamöl, Maisstärke und Brühe vermischen und in den Wok gießen. Zum Kochen bringen und den Wein zugeben. Die Schalotten darüberstreuen und servieren.

CHOI CHAU YU PIN

PFANNENGERÜHRTES KARPFENFILET MIT BLÜHENDEM KOHL

Kantonesische Hausfrauen kennen das Geheimnis dieses Gerichts, welches selten in Restaurants angeboten wird. Das Geheimnis liegt in der Hitze: Stark, mittel und wieder stark, jeweils nur wenige Sekunden.

Für die Marinade:
3/4 TL Salz
3/4 TL Zucker
1 TL Maisstärke (Stärkemehl)
2-3 EL Erdnußöl
Für den Fisch:
315 g Karpfen- Dorsch- oder Ketalachsfilet, in dünne Scheiben von 0,25 cm geschnitten
250 ml Erdnußöl
2-3 Scheiben Ingwer
1/2 TL Salz
500 g blühender Chinakohl, Blüten und Stiele entfernt, gehackt
250 ml Hühnerbrühe (Suppenextrakt)
1 TL feingehackter Ingwer
1 TL feingehackter Knoblauch
1/2 EL Austernsauce
1/2 EL helle Sojasauce
1 TL Zucker
1 TL Maisstärke (Stärkemehl)
1 TL chinesischer Reiswein

FÜR 4-6 PERSONEN

¶ Alle Zutaten für die Marinade vermischen.
¶ Den Fisch 15 Minuten marinieren.
¶ Das Öl in einem Wok erhitzen. Ingwer, Salz und Kohl zugeben und bei starker Hitze eine Minute pfannenrühren. 60 ml Brühe zugeben, zudecken und bei mittlerer Hitze eine Minute kochen. Den Kohl auf eine Servierplatte geben und zudecken.
¶ Dann das restliche Öl im Wok erhitzen. Den Fisch zugeben und bei starker Hitze 30 Sekunden schnell pfannenrühren, dann aus dem Wok nehmen und abtropfen lassen.
¶ Alles Öl bis auf 1-2 EL abgießen und den Wok wieder erhitzen. Ingwer und Knoblauch zugeben. Den Fisch wieder in den Wok geben und bei starker Hitze 15 Sekunden pfannenrühren. Austernsauce, Sojasauce, Zucker, Maisstärke und die restliche Brühe im Wok vermischen. Zum Kochen bringen und den Wein zugeben. Über den Kohl gießen und servieren.

Oben: Choi Chau Yu Pin; unten: Sin Ku Yu Kau

TUNG CHOI JING YU

GEDÜNSTETER HASEL UND EINGELEGTE GEMÜSE

In Chiuchow liebt man eingelegte Gemüse wegen ihres starken Geschmacks, und auch Kontraste im Essen werden geschätzt. Bei diesem Gericht wird der Hasel von tung choi *ergänzt, was Knoblauchstengel bedeutet.*

3 Schalotten (Frühlingszwiebeln)
1 Hasel oder Brassen, etwa 750 g
2 EL eingelegte Gemüse, gewaschen und trockengepreßt
1 EL gehobelter Ingwer
1 EL kleingehackte Chilischote
3-4 EL Erdnußöl
1 EL helle Sojasauce
1 TL Zucker
1 TL chinesischer Reiswein
250 ml Hühnerbrühe (Suppenextrakt)

FÜR 4-6 PERSONEN

¶ Den Hasel über den Schalotten auf eine Platte geben. Darauf Gemüse, Ingwer und Chili verteilen.
¶ Einen Dämpfeinsatz in einen Wok stellen und reichlich Wasser einfüllen. Zum Kochen bringen und die Platte mit dem Hasel daraufstellen. Abgedeckt bei starker Hitze zehn Minuten dämpfen. Den Hasel herausnehmen und den Wok ausleeren.
¶ Das Öl stark erhitzen und auf den Hasel gießen.
¶ Alle restlichen Zutaten im Wok vermischen, zum Kochen bringen und über den Hasel gießen.

Oben: Tung Choi Jing Yu; unten: Sze Chiu Jing Yu

SZE CHIU JING YU

GEDÜNSTETER DORSCH MIT SOJABOHNENPASTE UND CHILI

Chili, Knoblauch und Koriandergrün mit Sojabohnenpaste sorgen in diesem Rezept für einen kräftigen Geschmack.

Für die Marinade:
1 TL Salz
1 TL Zucker
1 TL Sesamöl
2 TL Maisstärke (Stärkemehl)
Für den Fisch:
500 g Dorschsteaks, etwa 1,75 cm dick
3 Schalotten (Frühlingszwiebeln)
2 EL Sojabohnenpaste
3 Knoblauchzehen, feingehackt
1 TL Zucker
1 TL scharfes Chiliöl
1 TL Maisstärke (Stärkemehl)
1 TL chinesischer Reiswein
1 EL Wasser
1 EL gehackte Chilischote
1 EL gehobelter Ingwer
1 EL gehacktes Koriandergrün
3-4 EL Erdnußöl

FÜR 4-6 PERSONEN

¶ Alle Zutaten für die Marinade in einer Schüssel vermischen.
¶ Den Dorsch 15 Minuten marinieren, dann über die Schalotten geben. In einer Schüssel die Sojabohnenpaste mit dem Knoblauch zerdrücken und mit Zucker, Chiliöl, Maisstärke, Wein sowie Wasser mischen; dann gleichmäßig über den Dorsch streichen und Chili sowie Ingwer darüberstreuen.
¶ Einen Dämpfeinsatz in einen Wok stellen und Wasser einfüllen. Zum Kochen bringen und die Platte mit dem Dorsch auf den Einsatz stellen. Bei starker Hitze zehn Minuten dämpfen.
¶ Den Dorsch aus dem Wok nehmen und die Flüssigkeit abgießen. Das Öl im Wok sehr stark erhitzen. Über den Dorsch gießen und servieren.

SANG MUN YU

GESCHMORTER SEEBARSCH MIT GESCHNETZELTEM SCHWEINEFLEISCH UND SCHWARZEN PILZEN

Am besten verwendet man frisches Schweinefleisch, da es trotz der geringen Menge wichtig für den Geschmack ist.

Für die Würze:
1 TL Salz
1 TL Zucker
1 EL Maisstärke (Stärkemehl)
Für den Fisch:
1 Sägebarsch oder Zackenbarsch, etwa 750 g
250 ml Erdnußöl
6 Knoblauchzehen
3 Schalotten (Frühlingszwiebeln), halbiert
3-4 Scheiben Ingwer
2 getrocknete schwarze Pilze, 1 Stunde in warmem Wasser eingeweicht, abgetropft, die Stiele entfernt und kleingeschnitten
1 EL Austernsauce
1 EL helle Sojasauce
1 TL dunkle Sojasauce
1/2 TL Sesamöl
750 ml Hühnerbrühe (Suppenextrakt)
30 g Schweinefilet, dünn geschnetzelt
1 TL chinesischer Reiswein

FÜR 4-6 PERSONEN

¶ Alle Zutaten für die Würze vermischen.
¶ Den Barsch in der Würze wenden.
¶ Das Öl in einem Wok erhitzen und den Knoblauch anbraten. Anschließend den Knoblauch herausnehmen.
¶ Den Barsch in den Wok geben und auf beiden Seiten braten, bis er leicht gebräunt ist. Ihn dann aus dem Wok nehmen und abtropfen lassen.
¶ Das Öl bis auf 2-3 EL abgießen und den Wok wieder erhitzen. Den Knoblauch wieder hineingeben. Schalotten, Ingwer und Pilze zugeben und bei mittlerer Hitze 30 Sekunden sautieren.
¶ Austernsauce, Sojasaucen, Sesamöl und Brühe in einer Schüssel mischen. Den Barsch wieder in den Wok geben und die Saucenmischung zugießen. Zudecken und bei mittlerer bis schwacher Hitze zwölf Minuten kochen. Das Schweinefleisch zugeben und drei Minuten kochen. Den Wein zugeben, servieren.

JO LIU YU

SEEZUNGENFILET IN WEINSAUCE

Dieses sehr milde Gericht aus Beijing bekommt gerade genügend Wein, um die Geschmacksknospen anzuregen.

Für die Marinade:
1 TL Salz
1 TL Zucker
1/2 TL Sesamöl
1 EL Maisstärke (Stärkemehl)
Für den Fisch:
500 g Seezungen-, Flunder- oder Zackenbarsch-Filet, in 3 x 2,5 cm dicke Stücke geschnitten
500 ml Erdnußöl
1 TL gehackter Ingwer
1 TL gehackter Knoblauch
1 EL helle Sojasauce
2 TL Zucker
1-2 EL chinesischer Reiswein
1 TL Maisstärke (Stärkemehl)
375 ml Hühnerbrühe (Suppenextrakt)
2 EL kleingeschnittene Schalotte (Frühlingszwiebel)

FÜR 4-6 PERSONEN

¶ Alle Zutaten für die Marinade vermischen.
¶ Die Seezunge 15 Minuten marinieren.
¶ Das Öl in einem Wok erhitzen und die Seezunge Stück für Stück zugeben. Wenn sie weiß wird, herausnehmen und abtropfen lassen.
¶ Das Öl bis auf 2-3 EL abgießen und den Wok wieder erhitzen. Ingwer und Knoblauch zugeben. Sojasauce, Zucker, Wein, Maisstärke und Brühe vermischen.
¶ Die Seezunge wieder in den Wok geben und die Sojasaucenmischung zugießen. Die Mischung zum Kochen bringen und bei mittlerer Hitze drei Minuten kochen. Auf eine Servierplatte geben, mit Schalotten bestreuen und dann servieren.

Links: Sang Mun Yu; rechts: Jo Liu Yu

Links: Mui Tze Dou Cheung Jing Yu; rechts: Lo Pak Chu Yu

Mui Tze Dou Cheung Jing Yu

GEDÜNSTETER STEINBUTT MIT ESSIG-PFLAUMEN UND SOJABOHNENPASTE

Steinbutt ist ein herrlich fleischiger und zarter Fisch, der in diesem Rezept durch die wunderbare süß-saure Sauce einen völlig neuen Geschmack erhält.

Für die Marinade:
1 TL Salz
1 TL Zucker
1 TL Sesamöl
1 TL Maisstärke (Stärkemehl)
Für den Fisch:
500 g Steinbutt-, Flunder- oder Zackenbarschsteak
4 Schalotten (Frühlingszwiebeln), 3 ganze, 1 gehackt
2 Essigpflaumen, entsteint
2 TL Zucker
2 EL Sojabohnenpaste
2-3 Knoblauchzehen, feingehackt
1 Chilischote, entkernt und kleingeschnitten
1 EL helle Sojasauce
1 TL Maisstärke (Stärkemehl)
1 TL chinesischer Reiswein
2-3 EL Erdnußöl

FÜR 4-6 PERSONEN

❡ Alle Zutaten für die Marinade verrühren.
❡ Den Steinbutt 15 Minuten marinieren.
❡ Die ganzen Schalotten auf eine Platte geben und den Steinbutt darauflegen.
❡ Essigpflaumen, Zucker, Sojabohnenpaste, Knoblauch, Chili, Sojasauce, Maisstärke sowie Wein vermischen und gleichmäßig auf dem Fisch verteilen.
❡ Einen Dämpfeinsatz in einen Wok stellen und soviel Wasser einfüllen, daß es fast an den Einsatz reicht. Anschließend zum Kochen bringen und dann die Platte mit dem Steinbutt auf den Einsatz stellen, zudecken und bei starker Hitze zwölf Minuten dämpfen.
❡ Den Steinbutt aus dem Wok nehmen und die Flüssigkeit abgießen. Die gehackte Schalotte über den Steinbutt streuen.
❡ Das Öl im Wok sehr stark erhitzen, über den Steinbutt gießen und servieren.

Lo Pak Chu Yu

GELBER UMBERFISCH UND RÜBENTOPF

Weiße Rüben verbinden sich in diesem Eintopf gut mit dem Fisch und neutralisieren allmählich den Fischgeruch.

Für die Würze:
1½ TL Salz
1 TL Zucker
1 EL Maisstärke (Stärkemehl)
Für den Fisch:
500 g Gelber Umberfisch, Flußkarpfen oder Dorsch
500 g Weiße Rüben, geschält und in Stücke geschnitten
1 l kochendes Wasser
250 ml Erdnußöl
2 Knoblauchzehen, zerdrückt
2 EL Sojabohnenpaste
1 TL Salz
1 TL Pfeffer
1 l Hühnerbrühe (Suppenextrakt)
2 Schalotten (Frühlingszwiebeln), gehackt

FÜR 4-6 PERSONEN

❡ Alle Zutaten für die Würze verrühren. Den Fisch in der Würzmischung wenden.
❡ Die Rüben im kochenden Wasser blanchieren und abgießen.
❡ Das Öl in einem Wok erhitzen und den Fisch auf beiden Seiten braten, bis er leicht gebräunt ist. Den Fisch aus dem Wok herausnehmen und abtropfen lassen.
❡ Das Öl bis auf 2-3 EL abgießen und den Wok wieder erhitzen. Den Knoblauch zugeben und goldbraun braten. Sojabohnenpaste, Salz, Pfeffer sowie die Rüben zugeben und bei starker Hitze 1 Minute kochen.
❡ Den Fisch wieder in den Wok geben und die Brühe zugießen. Zum Kochen bringen und bei mittlerer bis schwacher Hitze 10 Minuten kochen. Die Schalotten darüberstreuen und servieren.

CHOW HEUNG HAI

GEDÜNSTETER KREBS MIT WEINSAUCE

Krebs ist in China nie billig gewesen. Um auch das Entsprechende für ihr Geld zu bekommen, überlegen Chinesen sehr genau, wann sie Krebse kaufen und woher sie kommen sollen. Am besten sind Krebse während der Paarungszeit im ersten, fünften und neunten Monat des Mondkalenders (etwa Februar, Juli und Oktober). Und die schmackhaftesten werden nahe der Flußmündungen gefangen.

750 g lebender hartschaliger Krebs
1 EL gehackter Ingwer
2 EL chinesischer Reiswein
750 ml-1 l Wasser

FÜR 4-6 PERSONEN

❡ Den Krebs mit dem Rücken auf ein Schneidebrett legen und mit einem tiefen Schnitt durch die Mitte töten. Umdrehen und die Rückenschale sowie die Scheren entfernen. Die Lunge (die federartige Substanz) entnehmen. Das Krabbenfleisch vollständig aus der Schale lösen, waschen, in sechs Stücke schneiden und trockentupfen.
❡ Die Krabbenstücke auf eine Platte legen; dann Ingwer und Wein zugeben.
❡ Das Wasser in einem Topf schnell zum Kochen bringen. Einen Dämpfeinsatz in die Mitte setzen und die Platte daraufstellen.
❡ Bei starker Hitze zwölf Minuten dämpfen.
❡ Sofort servieren.

CHING DOU HAR YAN

PFANNENGERÜHRTE SHRIMPS MIT GRÜNEN ERBSEN

Verwenden Sie kleine Meeresshrimps (Garnelen) für dieses Rezept: Sie sind besonders kräftig im Geschmack. Achten Sie darauf, daß jedes Stück vollständig mit Marinade bedeckt wird, damit die Säfte beim Kochen nicht austreten. Wenn Sie die Shrimps zum Marinieren kalt stellen, bekommen sie einen festeren Biß.

Für die Marinade:
1/2 Eiweiß
2 TL Maisstärke (Stärkemehl)
1 TL Salz
1/2 TL Pfeffer
1/2 TL Sesamöl
Für die Sauce:
1 EL helle Sojasauce

Links: Chow Heung Hai; rechts: Ching Dou Har Yan

2 TL Austernsauce
1 TL Zucker
2 TL chinesischer Reiswein
1 TL Maisstärke (Stärkemehl)
6 EL Hühnerbrühe (Suppenextrakt)
Für die Shrimps:
375 g ungekochte Shrimps (frische Garnelen), geschält, vom Darm befreit und gewaschen
125 g grüne Erbsen
250 ml Erdnußöl
1 TL gehackter Ingwer
1 TL gehackter Knoblauch

FÜR 4-6 PERSONEN

❡ Alle Zutaten für die Marinade verrühren.
❡ In einer anderen Schüssel alle Zutaten für die Sauce gut vermischen.
❡ Die Shrimps 30 Minuten im Kühlschrank marinieren.
❡ 250 ml Wasser in einem kleinen Topf zum Kochen bringen. Die Erbsen zugeben und eine Minute kochen lassen. Abgießen und beiseite stellen.
❡ Das Öl in einem Wok erhitzen. Die Shrimps zugeben, durch Rühren trennen und 15 Sekunden braten, dann herausnehmen und abtropfen lassen.
❡ Das Öl bis auf 1-2 EL abgießen und den Wok wieder erhitzen. Ingwer und Knoblauch zugeben. Die Shrimps mit den Erbsen wieder hineingeben. Eine Minute pfannenrühren.
❡ Die Sauce in den Wok gießen und 20 Sekunden pfannenrühren; dann servieren.

HEUNG CHAU LUNG HAR

LANGUSTE IN PIKANTER SAUCE

Dieses Rezept kann auch mit Hummer zubereitet werden. In China nimmt man jedoch Languste (Stachelhummer) für die Marinaden. Die Chinesen schneiden die Languste in kleine Brocken auf, so daß die Säfte beim Kochen austreten und der Tisch von Schalenknackern und anderer Gerätschaft frei bleibt.

Für die Sauce:
1 EL helle Sojasauce
1 TL dunkle Sojasauce
1 EL Austernsauce
1 TL Zucker
2 TL Maisstärke (Stärkemehl)
250 ml Hühnerbrühe (Suppenextrakt)
Für die Languste:
750 ml Erdnußöl
2 Langustenschwänze, der Länge nach halbiert, in mundgerechte Stücke geschnitten und trocken getupft
1 EL gehackter Knoblauch
1 EL gehackter Ingwer

FÜR 4-6 PERSONEN

¶ Alle Zutaten für die Sauce gut vermischen.
¶ Das Öl in einem Wok erhitzen. Die Langustenstücke zugeben und eine Minute braten, dann aus dem Wok nehmen und abtropfen lassen.
¶ Das Öl bis auf 2-3 EL abgießen und den Wok wieder erhitzen. Knoblauch und Ingwer zugeben. Die Langustenstücke wieder in den Wok geben und 30 Sekunden pfannenrühren.
¶ Die Sauce zugießen und rühren. Zudecken und 1½ - 2 Minuten bei mittlerer Hitze kochen.

LING JUP TAI HAR

PFANNENGERÜHRTE JUMBOSHRIMPS (RIESENGARNELEN) IN ZITRONENSAUCE

Wenn Sie die pappige künstliche süße Zitronensauce, die man manchmal in Restaurants bekommt, satt haben, wird dieses Rezept Ihnen eine willkommene Abwechslung sein. Wichtig ist, frische Zitronen zu verwenden, die gut zum Geschmack der Meeresfrüchte kontrastieren.

Für die Marinade:
½ Eiweiß
1 TL Salz
1 TL Maisstärke (Stärkemehl)
Für die Shrimps:
500 g Jumboshrimps (Riesengarnelen)
3 Zitronen
3-4 EL Öl
1 TL gehackter Knoblauch
1 TL gehackter Ingwer
1 TL chinesischer Reiswein
1 EL gehackte Schalotte (Frühlingszwiebel)
Für die Sauce:
Saft von 2 frischen Zitronen
1 TL weißer Essig
3 TL Zucker
1 TL Salz
90 ml Hühnerbrühe (Suppenextrakt)
1 TL Maisstärke (Stärkemehl)

FÜR 4-6 PERSONEN

¶ Alle Zutaten für die Marinade vermischen.
¶ Die Shrimpsköpfe entfernen, doch die Schwänze daranlassen. Schälen, den Darm entfernen, waschen und trockentupfen.
¶ Die Shrimps 30 Minuten im Kühlschrank marinieren, dann die Zitronen in dünne Scheiben schneiden, dann die Scheiben halbieren. Kreisförmig auf einer Servierplatte anrichten.
¶ Alle Saucenzutaten in einer Schüssel vermischen und mit Zucker abschmecken.
¶ Das Öl in einem Wok erhitzen und Knoblauch, Ingwer sowie die Shrimps zugeben und 45 Sekunden bei starker Hitze pfannenrühren.
¶ Die Sauce zugießen und 20 Sekunden pfannenrühren. Den Wein zugeben. Auf die Servierplatte geben, mit Schalotten bestreuen und servieren.

Oben: Ling Jup Tai Har; unten: Heung Chau Lung Har

Erlesenes aus dem Meer

Fisch ist ein wichtiges Nahrungsmittel für die Chinesen, die oft schätzen, was andere als „unerwünschte" Teile ansehen. So haben sie eine Schwäche für weiche, beinahe gallertige Teile, die aus mehreren unkonventionellen Quellen stammen. Zum Beispiel gilt der Kopf aller Fische aus der Familie der Barsche als Delikatesse und wird in einer nahrhaften Suppe gekocht. Ein noch seltenerer Genuß sind die fleischigen Lippen größerer Fischarten und die Schwimmblase einer Muräne. Plattgedrückte, sonnengetrocknete Kraken, Kuttelfische und Tintenfische werden ebenfalls geschätzt, weil sie den Gerichten, in denen sie gekocht werden, kräftiges Aroma verleihen. Sie machen sich gut als Suppengrundlage.

Fischlippen: Getrocknet und meist mit den Knochen verkauft, müssen Fischlippen mehrere Tage in kaltem Wasser aufgeweicht werden, wobei das Wasser alle paar Stunden erneuert werden muß. Dann werden sie gekocht, bis sie weich genug sind, um von den Knochen gelöst und in Würfel geschnitten zu werden. Sie werden in Reiswein mit Ingwer und Pfeffer mariniert, damit der Fischgeruch verschwindet, dann noch einmal gewaschen, bis sie endlich zubereitet werden können. Man läßt sie in Wein und Hühnerbrühe mit Schinken und Sojasauce köcheln.

Schwimmblasen *(yu to):* Diese gallertartigen Gebilde mit ihrer einzigartigen blasigen Struktur werden in großen Platten oder Quadraten sonnengetrocknet, dann eingeweicht, bis sie schwammig und weich sind, und ab und zu gepreßt, um Luftblasen zu entfernen. Eine Schwimmblase wird etwa 30 Minuten gekocht, dann kann sie an Suppen oder andere geköchelte Meeresfrüchte gegeben werden. Sie ist mild im Geschmack, weich und einmalig im Biß.

Getrockneter Kuttelfisch: Kuttelfische werden oft mit Kalmaren verwechselt. Sie haben gedrungenere Körper mit hellbrauner gesprenkelter Haut. Kuttelfische werden auf Gestellen am Strand in der Sonne getrocknet. Auch lassen sie sich für einen Imbiß verwenden, den nur die Chinesen kennen. Getrocknete Kuttelfische werden plattgedrückt, indem man sie durch Walzen dreht, dann über einen kleinen Holzkohlengrill röstet, bis sie knusprig sind. Sie schmecken kräftig und rauchig.

Getrockneter Kalmar: Kalmare sind etwas kleiner und weicher im Biß als Kuttelfische. Diese sonnengetrockneten Meeresbewohner werden, so ähnlich wie Suppenwürfel, an Suppen und geköchelte Gerichte gegeben, um auf diese Weise einen konzentrierten „Meeresfrüchte"-Geschmack zu erzielen.

Krake: Kraken werden getrocknet, plattgedrückt und als Geschmacksverstärker verwendet.

1. großes Blatt Schwimmblase (yu to); 2. flache getrocknete Kalmare; 3. Streifen getrockneter Fischlippen; 4. getrocknete Kuttelfische

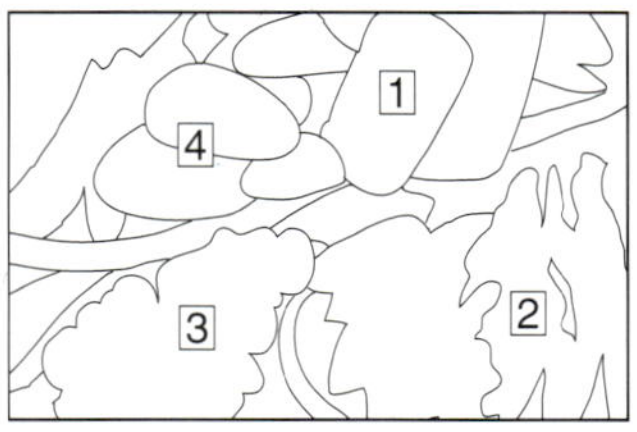

CHAU HAR KAU

PFANNENGERÜHRTE SHRIMPS MIT GURKEN UND SCHWARZEN BAUMPILZEN

Das Gewebe dieses Pilzes ist so knusprig, daß es einen bemerkenswerten Kontrast zu den Shrimps abgibt. Kochen Sie die Pilze nicht zu lange, um Frische und festen Biß zu garantieren.

Für die Marinade:
½ Eiweiß
1 TL Salz
½ TL Pfeffer
2 TL Maisstärke (Stärkemehl)

Für die Shrimps:
250 g ungekochte Shrimps (frische Garnelen), Köpfe entfernt, geschält, Darm entfernt, gewaschen und trockengetupft
250 ml plus 2 TL Erdnußöl
185 g Gurke, halbiert, entkernt und in Scheiben geschnitten
1 TL gehackter Ingwer
1 TL gehackter Knoblauch
10 getrocknete schwarze Baumpilze, 30 Minuten in Wasser eingeweicht und abgetropft

Links: Chau Har Kau; rechts: Jin Har Pan

Für die Sauce:
1 EL helle Sojasauce
2 TL Austernsauce
2 TL chinesischer Reiswein
2 TL Maisstärke (Stärkemehl)
90 ml Hühnerbrühe (Suppenextrakt)

FÜR 4-6 PERSONEN

¶ Alle Zutaten für die Marinade in einer Schüssel verrühren.
¶ Die Shrimps 30 Minuten im Kühlschrank marinieren.
¶ Alle Saucenzutaten in einer Schüssel vermischen und beiseite stellen.
¶ Das Öl in einem Wok erhitzen und die Shrimps 20 Sekunden pfannenrühren. Herausnehmen, abtropfen lassen und beiseite stellen. Das übrige Öl aufbewahren.
¶ Von dem aufbewahrten Öl 1-2 EL im Wok erhitzen und die Gurke 30 Sekunden pfannenrühren. Herausnehmen und beiseite stellen.
¶ 1-2 EL von dem Öl im Wok erhitzen und Ingwer sowie Knoblauch zugeben. Shrimps, Gurke und Pilze in den Wok geben. Die Sauce zugießen und 15 Sekunden pfannenrühren. Servieren.

JIN HAR PAN

GEBRATENE SHRIMPS MIT EI

Ein einfaches, köstliches Gericht mit einigen interessanten Aromen. Während manche Leute Maisstärke nur für einen Binder halten, haben die Chinesen sie seit Generationen in Marinaden verwendet, wo sie wie eine Hülle wirkt, die die Säfte einer Zutat schützt.

Für die Marinade:
½ Eiweiß
1 TL Maisstärke (Stärkemehl)
½ TL Salz
Für die Shrimps:
185 g ungekochte Shrimps (frische Garnelen), geschält, Darm entfernt, gesäubert und trockengetupft
½ TL Salz
½ TL Pfeffer
1 EL kleingeschnittene Schalotte (Frühlingszwiebel)
1 TL gehobelter Ingwer
1 EL gehacktes Koriandergrün
4 Eier, geschlagen
500 ml Erdnußöl

FÜR 4-6 PERSONEN

¶ Alle Zutaten für die Marinade verrühren.
¶ Die Shrimps 30 Minuten kühlgestellt marinieren.
¶ Salz, Pfeffer, Schalotte, Ingwer und Koriander zum Ei geben und gut verrühren.
¶ Das Öl in einem Wok oder einer Bratpfanne erhitzen, die Shrimps zugeben und durch Rühren trennen. Sobald sich die Shrimps rosa färben, aus dem Topf nehmen und zu der Eiermischung geben.
¶ Das Öl bis auf 2 EL abgießen und den Wok wieder erhitzen. Die Mischung aus Ei und Shrimps zugießen. Zu einem Pfannkuchen verteilen und bei mittlerer Hitze auf beiden Seiten goldbraun braten. Dann servieren.

SZE CHIU HAR

PFANNENGERÜHRTE JUMBOSHRIMPS IN SCHWARZE-BOHNEN-CHILI-SAUCE

Jumboshrimps sind relativ teuer, haben aber viel Fleisch. Sie können entweder Kopf und Schwanz abschneiden oder, was man in China häufig macht, den Kopf daranlassen. Er wird für besonders schmackhaft und gesund gehalten. Wenn Sie ihn verwenden, schneiden Sie die nicht eßbare Spitze ab.

Für die Marinade:
½ Eiweiß
1 TL Maisstärke (Stärkemehl)
½ TL Salz
Für die Shrimps:
6 rohe Jumboshrimps, halbiert
500 ml Erdnußöl
6 Scheiben Ingwer, feingehackt
1 Chilischote, feingeschnitten
2 Schalotten, nur weiße Teile, geschnitten
2 EL fermentierte schwarze Bohnen
2 Knoblauchzehen, feingehackt
125 ml Hühnerbrühe (Suppenextrakt)
1 TL Zucker
1 TL Maisstärke (Stärkemehl)
1 TL chinesischer Reiswein

FÜR 4-6 PERSONEN

❡ Alle Zutaten für die Marinade verrühren.
❡ Die Shrimps 30 Minuten kühlgestellt marinieren.
❡ Das Öl in einem Wok erhitzen, die Shrimps zugeben und durch Rühren trennen. Die Shrimps aus dem Topf nehmen, sobald sie sich rosa färben.
❡ Das Öl bis auf 2-3 EL abgießen und den Wok erhitzen. Ingwer, Chili, Schalotten, schwarze Bohnen und Knoblauch mischen und hineingeben. Die Brühe mit Zucker und Stärke in einer Schüssel mischen und in den Wok gießen.
❡ Die Shrimps wieder in den Wok geben und bei starker Hitze eine Minute pfannenrühren. Dann den Wein zugeben und servieren.

CHAU NGAU LIE

PFANNENGERÜHRTE MILCH MIT KRABBENFLEISCH UND CHAMPIGNONS

Ein ungewöhnliches Gericht, aber warten Sie einfach ab, bis Sie die Kombination gekostet haben. Betrachten Sie es als eine Art Soufflé – leicht, locker, schmackhaft. Dieses Rezept stammt aus meiner Heimat Shunde.

Links: Sze Chiu Har; rechts: Chau Ngau Lie

Für die Marinade:
1 TL helle Sojasauce
½ TL Zucker
¼ TL Pfeffer
1 TL chinesischer Reiswein
¼ TL Sesamöl
Für das Krabbenfleisch:
125 g gekochtes Krabbenfleisch
250 g feingeschnittener Kopfsalat
3-4 EL Erdnußöl
60 g Champignons, in Scheibchen geschnitten
1 TL feingehackter Knoblauch
1 TL feingehackter Ingwer
250 ml Milch
250 ml Eiweiß (etwa 6-8 Eier)
1 TL Salz
1 TL chinesischer Reiswein
1 EL sehr fein gehackter Schinken
1 EL geröstete Pinienkerne
1 EL gehacktes Koriandergrün

FÜR 4-6 PERSONEN

❡ Alle Zutaten für die Marinade verrühren.
❡ Das Krabbenfleisch 15 Minuten marinieren.
❡ Den Kopfsalat auf einer Servierplatte anordnen.
❡ 2 EL Öl in einem Wok erhitzen und Krabbenfleisch sowie Champignons 30 Sekunden sautieren. Knoblauch und Ingwer zugeben.
❡ Milch, Eiweiß und Salz verrühren, in den Wok gießen und bei starker Hitze fünf Sekunden pfannenrühren. 2 EL Öl zugeben und zehn Sekunden rühren. Weitere 2 TL Öl zugeben und rühren, bis es gerinnt. Den Wein zugeben.
❡ Auf die Servierplatte geben und mit Schinken, Pinienkernen sowie Koriander bestreuen.

PAK CHERK HAR

POCHIERTE SHRIMPS MIT INGWER-SCHALOTTEN-CHILI-SAUCE

Der Dip dieses Rezepts bringt das Aroma der Shrimps zur Geltung; sie sind glatt und knusprig im Biß.

Für den Dip:
2 EL Erdnußöl
2 EL feingehobelter Ingwer
2 EL feingehackte Schalotte (Frühlingszwiebel)
1 EL feingeschnittene rote Chilischote
2 EL dunkle Sojasauce
2 EL helle Sojasauce
1 TL Salz
1 TL Zucker
1 TL Sesamöl
1-2 TL Chiliöl (wahlweise)
60 ml Hühnerbrühe (Suppenextrakt)
Für die Shrimps:
1,5 l Wasser
2 Schalotten
6 Scheiben Ingwer
500 g ungekochte, frische Shrimps, Köpfe entfernt
2 EL chinesischer Reiswein

FÜR 4 PERSONEN

❡ Für den Dip das Öl in einem Wok erhitzen und Ingwer, Schalotte sowie Chili zugeben. Bei mittlerer Hitze 15 Sekunden sautieren. Alle übrigen Zutaten vermischen und in den Wok geben. Zum Kochen bringen und zum Servieren in Schalen füllen.
❡ Das Wasser in einen großen Topf gießen, Schalotten sowie Ingwer zugeben und rasch zum Kochen bringen. Die Shrimps und den Wein zugeben und erneut zum Kochen bringen. Die Hitze zurückschalten und zwei Minuten pochieren. Die Shrimps herausnehmen und abtropfen lassen.

HAR SUNG SANG CHOI BOU

PFANNENGERÜHRTE SHRIMPS UND WASSERNÜSSE MIT KOPFSALATBLÄTTERN

Die Salatblätter werden bei diesem Gericht als Hüllen verwendet. Sie können aber auch ohne Abstriche am Geschmack chinesische Pfannkuchen nehmen.

Für die Marinade:
1/4 Eiweiß
1/2 TL Salz
1 TL Maisstärke (Stärkemehl)

Für die Shrimps:
50 g ungekochte Shrimps, Köpfe entfernt
3-4 EL Erdnußöl
1 TL feingehackter Ingwer
1 TL feingehackter Knoblauch
60 g Champignons, feingehackt
60 g Wassernüsse, feingehackt
60 ml Hühnerbrühe (Suppenextrakt)
1 EL helle Sojasauce
1/2 TL Salz
1/2 TL Zucker
1 TL Maisstärke (Stärkemehl)
1 EL gehackte Schalotte (Frühlingszwiebel)
2 EL gehacktes Koriandergrün
1 EL chinesischer Reiswein
2 EL geröstete Pinienkerne
500 g Kopfsalat, gewaschen und getrocknet
Für den Dip:
2 EL fein gehobelter Ingwer
60 ml Gewürz- oder Weinessig
2 EL Hoisinsauce

FÜR 4-6 PERSONEN

❡ Alle Zutaten für die Marinade verrühren.
❡ Die Shrimps in Würfel von 0,5 cm schneiden und 30 Minuten im Kühlschrank marinieren.
❡ Für den Dip alle Zutaten verrühren.
❡ Das Öl im Wok erhitzen und Ingwer, Knoblauch, Shrimps, Champignons und Wassernüsse zugeben. Bei starker Hitze 45 Sekunden pfannenrühren.
❡ Brühe, Sojasauce, Salz, Zucker und Maisstärke verrühren. In den Wok geben und 15 Sekunden rühren. Schalotte und Koriander zugeben. Den Wein zugeben, gut verrühren und auf eine Servierplatte geben. Mit Pinienkernen bestreuen. Mit den Salatblättern als Hüllen und dem Dip servieren.

Oben: Har Sung Sang Choi Bou; unten: Pak Cherk Har

Links: Ma Ti Chau Har; rechts: Chuen Mai Har

Ma Ti Chau Har

PFANNENGERÜHRTE SHRIMPS, WASSERNÜSSE UND CHAMPIGNONS

Wie eine „Enzyklopädie der Strukturen" ist dieses Gericht mit den weichen Shrimps, den bißfesten Champignons und den knackigen Wassernüssen.

Für die Marinade:
½ Eiweiß
1 TL Maisstärke (Stärkemehl)
½ TL Salz

Für die Shrimps und Gemüse:
250 g rohe Shrimps, geschält
500 ml Erdnußöl
1 TL feingehackter Knoblauch
1 TL feingehackter Ingwer
60 g Wassernüsse, in dünnen Scheibchen
125 g Champignons
2 Schalotten, nur weiße Teile, geschnitten
60 ml Hühnerbrühe (Suppenextrakt)
1 EL Austernsauce
1 TL helle Sojasauce

$^{1}/_{2}$ TL Zucker
1 TL Maisstärke (Stärkemehl)
1 TL chinesischer Reiswein
1 EL gehacktes Koriandergrün

FÜR 4-6 PERSONEN

❡ Alle Zutaten für die Marinade verrühren und anschließend die Shrimps 30 Minuten kühlgestellt marinieren.
❡ Das Öl in einem Wok erhitzen und die Shrimps zugeben, durch Rühren trennen. Sobald sie sich rosa färben, herausnehmen.
❡ Das Öl bis auf 2-3 EL abgießen und den Wok wieder erhitzen. Knoblauch und Ingwer, dann Wassernüsse sowie Champignons zugeben. Bei starker Hitze 45 Sekunden pfannenrühren.
❡ Die Schalotten zugeben. Brühe, Austernsauce, Sojasauce, Zucker und Maisstärke in einer Schüssel verrühren und in den Wok gießen. Die Shrimps wieder in den Wok geben und bei starker Hitze 30 Sekunden pfannenrühren. Den Wein zugeben, Koriander darüberstreuen und servieren.

CHUEN MAI HAR

PFANNENGERÜHRTE SHRIMPS „SICHUAN"

Wenn Sie „Sichuan" lesen, wissen Sie, daß es sich um ein pikantes Gericht handelt. Chili, Knoblauch, Chiliöl und Ingwer geben ihm die richtige Würze, die in dieser Region so beliebt ist.

Für die Marinade:
$^{1}/_{2}$ Eiweiß
1 TL Maisstärke (Stärkemehl)
$^{1}/_{2}$ TL Salz
Für die Shrimps:
375 g rohe Shrimps (frische Garnelen), geschält, Darm entfernt, gesäubert und trockengetupft
500 ml Erdnußöl
1 TL feingehackter Knoblauch
1 TL feingehackter Ingwer
1 EL feingehackte rote Chilischote
3 EL Hühnerbrühe (Suppenextrakt)
1 EL helle Sojasauce
$^{1}/_{2}$ TL Zucker
$^{1}/_{2}$ TL Essig
1 TL Chiliöl
1 TL Maisstärke (Stärkemehl)
1 TL chinesischer Reiswein

FÜR 4-6 PERSONEN

❡ Alle Zutaten für die Marinade verrühren.
❡ Die Shrimps 30 Minuten kühlgestellt marinieren.
❡ Das Öl in einem Wok erhitzen und die Shrimps zugeben, durch Rühren trennen. Sobald sich die Shrimps rosa färben, aus dem Wok nehmen, abtropfen lassen und beiseite stellen.
❡ Das Öl bis auf 1-2 EL abgießen und den Wok wieder erhitzen. Knoblauch, Ingwer und Chili zugeben. Die Shrimps wieder in den Wok geben. Brühe, Sojasauce, Zucker, Essig, Chiliöl und Maisstärke in einer Schüssel mischen und in den Wok gießen. Bei starker Hitze 20 Sekunden pfannenrühren. Den Wein zugeben und servieren.

Getrocknete Meeresfrüchte

Seit Jahrhunderten werden in der chinesischen Küche getrocknete Meeresfrüchte verwendet. Ursprünglich eine Form der Konservierung, entdeckte man, daß der Trocknungsprozeß das natürliche Aroma der Meeresfrüchte verstärkt. Manchmal sieht der Prozeß nur Trocknen vor, in anderen Fällen werden die Meeresfrüchte stark gesalzen.

Getrocknete Meeresfrüchte leisten in allen Teilen Chinas einen wertvollen Beitrag zur Speisekarte. Im Binnenland, etwa in Sichuan, ißt man getrocknete Meeresfrüchte, sooft man es sich leisten kann. Die Menschen in Sichuan begeistern sich so sehr für Meeresfrüchte, daß sie den Geschmack sogar in gewissen beliebten Fleisch- und Gemüsegerichten imitieren. Manche Meeresfrüchte werden beim Troknen steinhart, was ein ziemlich langes Einweichen verlangt, andere dagegen müssen in ständig erneuertem Wasser eingeweicht werden, um überschüssiges Salz zu entziehen. Meist werden sie durch Einweichen geschmeidig gemacht, bevor sie zu einem Gericht verwendet werden.

Getrockneter und gesalzener Fisch: Alle chinesischen Fischarten, von den 2 cm langen Anschovis bis zu beliebigen anderen, die nicht zu fleischig und zu dick sind, werden getrocknet oder aber gesalzen. Im allgemeinen putzt man sie, schneidet die Bäuche auf und steckt sie auf geflochtene Strohmatte zwischen Salzschichten fest oder hängt sie über Gestelle, damit sie in der Sonne trocknen. Die Chinesen legen ihre Fische selten in Lake ein, sondern bevorzugen sie getrocknet sowohl wegen des Geschmacks als auch wegen der Bequemlichkeit.

Die Erfahrung lehrt, welche Art getrockneter Fisch in einem bestimmten Gericht den gewünschten charakteristischen Geschmack ergibt. Einmal taxierend daran schnuppern ist tatsächlich meist alles, was ein Koch tun muß, um festzustellen, ob dieser Fisch seiner Brühe einen kräftigen Meeresgeschmack gibt oder seiner Sauce ein geheimnisvolles Aroma verleiht.

Getrocknete Meeresfrüchte werden oft in Pflanzenöl knusprig gebraten, um als knackige, pikante Zutat über Nudeln oder Reis gebröselt zu werden, und über Gemüse gestreut verstärken sie deren natürlichen Geschmack. Bei allen getrockneten Meeresfrüchten ist Feuchtigkeit der Feind. Sie sollten daher möglichst an einer trockenen, luftigen oder sonnigen Stelle aufgehängt oder aber in luftdichten Gefäßen und dunkel aufbewahrt werden.

Verschiedene Krusten- und Schalentiere werden ebenfalls durch Trocknen und/oder Salzen konserviert und im Geschmack verstärkt.

Getrocknete Shrimps (Garnelen): Winzige hellrosa getrocknete Shrimps sind eine häufige Zutat zu Füllungen, Gemüsegerichten und Suppen. Sie werden auch zu einer flockigen rosa-goldenen Masse zermahlen, die Shrimpswolle heißt und vor allem zum Garnieren verwendet wird.

Conpoy: Hier handelt es sich um harte, gelbbraune Scheiben einer seltenen Kammuschelart. Als eine der teuersten Zutaten, die normalerweise nur bei ganz besonderen Festessen erscheint, schätzen die Chinesen sie wegen des überragenden Geschmacks. Eines der begehrtesten Gerichte mit diesem Weichtier ist als „Nixenlocken" bekannt. Fein geschnittene Blätter junger chinesischer Gemüse werden fritiert, bis sie knisternd knusprig sind, dann mit einer Prise Zucker und *conpoy*-Stückchen garniert, die zuvor in Wasser aufgeweicht, dann gebraten und schließlich zerkleinert worden sind.

Getrocknete Kammmuscheln, Miesmuscheln und Austern: Dies sind ebenfalls teure Zutaten, die sparsam verwendet werden, um den Geschmack von Brühen zu verstärken, oder zu Eintöpfen gegeben werden. Sie werden auch langsam gekocht, oft mit Champignons, um in einer braunen Sauce mit geheimnisvoll intensivem Geschmack als charakteristisches Gericht eines chinesischen Festessens zu dienen.

1. getrocknete Shrimps (Garnelen); 2. getrocknete Fische; 3. getrocknete Austern; 4. winzige getrocknete Anchovis; 5. getrocknete conpoy

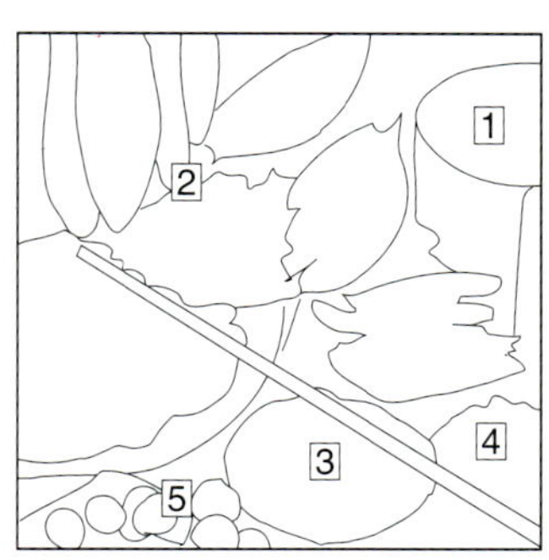

Links: Har Yeung Dong Ku; Mitte: Jar Har Yuen; rechts: Chiu Yim Har

Jar Har Yuen

GEBRATENE SHRIMPSBÄLLCHEN MIT PIKANTER SAUCE

Knusprig im Biß, ist dieses Gericht mit der köstlichen süß-sauren Sauce sehr beliebt.

500 g ungekochte, frische Shrimps, Köpfe entfernt, geschält
60 gekochter Schweinespeck, durchgedreht
1 EL gehacktes Koriandergrün
3/4 TL Salz
2 TL Maisstärke (Stärkemehl)
1 Eiweiß, geschlagen
125 g frisches Paniermehl
1 l Erdnußöl
1 TL feingehackter Knoblauch
1 TL feingehackter Ingwer
1 EL feingehackte rote Chilischote
125 g süß-saure Sauce

FÜR 6-8 PERSONEN

❡ Die Shrimps zu einer glatten Paste zerdrücken. Schweinespeck, Koriander, Salz sowie Maisstärke zugeben und gut vermischen. Das Eiweiß einrühren und vermischen, bis die Masse klebrig wird. Aus der Mischung Bällchen von etwa 2,5 cm Durchmesser formen. In Paniermehl wälzen.

❡ Das Öl im Wok erhitzen. Die Hitze reduzieren; die Shrimpsbällchen braten, bis sie goldbraun sind. Die Hitze auf stark stellen; 30 Sekunden braten.

❡ Das Öl bis auf 1-2 EL abgießen und den Wok wieder erhitzen. Knoblauch, Ingwer und Chili, dann die süß-saure Sauce zugeben. Anschließend zum Kochen bringen, in Schälchen gießen und als Dip servieren.

Har Yeung Dong Ku

GEFÜLLTE PILZE MIT SHRIMPSPASTE

Sie können Shrimpspaste überall kaufen, aber es ist genauso leicht, sie für dieses Rezept selbst zuzubereiten.

Für die Pilze und Shrimps:
1 1/2 TL Salz
1 TL Zucker
2 TL Erdnußöl
24 getrocknete schwarze Pilze
2,5 l Wasser
500 g ungekochte Shrimps
2 TL Maisstärke (Stärkemehl)
1 EL gehacktes Koriandergrün
1 TL feingehackter Ingwer
250 ml Hühnerbrühe (Suppenextrakt)
1 EL helle Sojasauce
1 TL chinesischer Reiswein

❡ 3/4 TL vom Salz, Zucker, 1 EL vom Öl und die Pilze in eine Schüssel geben. 1 l vom Wasser in einen Wok gießen und einen Dämpfeinsatz darüberstellen. Die Schüssel mit den Pilzen auf den Einsatz stellen und das Wasser zum Kochen bringen. Anschließend 20 Minuten dämpfen, herausnehmen, abtropfen lassen und zum Abkühlen beiseite stellen.

¶ Die Shrimps zu einer Paste zerdrücken, das übrige Salz und 1 TL von der Stärke zugeben und rühren, bis die Masse klebrig wird. 30 Minuten in den Kühlschrank stellen.

¶ Etwa 1 EL Shrimpsmischung auf die weiße Seite der Pilze geben und gleichmäßig verteilen. Auf eine Servierplatte setzen.

¶ Das restliche Wasser im Wok zum Kochen bringen. Einen Dämpfeinsatz in den Wok setzen und die Platte mit den Pilzen daraufstellen. Bei starker Hitze zehn Minuten dämpfen. Herunternehmen und alle Flüssigkeit abgießen. Mit dem Koriander bestreuen.

¶ Alle übrigen Zutaten in einer Schüssel verrühren. Den übrigen 1 EL Öl im Wok erhitzen, dann die Brühenmischung zugeben und zum Kochen bringen. Über die Pilze gießen und servieren.

Chiu Yim Har

GEBRATENE SHRIMPS MIT CHILI UND SALZ

Dies ist überall eines der beliebtesten Gerichte. Sie können hier tiefgekühlte Shrimps (Garnelen) nehmen, da Chili und Knoblauch den möglichen Verlust an Aroma wettmachen.

750 ml Erdnußöl
500 ungekochte Shrimps
2 TL Salz
1 El feingehackte rote Chilischote
1 TL feingehackter Knoblauch
1 TL chinesischer Reiswein

FÜR 4-6 PERSONEN

¶ Das Öl in einem Wok erhitzen. Die Shrimps zugeben und drei Minuten braten.

¶ Einen sauberen Wok erhitzen. Das Salz hineingeben und bei mittlerer Hitze sautieren, bis es leicht gebräunt ist. Shrimps, Chili und Knoblauch zugeben und bei sehr starker Hitze 30 Sekunden rühren. Den Wein zugeben und auf einer Platte anrichten.

Unten rechts: Dosenabalonen, Güte „Superior"; unten links: getrocknete Abalonen; oben links: frische Abalonen

Abalonen

Die Abalonen ähneln Muscheln, doch gehören diese Weichtiere zu den Schnekken. Sie haben eine ovale schwarz-grüne Schale, die mit grünlichem Perlmutt ausgekleidet ist. Abalonen werden in tiefem Wasser in verschiedenen Teilen der Welt geerntet, auch in China, doch sind die Abalonen dort klein und zu zäh zum Essen. Deshalb beziehen die Chinesen sie hauptsächlich aus Mexiko, Japan, Südkorea und Australien.

Der Geschmack der Abalonen ist schwer zu beschreiben – ein undefinierbares Meeresaroma, fest im Biß und dennoch glitschig. Sie werden auf viele Arten gekocht, meist in Suppe; bei sehr feierlichen Festessen werden sie für sich serviert, über etwas Blattgemüse geschnitten (und mit einer einfachen Austernsauce als Dressing).

Frische Abalonen müssen aus der Schale gelöst werden, dann entfernt man die kleine Krause außenherum und schneidet sie in dünne Scheiben, bevor sie langsam geköchelt werden, bis sie weich sind.

Getrocknete Abalonen werden ganz ähnlich verarbeitet, doch muß man sie zuerst vier bis fünf Tage in kaltem Wasser einweichen und dabei das Wasser alle fünf bis sechs Stunden wechseln. Dann kratzt man mögliche schleimige Reste an der Oberfläche ab und kocht sie etwa fünf Stunden in einem chinesischen doppelten Tontopf in heißem Wasser oder in Hühnerbrühe, einem Stück Hühnerfett, etwas Öl und Wein. Wenn sie weich sind, werden sie aufgeschnitten und serviert.

Abalonen in Dosen sind vorgekocht, aufgeschnitten, weich und können sofort verwendet werden. Auch sie sind oft teuer. Übrige Abalonen können etwa eine Woche im Kühlschrank aufbewahrt werden, wenn man das Wasser täglich erneuert.

Links: Har Yeung Care Tze; rechts: Hai Pa Dou Miu

HAR YEUNG CARE TZE

GEBRATENE AUBERGINE MIT SHRIMPSPASTENFÜLLUNG

Nehmen Sie eine chinesische lange Aubergine und machen Sie einen Schnitt zum unteren Ende hin. Dann bringen Sie nahe diesem einen zweiten Schnitt durch die ganze Frucht an. Zwischen diese beiden können Sie die Shrimpspaste einfüllen und die Mischung braten. Ich gebe meistens Wein zu diesem Rezept, um die Aubergine auf diese Weise mehr zur Geltung zu bringen.

2 Auberginen (Eierfrüchte)
185 g ungekochte Shrimps
30 g gekochter Schweinespeck, durchgedreht
3/4 TL Salz
2 EL plus 2 TL Maisstärke (Stärkemehl)
1/2 TL Pfeffer
125 ml Erdnußöl
1 TL kleingehackter Knoblauch
250 ml Hühnerbrühe (Suppenextrakt)
1 EL Austernsauce
1 EL helle Sojasauce
1 TL chinesischer Reiswein

FÜR 4-6 PERSONEN

❡ In jede Aubergine diagonal einen etwa 0,5 cm tiefen Einschnitt machen. Einen zweiten Schnitt durchziehen, damit in der Mitte ein 1 cm breiter tiefer Schlitz entsteht.
❡ Die Shrimps in einer Schüssel zu einer glatten Paste zerdrücken. Schweinespeck, Salz, 1 TL von der Stärke und Pfeffer zugeben; dann verrühren, bis die Masse pappig wird.
❡ Etwas Maisstärke in den Schlitz jeder Aubergine einreiben und mit je 2 TL Shrimpspaste füllen. Den Rand mit einem nassen Finger glätten.
❡ Das Öl in einem Wok erhitzen und die Auberginen braten, bis sie auf beiden Seiten goldbraun sind. Die Auberginen aus dem Wok nehmen, abtropfen lassen und beiseite stellen.
❡ Brühe, Austernsauce, Sojasauce und 2 EL von der Maisstärke in einer Schüssel verrühren.
❡ Das Öl bis auf 1-2 EL abgießen und den Wok wieder erhitzen.
❡ Knoblauch und Brühemischung zugeben. Die Auberginen wieder in den Wok geben und die Sauce auf die Hälfte einkochen lassen; dann den Wein zugeben und sofort servieren.

HAI PA DOU MIU

GEBRATENE ZUCKERERBSEN MIT KRABBENSAUCE

Dieses Rezept kann im Winter auch mit Erbsenranken zubereitet werden, aber der Frische wegen sollten Sie zu anderen Jahreszeiten Zuckererbsen (Schoten) verwenden.

Für die Marinade:
1 TL helle Sojasauce
1 TL Austernsauce
½ TL chinesischer Reiswein
½ TL Pfeffer
Für die Krabben und Zuckererbsen:
125 g gekochtes Krabbenfleisch
125 ml Erdnußöl
2 TL feingehackter Ingwer
2 TL feingehackter Knoblauch
1 TL Salz
250 g Zuckererbsen (Schoten)
2 TL chinesischer Reiswein
250 ml Hühnerbrühe (Suppenextrakt)
1 EL helle Sojasauce
1 TL Maisstärke (Stärkemehl)
1 Eiweiß, geschlagen

FÜR 4-6 PERSONEN

¶ Alle Zutaten für die Marinade verrühren und das Krabbenfleisch 30 Minuten marinieren.
¶ 4-5 EL vom Öl in einem Wok erhitzen. 1 TL vom Ingwer, 1 TL vom Knoblauch und das Salz zugeben. Die Zuckererbsen zugeben und bei starker Hitze 1 Minute rühren. 1 TL vom Wein zugeben. Auf eine Platte geben und warmhalten.
¶ 3 EL vom Öl in dem Wok erhitzen. Den restlichen Ingwer, Knoblauch und das Krabbenfleisch zugeben. Brühe, Sojasauce, Maisstärke und den restlichen Wein vermischen und in den Wok geben. Zum Kochen bringen und das Eiweiß einrühren. Über die Zuckererbsen gießen und servieren.

Sze Jup Chau Ching Hau

KAVIAR
Chinesischer Kaviar aus der Mandschurei, einst sehr preiswert, steigt heute an Ansehen und im Preis. Die Eier des Störs sind zwar ebenso fein wie die aus dem Kaspischen Meer. Aber lange wurden sie nicht professionell gesalzen und konserviert, so daß das fertige Produkt nicht so körnig und schmackhaft wie der beste Kaviar war. Das änderte sich jedoch, als Geschäftsleute aus Hong Kong um 1983 den mandschurischen Kaviar (Kaluga genannt) „entdeckten". Sie führten moderne Verarbeitungsmethoden für die Eier ein und begannen sie zu exportieren. Möglicherweise findet man noch immer Märkte in Nordchina, wo Störeier für ein paar Dollar das Pfund verkauft werden, da die Mandschus diese knackigen Eier gern an ihr grünes Gemüse geben.

SZE JUP CHAU CHING HAU

MIESMUSCHELN MIT SCHWARZEN BOHNEN UND KNOBLAUCH

In der Provinz Fujian lieben die Menschen alle Arten von Meeresfrüchten. Gewöhnlich empfehle ich kleinere Miesmuscheln, aber hier, wo sie mit einer schweren Sauce bedeckt sind, sind auch große Muscheln gut.

1,5 l Wasser
750 g Miesmuscheln, geputzt
3-4 EL Erdnußöl
1 EL fermentierte schwarze Bohnen, gehackt
1 EL feingehackter Knoblauch
1 rote Paprikaschote, in Quadrate von 2,5 cm geschnitten
1 grüne Paprikaschote, in Quadrate von 2,5 cm geschnitten
250 ml Hühnerbrühe (Suppenextrakt)
1 EL Austernsauce
1 TL Zucker
1 TL Chiliöl (wahlweise)
1 TL Maisstärke (Stärkemehl)
1 TL chinesischer Reiswein

FÜR 4-6 PERSONEN

¶ Das Wasser in einem großen Topf zum Kochen bringen. Die Muscheln hineingeben und kochen, bis sich die Schalen öffnen. Unter fließendem Wasser abspülen und aus der Schale lösen.
¶ Das Öl im Wok erhitzen. Schwarze Bohnen und Knoblauch, dann Muscheln sowie Paprika zugeben und bei starker Hitze 1 Minute pfannenrühren.
¶ Brühe, Austernsauce, Zucker, Chiliöl und Maisstärke in einer Schüssel verrühren und in den Wok geben. Bei starker Hitze 1 Minute pfannenrühren. Den Wein zugeben und servieren.

GEFLÜGEL

13

GEFLÜGEL

IM LÄNDLICHEN CHINA, ABER AUCH IN DEN VORSTÄDTEN, ZOG PRAKTISCH JEDER HAUSHALT EIGENE HÜHNER – Enten ebenfalls, wenn es der Platz erlaubte und Wasser vorhanden war. Die Hühner waren mager, aber ihr Fleisch zart, und sie verlangten wenig Pflege und waren zufrieden, Abfälle zu picken; auch brauchten sie nur die allereinfachste Behausung.

¶ An schlammigen Tümpeln am Standrand sind die lauten braungefiederten Enten zu Hause. Sie werden hier auf natürliche Art gezogen – im Unterschied zu den strikten Zuchtmethoden und der Stopfprozedur, die bei den berühmten weißen Pekingenten angewendet wird.

¶ Ein Käfig mit lebenden Hühnern oder ein Entenpaar, hinten an ein Fahrrad gebunden, auf dem Weg zum Markt – das war ein gewohnter Anblick auf chinesischen Landstraßen. Heute ist er seltener, doch die Dorfmärkte bieten noch immer lebendes Geflügel zum Verkauf an.

¶ Chinesische Köche kennen unzählige Zubereitungsarten für Hühner. Jeder Teil des Vogels, den Schnabel vielleicht ausgenommen, wird verwendet. Das zarte Fleisch läßt sich nach den verschiedensten Rezepten kochen, vom einfachen Braten oder Grillen bis zu komplizierten festlichen Gerichten. Das geronnene Blut wird in Suppen verwendet; die Füße gelten als Delikatesse, und die meisten Kinder sind auf die Flügel versessen. Der ganze Vogel wird langsam über Stunden gekocht, um extrafeine Brühe zuzubereiten.

¶ Ente nimmt nicht den gleichen Rang wie Huhn ein. Dennoch wird sie für das am höchsten geschätzte Gericht (Pekingente) sowie andere schmackhafte Rezepte verwendet. Ihre Schwimmhäute sind genauso beliebt wie Hühnerfüße, besonders weil sie so knusprig sind, aber auch wegen ihres Eiweißgehalts.

¶ Einer Entensuppe werden außergewöhnliche Kräfte zugeschrieben: „Wenn Eheleute streiten", sagte ein alter chinesischer Weiser, „sollten sie sich sofort eine Entensuppe zubereiten und gemeinsam essen. Die Suppe wirkt so heilsam, daß selbst die streitlustigsten Eheleute sich versöhnen".

¶ Die Chinesen in Teochiu lieben den fetten, kräftigen Geschmack der Gans und meinen, daß sie die für diese Region Chinas typische dicke Sojasauce ergänzt. Sie servieren Gans als kalte Vorspeise, begleitet von einem Dip aus Reisessig mit Knoblauch.

¶ Auch Taube wird in China häufig gegessen. Man serviert sie stets mit dem Kopf, der beim Auftragen auf den Ehrengast gerichtet ist.

¶ Auf den meisten Geflügelmärkten werden lebendige Wachteln verkauft, die vom Käufer an Ort und Stelle getötet und gerupft werden. Kleiner noch als diese gesprenkelten Vögel sind die winzigen Spatzen, die als „Reisvögel" bekannt sind.

Vorhergehende Seiten: Entenhüten ist in China ein alltäglicher Anblick. Entenfleisch wird oft getrocknet und gepreßt konserviert, so daß es langes Dämpfen verlangt, bevor man es essen kann. Ente wird auch geschmort, gebraten und in Suppen verwandt; aus ihr wird die berühmte Pekingente bereitet, bei der man das Fleisch in Pfannkuchen mit pikanter Sauce ißt. ROBERT HARDING PICTURE LIBRARY

Gegenüber: Ein Bauer in Shaanxi mit seinen Hühnern. Fast jeder im ländlichen China hält sich ein paar Hühner, die neben Fleisch die Grundlage vieler Gerichte bilden.
CHINA TOURISM PHOTO LIBRARY/WANG MIAO

Links: Dou Sze Gai; rechts: Pak Chit Gai

PAK CHIT GAI

GEDÄMPFTES HUHN MIT INGWER-SCHALOTTEN-DIP

Die Kochzeit ist hier entscheidend: Kochen Sie das Huhn nie zu lange. Ein Huhn von 1 kg braucht bei starker Hitze etwa 20 Minuten.

Für den Dip:
3 EL feingehackter Ingwer
2 EL feingehackte Schalotten (Frühlingszwiebeln)
2 EL helle Sojasauce
1 EL Austernsauce
1 TL Sesamöl
Für das Huhn:
1 ganzes Huhn, etwa 1 kg
1 EL Salz
2 Schalotten (Frühlingszwiebeln)
2 EL gehobelter Ingwer
1 EL chinesischer Reiswein

FÜR 4-6 PERSONEN

¶ Alle Zutaten für den Dip vermischen.
¶ Das Huhn waschen und trockentupfen. Innen und außen mit dem Salz einreiben. Schalotten und Ingwer in das Huhn geben. Den Wein hineingießen und das Huhn auf eine tiefe Platte legen.
¶ 1-1,5 l Wasser in einen großen Topf zum Kochen bringen. Einen Dämpfeinsatz in die Mitte setzen und die Platte mit dem Huhn daraufstellen. Bei starker Hitze 20 Minuten dämpfen (je nach Geschmack kann das Huhn auch etwas länger gekocht werden). Dann herausnehmen und abkühlen lassen.
¶ Das abgekühlte Huhn in Stücke zerteilen und auf eine Servierplatte legen. Mit dem Dip servieren.

DOU SZE GAI

GESCHMORTE HÄHNCHENSCHENKEL MIT SCHWARZEBOHNENSAUCE

Ein herrliches Rezept mit einer herrlichen Sauce. Sie werden zusätzlichen Reis zur Hand haben wollen, damit nichts von dieser Sauce verloren geht.

Für die Marinade:
2 EL helle Sojasauce
1 TL dunkle Sojasauce
1½ TL Zucker
1 TL chinesischer Reiswein
1 EL Maisstärke (Stärkemehl)
Für die Sauce:
1 EL Austernsauce
1 EL dunkle Sojasauce
250 ml Hühnerbrühe (Suppenextrakt)
125 ml Wasser
Für das Hähnchen:
3 Hähnchenschenkel, in mundgerechte Stücke geschnitten
3-4 EL Erdnußöl
6 Scheiben Ingwer
2 Knoblauchzehen, zerdrückt
6 Schalottenzwiebeln
2 EL fermentierte schwarze Bohnen
1 grüne Paprikaschote, gehackt
1 rote Chilischote, entkernt und gehackt

FÜR 4-6 PERSONEN

¶ Alle Zutaten für die Marinade in einer Schüssel verrühren. Das Hähnchenfleisch 30 Minuten marinieren. In einer anderen Schüssel alle Saucenzutaten gut vermischen.
¶ Das Öl in einem Wok erhitzen. Ingwer, Knoblauch, Schalotten und fermentierte schwarze

Bohnen zugeben; 10 Sekunden rühren. Paprika, Chili und Fleisch zugeben und eine Minute rühren.
❡ Die Sauce in den Wok gießen, zudecken und bei mittlerer bis schwacher Hitze vier Minuten kochen.

FAUN KAIR GAI DING

GEWÜRFELTE HÜHNCHENBRUST IN TOMATENSAUCE

Lassen Sie sich nicht vom Ketchup in diesem Rezept abschrecken – die Chinesen verwenden es schon seit über einem Jahrhundert.

Für die Marinade:
1 EL helle Sojasauce
1 TL Salz
1 TL Zucker
1 TL Sesamöl
2 TL Maisstärke (Stärkemehl)
Für die Sauce:
1 EL helle Sojasauce
1 EL Ketchup
2 TL Zucker
2 TL Maisstärke (Stärkemehl)
250 ml Hühnerbrühe (Suppenextrakt)
125 ml Wasser
Für das Hähnchen:
2 Hähnchenbrüste, in Würfel von 1,5 cm geschnitten
4 Tomaten, geviertelt
4-5 EL Erdnußöl
250 g Champignons
1 TL gehackter Ingwer
1 TL gehackter Knoblauch
1 EL gehackte Schalotten (Frühlingszwiebeln)

FÜR 4-6 PERSONEN

❡ Alle Zutaten für die Marinade verrühren. Das Hähnchenfleisch 15 Minuten marinieren.
❡ Die Saucenzutaten gut vermischen.
❡ Die Tomaten in kochendem Wasser blanchieren, dann herausnehmen und schälen.
❡ 3-4 EL vom Öl in einem Wok erhitzen. Das Fleisch 45 Sekunden rühren, dann herausnehmen und abtropfen lassen.
❡ Die Tomaten und Champignons mit der Sauce bei mittlerer Hitze drei Minuten kochen.
❡ Das restliche Öl bei mittlerer Hitze im Wok erhitzen. Knoblauch, Ingwer, Schalotten und das Fleisch zugeben und 15 Sekunden rühren. Die Tomaten-Champignon-Sauce zugeben und zum Kochen bringen. In eine tiefe Schale füllen.

MA CHEUNG GAI SZE

GESCHNETZELTES HÜHNCHEN MIT SESAMSAUCE

Dies ist mein Originalrezept, bei dem frische Hühnchenbrüste mariniert und dann gedämpft werden.

Für die Marinade:
1 EL helle Sojasauce
1 TL Salz
½ TL Pfeffer
1 TL Zucker
1 TL Sesamöl
2 TL Maisstärke (Stärkemehl)
Für das Hühnchen:
2 Hühnchenbrüste
185 g Gurke, in Stäbchen von 5 cm geschnitten
1 rote Paprikaschote, in Stäbchen von 5 cm geschnitten
Für die Sauce:
2 EL Sesampaste
2 EL helle Sojasauce
1 EL Gewürz- oder Apfelessig
2 TL Zucker
2 TL chinesischer Reiswein
2 EL Hühnerbrühe (Suppenextrakt)

FÜR 4-6 PERSONEN

❡ Alle Zutaten für die Marinade verrühren. Die Hühnchenbrüste 30 Minuten marinieren.
❡ Alle Saucenzutaten gut vermischen.
❡ Das Fleisch auf eine flache Platte legen.
❡ 750 ml-1 l Wasser zum Kochen bringen. Einen Dämpfeinsatz in die Mitte stellen. Die Platte mit dem Hühnchen daraufstellen. 12 Minuten dämpfen (je nach Geschmack auch 3-5 Minuten länger). Herausnehmen und zum Abkühlen beiseite stellen.
❡ Die abgekühlten Hühnchenbrüste in Streifen schneiden. Gurken, Paprika und das Fleisch auf einer Platte anrichten. Die Sauce darübergießen.

Oben: Faun Kair Gai Ding; unten: Ma Cheung Gai Sze

Oben: Chuen Mai Gai; unten: Dou Cheung Gai

DOU CHEUNG GAI

HUHN IN SOJAPASTENSAUCE

Die Menschen in Teochiu schätzen die Sojabohnenpaste wegen ihres kräftigen Geschmacks. Selbst das einfachste Huhngericht schmeckt mit dieser Sauce lecker.

Für die Marinade:
2 EL helle Sojasauce
1 TL Salz
1 TL Zucker
1 EL chinesischer Reiswein
1 EL Maisstärke (Stärkemehl)
Für das Huhn
1 Huhn, etwa 1,5 kg, in Stücke aufgeschnitten
250 ml Erdnußöl
6 Scheiben Ingwer
1 EL gehackter Knoblauch
2 Schalotten, in Stücke von 5 cm geschnitten
Für die Sauce:
2 EL Sojabohnenpaste / 1 TL Zucker
1 EL dunkle Sojasauce
1 EL chinesischer Reiswein

FÜR 6-8 PERSONEN

❡ Alle Zutaten für die Marinade in einer Schüssel verrühren.
❡ Die Hühnerstücke 30 Minuten marinieren.
❡ Alle Saucenzutaten gut vermischen.
❡ Das Öl in einem Wok erhitzen und die Hühnerstücke pfannenrühren, bis sie leicht gebräunt sind, dann herausnehmen, abtropfen lassen und beiseite stellen.
❡ Das Öl bis auf 1-2 EL abgießen und den Wok wieder erhitzen. Ingwer, Knoblauch und Sauce zugeben. Das Fleisch wieder in den Wok geben und bei mittlerer Hitze zwei Minuten pfannenrühren.
❡ Die Zutaten in einen Topf geben und soviel Wasser zugießen, daß es etwa 1,5 cm höher steht. Bei mittlerer bis schwacher Hitze 10 Minuten kochen.
❡ Dann die Schalotten zugeben und servieren.

CHUEN MAI GAI

HÄHNCHEN „SICHUAN"

Entgegen der verbreiteten Ansicht sind nicht alle Gerichte in Sichuan feurig-scharf. Das eigentliche Geheimnis der Küche Sichuans ist nicht Schärfe, sondern Ausgewogenheit. Deshalb habe ich in diesem Rezept weniger Chili genommen, man soll das Fleisch und die Gewürze schmecken. Gewiß, die Lippen und die Zunge dürfen ein bißchen brennen, aber die Würze sollte nie unangenehm sein.

Für die Marinade:
1 EL helle Sojasauce
1 TL dunkle Sojasauce
2 TL Maisstärke (Stärkemehl)
1 TL Zucker
2 TL chinesischer Reiswein
Für das Hähnchen:
2 Hähnchenschenkel, in Stücke geschnitten
250 ml Erdnußöl
2 frische rote Chilischoten, entkernt und feingehackt
1 getrocknete rote Chilischote, feingehackt
2 Knoblauchzehen, zerdrückt
1 EL scharfe Puffbohnenpaste
250 ml Hühnerbrühe (Suppenextrakt)

FÜR 4-6 PERSONEN

¶ Alle Zutaten für die Marinade in einer Schüssel verrühren.
¶ Die Hähnchenstücke 30 Minuten marinieren.
¶ Das Öl in einem Wok erhitzen und die Hähnchenstücke braten, bis sie leicht gebräunt sind, dann herausnehmen und abtropfen lassen.
¶ Das Öl bis auf 1-2 EL abgießen und den Wok wieder erhitzen. Frische und getrocknete Chilischoten sowie den Knoblauch 30 Sekunden braten. Die scharfe Puffbohnenpaste zugeben und verrühren.
¶ Die Hähnchenstücke wieder in den Wok geben. Die Hühnerbrühe zugießen und zum Kochen bringen. Die Hitze zurückschalten und acht bis zehn Minuten köcheln lassen; dann servieren.

KUNG-PO GAI DING

HÄHNCHENBRUST „KUNG-PO"

Während der Qing-Dynastie arbeiteten in Beijings vornehmsten Küchen Köche aus verschiedenen Teilen Chinas. So ist dies zwar ein Rezept aus Sichuan, entwickelt wurde es jedoch im Haus eines Mandarins, Ting Kung-Po. Das Hähnchen wird rasch pfannengerührt, dann mit Erdnüssen und einer pikanten Sauce als Kontrast gemischt.

Für die Marinade:
1 EL helle Sojasauce
1 TL dunkle Sojasauce
1 TL Zucker
1 TL chinesischer Reiswein
2 TL Maisstärke (Stärkemehl)
Für das Hähnchen:
2 Hähnchenbrustfilets, in mundgerechte Stücke geschnitten
250 ml Erdnußöl
1 frische rote Chilischote, entkernt und gehackt
2 getrocknete rote Chilischoten, gehackt
2 Knoblauchzehen, zerdrückt
1 EL scharfe Puffbohnenpaste
1 TL Zucker
1 TL Sichuan-Pfeffer, gemahlen
90 ml Hühnerbrühe (Suppenextrakt)
2 Schalotten, in Stücke von 1,5 cm geschnitten
2-3 EL geröstete Erdnüsse
1 TL chinesischer Reiswein

FÜR 4-6 PERSONEN

¶ Alle Zutaten für die Marinade vermischen.
¶ Die Hähnchenstücke 30 Minuten marinieren.
¶ Das Öl im Wok erhitzen und rühren. Aus dem Wok nehmen, wenn sie weiß werden.
¶ Das Öl bis auf 1-2 EL abgießen und den Wok wieder erhitzen. Frische und getrocknete Chilischoten sowie Knoblauch bei mittlerer Hitze 30 Sekunden braten. Dann die Puffbohnenpaste, Zucker und Pfeffer zugeben und verrühren.
¶ Die Hähnchenstücke wieder in den Wok geben und bei starker Hitze 30 Sekunden kräftig rühren. Die Hühnerbrühe zugießen und verrühren.
¶ Die Schalotten und die Erdnüsse zugeben und gut verrühren. Den Wein zugeben und servieren.

Kung-Po Gai Ding

Geflügelarten

Huhn: Die meisten Hühner werden lebend verkauft und zu Hause oder von einem Metzger gerupft und ausgenommen. Freilandhühner sind in China klein und ziemlich mager. Die Batteriehaltung bringt zwar größere Tiere mit dickem, zartem Fleisch hervor, doch geht der Gewinn an Größe meist zu Lasten des Geschmacks.

Zum milden Geschmack und mürben Fleisch des Huhns passen fast alle chinesischen Würzzutaten. Für pfannengerührte Gerichte wird es in Scheiben geschnitten, gewürfelt oder geschnetzelt, für geschmorte und geköchelte Gerichte in mundgerechte Stücke geteilt und für Füllungen durchgedreht. Dämpfen und Pochieren machen es zart und saftig, Rösten macht die Haut golden knackig, Schmoren und Köcheln absorbieren das Aroma der Zutaten.

Huhn ist in allen regionalen Küchen Chinas gut vertreten. In Sichuan heißen die berühmten Gerichte *„gai kung pao"*, pfannengerührte Hähnchenbrust mit Chili und Erdnüssen, und *„pon pon"*, ein kaltes Gericht aus geschnetzeltem Huhn mit nussigem Sesamdressing. Auf der Insel Hainan im Süden pochiert man ein ganzes Huhn und serviert es aufgeschnitten mit einer Ingwer-Schalotten-Sauce, gedünstetem Reis und chinesischen Gemüsen, dazu einer dünnen Suppe, die sich beim Pochieren ergibt. Die Kantonesen haben eine Vorliebe für das geschnetzelte, in klaren, köstlich abgeschmeckten Saucen pfannengerührte Huhn. Im Norden wird das Huhn „betrunken" serviert, nämlich in gelbem Reiswein mariniert, oder geräuchert und aufgeschnitten oder in Gleditschien-Paste knusprig gebraten. Zu einem klassischen Gericht gehört zarte, aufgeschnittene Hühnchenbrust, die mit dem besten Schinken geschichtet, dann gedünstet und mit einer klaren Sauce serviert wird. Geschmorte Hühnerfüße, meist mit Knoblauch, schwarzen Bohnen und Chili gekocht, sind ein beliebter Bestandteil der *dim sum*-Karte.

Schwarzes Hühnchen: Dies ist eine chinesische Spezialität. Die kleinen Vögel werden in einer würzigen Suppe gekocht, die ein ausgezeichnetes Stärkungsmittel und Aphrodisiakum sein soll.

Ente: Zur Ente mit ihrem fetten, schmackhaften, dunklen Fleisch passen am besten starke Gewürze und Beilagen. Ente hat eine natürliche Verwandtschaft zu aromatischen schwarzen Pilzen sowie kräftigen Bohnensaucen und würzigen Pasten. Oft wird sie als Schmortopf bereitet und kommt direkt im Topf auf den Tisch. In Zitronenbrühe geköchelte Jungente ist eine Spezialität der Südküste. Ente erscheint oftmals als Festessen, manchmal mit „acht Juwelen" gefüllt, einer Kombination von Klebreis, Lotusnüssen und schwarzen Pilzen mit Zutaten wie Schinken, getrockneten Shrimps, Gerste, Zwiebeln und Bambussprossen. Oder sie kann mit aromatischem braunen Pfeffer, Ingwer und Anis mariniert und in einem komplizierten Verfahren aus langsamem Dämpfen und anschließendem Fritieren bereitet werden, bis die Haut tief gebräunt und knusprig ist (während das Fleisch saftig und rosa bleibt). Dann wird sie mit den zur Pekingente gehörenden dünnen Pfannkuchen und einem Dip aus geröstetem Salz mit Fünf-Gewürz-Pulver serviert.

Tauben: Auf dem chinesischen Geflügelmarkt werden mehrere Taubenarten verkauft. Die besten haben zartes Fleisch, das sich knusprig und saftig braten läßt, andere passen besser zum Dämpfen oder Kochen in gewürzten Brühen, oft mit Heilkräutern.

Wachteleier: Braun und rehfarben gesprenkelte Wachteleier werden auf dem Markt oder als Konserven beim Lebensmittelhändler verkauft. Kaum ein Mundvoll, werden diese winzigen Eier als reizvolle Dekoration zu vielen Gerichten verwendet. Man pochiert sie, um sie in Suppen schwimmen zu lassen, oder kocht und schält sie, um zu Füllungen von Teigtaschen beizutragen.

1. Ente; 2. Freilandhuhn; 3. Huhn aus Batteriehaltung; 4. Wachteleier; 5. Tauben (zum Kochen und Braten); 6. Schwarzes Hühnchen; 7. Hühnerflügel; 8. Hühnerbein

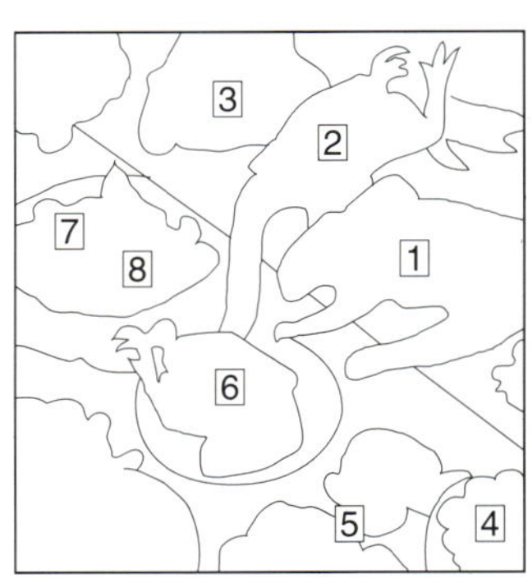

Oben: Ho Yau Gai Tu; unten: Cho Ku Mung Gai

HO YAU GAI TU

GESCHMORTE HÄHNCHENSCHENKEL IN AUSTERNSAUCE

In diesem Rezept wird der natürliche Geschmack des Hähnchens durch das Aroma der Pilze verstärkt – sehr typisch für die kantonesische Küche. Das Erdnußöl ist für die Kantonesen unverzichtbar.

Für die Marinade:
1 EL helle Sojasauce
1 TL dunkle Sojasauce
1 TL Zucker
1 TL chinesischer Reiswein
2 TL Maisstärke (Stärkemehl)
Für das Hähnchen:
2 Hähnchenschenkel, in mundgerechte Stücke geschnitten
250 ml Erdnußöl
3-4 Scheiben Ingwer
1 Knoblauchzehe, zerdrückt
6 getrocknete schwarze Pilze, mit warmem Wasser bedeckt 1 Stunde eingeweicht, Stiele entfernt und abgetropft
1 EL Austernsauce
1 EL helle Sojasauce
1 TL dunkle Sojasauce
2 TL chinesischer Reiswein
1 TL Zucker
375 ml Hühnerbrühe (Suppenextrakt)

FÜR 4-6 PERSONEN

¶ Alle Zutaten für die Marinade in einer Schüssel verrühren.
¶ Die Hähnchenstücke 30 Minuten marinieren.
¶ Das Öl in einem Wok erhitzen und die Hähnchenstücke braten, bis sie leicht gebräunt sind; anschließend aus dem Wok nehmen und gut abtropfen lassen.
¶ Das Öl bis auf 1-2 EL abgießen und den Wok wieder erhitzen. Den Ingwer und den Knoblauch 30 Sekunden braten. Die Hähnchenstücke wieder in den Wok geben, die Pilze zugeben und 30 Sekunden pfannenrühren.
¶ Alle übrigen Zutaten zugeben, zudecken und acht bis zehn Minuten köcheln lassen.

CHO KU MUNG GAI

HÄHNCHENBRUST IN STROHPILZSAUCE

Das Geheimnis dieses Gerichts sind die Pilze. Strohpilze werden im Norden der Provinz Guangdong gezüchtet. Sie gehören zu den Pilzen mit dem stärksten Duft, der beim Trocknen noch verstärkt wird, da hierbei eine chemische Reaktion stattfindet, was sie noch schmackhafter macht. Diese Pilze sind in jedem Geschäft mit chinesischen Spezialitäten erhältlich.

Für die Marinade:
1 EL helle Sojasauce
1 TL dunkle Sojasauce
1 TL Zucker
Für das Hähnchen:
2 Hähnchenbrüste, in fingergroße Stücke geschnitten
250 ml Erdnußöl
3-4 Scheiben Ingwer
12 getrocknete Strohpilze, in warmem Wasser eingeweicht, abgetropft und geputzt
250 g Blumenkohlröschen, blanchiert
2 Schalotten, in Stücke von 2,5 cm geschnitten
1½ TL Salz
1 TL Zucker
125 ml Hühnerbrühe (Suppenextrakt)
1 TL chinesischer Reiswein

FÜR 4-6 PERSONEN

¶ Für die Marinade alle Zutaten verrühren.
¶ Die Hähnchenstücke 30 Minuten marinieren.
¶ Das Öl im Wok erhitzen und die Hähnchenstücke braten und dabei rühren. Das Fleisch aus dem Wok nehmen, wenn weiß wird.
¶ Das Öl bis 1-2 EL abgießen und den Wok wieder erhitzen. Ingwer und Pilze bei starker Hitze 30 Sekunden braten. Den Blumenkohl zugeben und gut rühren. Die Hähnchenstücke wieder in den Wok geben und 30 Sekunden pfannenrühren.
¶ Schalotten, Salz, Zucker und Brühe zugeben und gut verrühren. Den Wein zugeben und servieren.

Zutaten für Pekingente

PEKINGENTE

Jahrhunderte, bevor Dschingis Khan Anfang des 13. Jahrhunderts Nordchina eroberte und die Macht über ganz China an sich riß, zogen Mongolen über die Berge und fingen Wildenten in Fallen, um sie langsam über einem Feuer zu braten. Diese frühen Vorläufer der Pekingente kamen noch ohne die Verfeinerungen aus, die während der nachfolgenden Ming-Dynastie gebräuchlich wurden.

Das Gericht, das überall in der Welt als „Pekingente" bekannt werden sollte, verlangte Tiere, die mit einer besonders fleischigen Brust und einer Fettschicht unter der Haut gezüchtet wurden. Die chinesischen Kaiser befahlen ihren Köchen eine ganz bestimmte Vorbereitung: Dazu wurde Luft unter die Haut gepreßt, um sie abzulösen, dann wurde die Ente glasiert und zum Trocknen aufgehängt, bevor man sie in einem gemauerten Ofen braten konnte.

Die Entenhaut war dem Adel vorbehalten. So verehrt war dieses Gericht, daß kaiserliche Schreiber die Zubereitung in einem „amtlichen" Rezept aus 15.000 Wörtern festhielten.

Das Fleisch der Enten wurde in jenen Zeiten den weniger hochrangigen Gästen vorgesetzt, und die Knochen kochte man für die gesellschaftlich noch weiter unten Rangierenden zu Suppen aus.

Die Ente, die für dieses Gericht verwendet wird, hat weiße Federn und einen breiten, langen Rükken. Heute haben Pekingenten im Norden Chinas eine kurze Lebensspanne von nur sechs Wochen, und während der letzten beiden werden sie mit Füttermaschinen gestopft, um sie rasch auf das von den Restaurants verlangte Gewicht von 2,5 bis 3 kg zu bringen.

Gebraten wird die Pekingente nach unterschiedlichen Methoden. Das Bianyifang-Restaurant in Beijing, das seit 500 Jahren Enten serviert, verwendet einen „geschlossenen Ofen". Die gemauerten Ofenwände werden auf die richtige Temperatur erhitzt, dann löscht man das Feuer und hängt die Enten in den Ofen, damit sie indirekt durch die von den Wänden abgestrahlte Hitze gegart werden. Andere Restaurants verwenden ein offenes Holzfeuer.

Die auf Bratenten spezialisierten Restaurants in Beijing wenden eine schwer zu erlernende Methode des Tranchierens an. Innerhalb von fünf Minuten, nachdem die Ente brutzelnd aus dem Ofen genommen wird, muß sie in 100 Scheiben aufgeschnitten werden, wobei jede Fleischscheibe etwas Haut, jedes Stück Haut etwas Fleisch haben muß. Man ißt sie, in kleine weiche Crêpes gewickelt, mit einem Stückchen Schalotte zum Knabbern – dazu eine süßsalzige Sauce oder weißen Zucker zum Dippen.

Mud Jup Tze Keung Gai

HÄHNCHEN UND JUNGER INGWER IN HONIGSAUCE

Dies ist eines meiner Lieblingsgerichte. Man bietet es zwar in vielen Restaurants an, aber ich meine, am besten schmeckt es zu Hause, wo man sich darauf verlassen kann, frisch marinierten jungen Ingwer zu bekommen – der dem im Handel erhältlichen sauer eingelegten haushoch überlegen ist. Jungen Ingwer erkennt man an seiner Elfenbeinfarbe; er schmeckt leichter und frischer als alter Ingwer.

Für die Hähnchenmarinade:
1 EL helle Sojasauce
1 TL dunkle Sojasauce
1 TL chinesischer Reiswein
1/2 TL Salz
1 EL Maisstärke (Stärkemehl)
Für die Ingwermarinade:
1 EL Zucker
1 TL Salz
1 EL weißer Essig
Für das Hähnchen:
500 g Hähnchenschenkel, in mundgerechte Stücke gehackt
500 ml Erdnußöl
125 g junger Ingwerstengel, in mundgerechte Stücke gehackt und ein wenig zerdrückt
1 rote Paprikaschote, in kleine Quadrate geschnitten
1 grüne Paprikaschote, in kleine Quadrate geschnitten
1 EL Honig
1 TL dunkle Sojasauce
1 TL Salz
1 TL chinesischer Reiswein
250 ml Hühnerbrühe (Suppenextrakt)

FÜR 4-6 PERSONEN

¶ Alle Zutaten für die Hähnchenmarinade verrühren.
¶ Die Zutaten für die Ingwermarinade verrühren.
¶ Die Hähnchenstücke 30 Minuten marinieren.
¶ Den Ingwer 30 Minuten marinieren.
¶ Das Öl in einem Wok erhitzen und den Ingwer braten, bis er leicht gebräunt ist. Den Ingwer aus dem Wok nehmen und abtropfen lassen, aber das Öl nicht abgießen.
¶ Im selben Wok die Hähnchenstücke 45 Sekunden braten und dann aus dem Wok nehmen.
¶ Das Öl bis auf 1-2 EL abgießen und den Wok wieder erhitzen. Den Paprika 30 Sekunden pfannenrühren. Die Hähnchenstücke und den Ingwer wieder in den Wok geben. Alle übrigen Zutaten mischen und in den Wok geben. Zudecken und bei mittlerer bis schwacher Hitze drei Minuten kochen.

Oben: Mud Jup Tze Keung Gai; unten: Jar Gai Tu

JAR GAI TU

GEBRATENE HÄHNCHENUNTERSCHENKEL

Die Kantonesen kennen einen Trick für Brathähnchen, da sie fritiertes Fleisch im allgemeinen nicht mögen. Sie kochen das Hähnchen bei schwacher Hitze in einer Brühe, damit die Gewürze einziehen, dann braten sie es. So wird es außen knusprig und bleibt innen zart und würzig.

1 l Wasser
6 Hähnchenunterschenkel
3-4 Scheiben Ingwer
2 Schalotten (Frühlingszwiebeln)
1 EL helle Sojasauce
1 EL dunkle Sojasauce
2 TL Zucker
2 TL Fünf-Gewürz-Pulver
1 Eiweiß, leicht geschlagen
2 EL Maisstärke (Stärkemehl)
750 ml Erdnußöl
1 TL Koriandergrün, gehackt

FÜR 4-6 PERSONEN

¶ Das Wasser in einem Topf zum Kochen bringen. Die Hähnchenschenkel, Ingwer, Schalotten, Sojasaucen, Zucker und Fünf-Gewürz-Pulver zugeben. Wenn das Wasser zu sieden beginnt, die Hitze zurückschalten und 30 Minuten köcheln lassen.
¶ Die Hähnchenschenkel aus dem Topf nehmen, die Brühe durchseihen, wieder in den Topf gießen und stark kochen, um sie auf 250 ml zu reduzieren.
¶ Die Hähnchenschenkel im Eiweiß und dann in der Stärke wenden.
¶ Das Öl in einem Topf erhitzen und die Hähnchenschenkel braten, bis sie leicht gebräunt sind.
¶ Die Brühe wieder zum Kochen bringen und vom Feuer nehmen; dann den Koriander einrühren und zu den Hähnchenschenkeln als Dip servieren.

CHUEN CHIU GAI

PFEFFERHÜHNCHEN „CHIUCHOW"

Zwar wird hier Sichuan-Pfeffer verwendet, doch zeigen die Blätter, daß es sich um ein echtes Gericht aus Teochiu handelt. Ich habe Minze verwendet, weil die richtigen Blätter (chin jiu) *außerhalb Asiens schwer zu bekommen sind.* Chin jiu *ist eines der köstlichsten Gemüse in Teochiu. Der Geschmack ist unbedeutend, aber die Blätter zergehen buchstäblich auf der Zunge. Wenn Sie sie nicht unter ihrem chinesischen Namen finden können, probieren Sie es in einem*

Chuen Chiu Gai

Geschäft mit thailändischen Spezialitäten und fragen Sie nach bai horaphaa.

Für die Marinade:
1 TL Salz
1 TL Zucker
1 TL chinesischer Reiswein
2 TL Maisstärke (Stärkemehl)
1 EL Wasser
Für das Hühnchen:
250 g Hühnchenbrüste, in Würfel von 2 cm geschnitten
500 ml Erdnußöl
12 frische Minzeblätter
1/2 TL gemahlener Sichuan-Pfeffer
1/2 TL schwarzer Pfeffer
2 TL gesalzene Fischsauce
1 TL dunkle Sojasauce
1 TL chinesischer Reiswein
2 EL Hühnerbrühe (Suppenextrakt)

FÜR 4-6 PERSONEN

¶ Alle Zutaten für die Marinade verrühren.
¶ Die Hühnchenbrüste 15 Minuten marinieren.
¶ Das Öl in einem Wok erhitzen und die Minzeblätter bei mittlerer Hitze braten, bis sie knusprig sind, dann herausnehmen und abtropfen lassen, aber das Öl nicht abgießen.
¶ Im selben Wok die Hühnchenbrüste bei mittlerer Hitze 45 Sekunden braten, dann herausnehmen und abtropfen lassen.
¶ Das Öl bis auf 1-2 EL abgießen und den Wok erhitzen. Die Hühnchenbrüste mit allen übrigen Zutaten in den Wok geben. Bei starker Hitze rühren, bis fast alle Flüssigkeit verdampft ist. Auf eine Platte geben und mit den Minzeblättern garnieren.

BON-BON GAI

„BON-BON"-HÜHNCHEN

Der Name dieses Gerichts klingt französisch, leitet sich aber von dem chinesischen Wort für „Stock" ab, weil der Koch früher mit einem solchen das Fleisch klopfte. Es ist eine leichte Vorspeise aus Sichuan.

Für die Sauce:
1½ EL Sesampaste
1 EL Chiliöl
¾ TL Zucker
1 EL helle Sojasauce
1 TL Gewürz- oder Apfelessig
2 EL Hühnerbrühe (Suppenextrakt)
Für das Hühnchen:
½ Hühnchen, etwa 750 g
2 TL Salz
1 EL chinesischer Reiswein
1 TL Sesamöl
1 EL Sesamkörner
250 g Gurke, gehobelt
1 rote Paprikaschote, in Streifen geschnitten

FÜR 4-6 PERSONEN

¶ Alle Saucenzutaten in einer Schüssel verrühren.
¶ Das Hühnchen putzen und abtrocknen, dann mit Salz, Wein und Sesamöl einreiben. Einen großen Topf Wasser zum Kochen bringen, das Hühnchen auf einen Dämpfeinsatz legen und 18-20 Minuten bei mittlerer Hitze dämpfen. Wenn es abgekühlt ist, das Fleisch vom Knochen lösen und schnetzeln.
¶ Die Sesamkörner in einem Wok bei schwacher Hitze sautieren, bis sie leicht gebräunt sind.
¶ Die Gurke auf einer Platte anrichten. Das Hühnchenfleisch darauflegen und mit Paprikastreifen und Sesamkörnern bestreuen. Die Sauce darübergießen und servieren.

DONG ON GAI

HÄHNCHEN „HUNAN"

Die Küche der Provinz Hunan hat im Westen noch nicht so recht eingeschlagen, deshalb findet man kaum ein gutes Restaurant dieser Richtung. Aber Sie können die Kochkunst Hunans mit diesem einfachen Gericht zu Hause erfahren. Es enthält typische Zutaten wie Essig und Ingwer.

Für die Marinade:
1 EL dunkle Sojasauce
1 TL chinesischer Reiswein
1 EL Maisstärke (Stärkemehl)
Für das Hähnchen:
½ Hähnchen (etwa 750 g), in Würfel von 3 cm geschnitten
500 ml Erdnußöl
1 rote Chilischote, entkernt und in Ringe geschnitten
2 Schalotten (Frühlingszwiebeln), in Stücke von 3 cm geschnitten
1 EL gehackter Knoblauch
1 EL gehackter Ingwer
1 EL helle Sojasauce

1 TL dunkle Sojasauce
1 TL Chiliöl
1 EL Gewürzessig
1 EL Zucker
1 TL chinesischer Reiswein
250 ml Hühnerbrühe (Suppenextrakt)

FÜR 4-6 PERSONEN

¶ Alle Zutaten für die Marinade verrühren.
¶ Die Hähnchenstücke 15 Minuten marinieren.
¶ Das Öl im Wok erhitzen. Bei mittlerer Hitze die Hähnchenstücke zugeben und 1½ Minuten braten, dann aus dem Wok nehmen und abtropfen lassen.
¶ Das Öl bis auf 2-3 EL abgießen und den Wok wieder erhitzen. Chili zugeben und 30 Sekunden pfannenrühren. Schalotten, Knoblauch und Ingwer zugeben. Die Hähnchenstücke wieder in den Wok geben und bei starker Hitze eine Minute pfannenrühren.
¶ Alle übrigen Zutaten in einer Schüssel mischen und in den Wok geben. Zudecken und bei mittlerer Hitze 3 Minuten kochen lassen.

Oben: Bon-bon Gai; unten: Dong On Gai

KOU FAR GAI

BETTLERHUHN

Dies ist eines der berühmtesten Festgerichte in ganz China. Um ihm seine ganz besondere Note beim Servieren zu geben, brechen Sie die Kruste in einem geschlossenen Raum auf, so daß alle den verströmenden Duft genießen können.

1 Huhn von etwa 1,5 kg
2 EL chinesischer Reiswein
1 TL Salz
1 EL dunkle Sojasauce
1 TL Sesamöl
Für den Teig:
750 Weizenmehl
440 ml warmes Wasser
125 chinesischer Reiswein
Für die Füllung:
125 Erdnußöl
60 g mageres Schweinefleisch, geschnetzelt
60 g fettes Schweinefleisch, geschnetzelt
2-3 getrocknete schwarze Pilze, 1 Stunde in Wasser eingeweicht, abgetropft, Stiele entfernt und kleingeschnitten
125 g pikant eingelegte Gemüse, kleingeschnitten
1 TL Zucker
2 EL Wasser
1 großes Stück Bauchspeck
2 getrocknete Lotusblätter, in heißem Wasser eingeweicht

FÜR 8-10 PERSONEN

¶ Das Huhn waschen und abtrocknen, dann mit 1 EL Wein, Salz, Sojasauce und Sesamöl einreiben. 30 Minuten einziehen lassen.
¶ Das Mehl auf eine glatte Fläche sieben und in der Mitte eine Vertiefung machen. Wasser und Wein in einer Schüssel mischen, nach und nach zu dem Mehl geben und mit den Fingern zu einem Teig verarbeiten. Leicht durchkneten.
¶ 1-2 EL vom Öl in einem Wok erhitzen. Schweinefleisch, Pilze und Gemüse zugeben. Bei mittlerer Hitze 1 Minute pfannenrühren.
¶ Das Huhn mit der Fleischmischung füllen, die Öffnung mit einem Spieß schließen und das ganze Huhn in den Speck, dann in die Lotusblätter wickeln und mit einem Faden zubinden.
¶ Den Teig zu einem Kreis ausrollen. Das Huhn mit Öl bepinseln und in den Teig wickeln, die Ränder mit kaltem Wasser versiegeln. Den Teig ringsum mit Öl bepinseln. Das Ganze in Backfolie wickeln und in eine Bratpfanne legen. Bei 240° C eine Stunde im Backofen backen. Die Hitze auf 230° C zurückschalten und eine weitere Stunde backen.
¶ Das Huhn aus dem Backofen nehmen, den Teig aufbrechen und wegwerfen. Dann das Huhn auf eine Servierplatte legen, den Faden lösen, die Lotusblätter entfernen und servieren.

Links: Kou Far Gai; rechts: Ng Heung Gai

NG HEUNG GAI

PIKANTES HUHN

Ein kantonesisches Gericht, welches trotz des Namens nicht allzu scharf gewürzt ist. Das Aroma des Geflügels ist wichtiger als die Schärfe des milden Pfeffers.

1 Huhn, etwa 1,5 kg
2 EL Salz
60 g zerdrückter Ingwerstengel
3 Schalotten (Frühlingszwiebeln)
3 Stengel Koriandergrün
1 EL Sichuan-Pfeffer
2 EL chinesischer Reiswein
250 ml dunkle Sojasauce
125 g Zucker
1 l Wasser

FÜR 8-10 PERSONEN

¶ Das Huhn waschen und abtrocknen, dann mit 1 EL Salz einreiben. 30 Minuten einziehen lassen.
¶ Alle übrigen Zutaten in einen großen Topf geben und zum Kochen bringen. Das Huhn hineingeben und auf mittlere bis schwache Hitze zurückschalten. 25-30 Minuten kochen, dabei das Huhn mehrere Male wenden. Das Huhn aus dem Topf nehmen und die Kochflüssigkeit aufheben. Das abgekühlte Huhn in mundgerechte Stücke zerhacken und auf einer Servierplatte anrichten.
¶ Die Kochflüssigkeit in einen Topf gießen. Sprudelnd kochen, bis sie auf die Hälfte eingekocht ist, und als Dip zum Huhn servieren.

JOY GAI

BETRUNKENES HÜHNCHEN

Um das Hühnchen richtig „berauscht" zu machen, habe ich das traditionelle Rezept ein wenig geändert: Das Hühnchen liegt nicht nur in einer Weinmarinade, sondern seine Füllung bekommt ebenfalls einen Schuß Wein. Das Ergebnis ist ein „geistvolles" Gericht – innen und außen.

1 Hühnchen, etwa 1,5 kg
1 EL Salz
30 g zerdrückter Ingwer
2 Schalotten (Frühlingszwiebeln)
2 EL chinesischer Reiswein
Für die Marinade:
125 ml chinesischer Reiswein
1/2 TL Zucker
1 TL Salz

FÜR 8-10 PERSONEN

¶ Das Hühnchen waschen und abtrocknen. Die Haut mit dem Salz einreiben und das Hühnchen mit Ingwer, Schalotten und Wein füllen. Einen großen Topf mit Wasser zum Kochen bringen, einen Dämpfeinsatz in die Mitte setzen und das Hühnchen bei mittlerer Hitze 20 Minuten oder länger, je nach Geschmack, dämpfen.
¶ Das Hühnchen aus dem Topf nehmen. Wenn es abgekühlt ist, in mundgerechte Stück zerhacken und auf einer Servierplatte anrichten.
¶ Alle Zutaten für die Marinade verrühren. Über das Hühnchen gießen, mit Plastikfolie zudecken und 16 Stunden im Kühlschrank marinieren.

KA HEUNG GAI

GESCHMORTES HUHN NACH GROSSMUTTERART

Gern würde ich sagen, daß dieses Gericht von meiner Großmutter stammt, doch die meisten kantonesischen Familien haben eine Oma, die eine Variation dieses traditionellen zu Hause bereiteten Rezepts kennt. Eine Reihe „exotischer" Zutaten geben dem Gericht Duft und Reiz.

Für die Marinade:
1 EL helle Sojasauce
1 TL dunkle Sojasauce
1 TL chinesischer Reiswein
1 TL Sesamöl
2 TL Maisstärke (Stärkemehl)

Für das Huhn:
1/2 Huhn, etwa 750 g, in mundgerechte Stücke zerhackt
250 ml Erdnußöl
4-5 Scheiben Ingwer
3 schwarze getrocknete Pilze, 1 Stunde in warmem Wasser eingeweicht, abgetropft, Stiele entfernt und in Scheiben geschnitten
15 getrocknete Tigerlilienknospen, 1 Stunde in warmem Wasser eingeweicht und abgetropft
15 g Wolkenohrenpilze, 1 Stunde in warmem Wasser eingeweicht und abgetropft
3-4 rote Datteln, entkernt
1 Schalotte (Frühlingszwiebel)
1 EL Austernsauce
1 TL chinesischer Reiswein
375 ml Hühnerbrühe (Suppenextrakt)

FÜR 4-6 PERSONEN

¶ Alle Zutaten für die Marinade verrühren.
¶ Das Huhn 30 Minuten marinieren.
¶ Das Öl in einem Wok erhitzen. Die Hühnerstücke zugeben und bei starker Hitze 1 Minute braten, dann aus dem Wok nehmen.
¶ Das Öl bis auf 1-2 EL abgießen und den Wok wieder erhitzen. Ingwer, Pilze, Lilienknospen, Pilze, Datteln und Schalotte zugeben und 30 Sekunden pfannenrühren. Die Hühnerstücke wieder in den Wok geben und Austernsauce, Wein und Brühe zugießen. Zum Kochen bringen, die Hitze reduzieren, zudecken und bei mittlerer bis schwacher Hitze 15 Minuten kochen. Auf eine Servierplatte geben.

Links: Ka Heung Gai; rechts: Joy Gai

Oben: Bo Ngap Chuen Lin; unten: Sheung Dong Pa Ngarp

BO NGAP CHUEN LIN

GESCHMORTE ENTE MIT LOTUSNÜSSEN

Hier handelt es sich um ein relativ aufwendiges Gericht, aber jeder kantonesische Haushalt könnte es zubereiten. Allerdings war das Rezept vermutlich für das Herbstfest bestimmt. Chinesische Jungenten schlüpfen im Frühjahr, und etwa vier Monate später sind sie zart genug zum Kochen. Nach fast dreistündigem Dünsten ist das Fleisch so mürbe, daß es von den Knochen fällt.

Für die Ente:
1 EL Salz
1 TL Pfeffer
1 ganze Ente (2 kg), gewaschen, geputzt, trockengetupft
2 EL dunkle Sojasauce
1 l Erdnußöl
3 Schalotten, in Stücke von 5 cm geschnitten
5 Scheiben Ingwer
125 g getrocknete Lotusnüsse, 3 Stunden in warmem Wasser eingeweicht, abgetropft
4 getrocknete schwarze Pilze, 1 Stunde in warmem Wasser eingeweicht, Stiele entfernt, Hüte kleingeschnitten
60 g Schweinefilet, in Würfel von 0,5 cm geschnitten, 1 Stunde in warmem Wasser eingeweicht, abgetropft
Für die Sauce:
2 EL Austernsauce
2 TL dunkle Sojasauce
1 TL Zucker
2 TL chinesischer Reiswein
1 EL Maisstärke (Stärkemehl)

FÜR 6-8 PERSONEN

❡ Die Ente innen mit Salz und Pfeffer einreiben (die Sojasauce in die Haut). An einem luftigen Platz zwei Stunden trocknen lassen.
❡ Das Öl in einem Wok erhitzen. Die Ente bei mittlerer Hitze fritieren, dabei mit Öl begießen, bis sie nach etwa zehn Minuten braun ist; dann die Ente herausnehmen und abtropfen lassen.
❡ Die Ente mit Schalotten, Ingwer, Lotusnüssen, Pilzen und Schweinefleisch füllen und auf eine tiefe Platte legen.
❡ 750 ml-1 l Wasser in einem großen Wok zum Kochen bringen. Einen Dämpfeinsatz in die Mitte setzen und die Platte mit der Ente daraufstellen. Bei mittlerer Hitze $2^1/_2$ Stunden dämpfen.
❡ Die Ente aus dem Topf nehmen. Die Füllung herausnehmen und auf eine Servierplatte geben. Die Ente in mundgerechte Stücke zerhacken und auf die Füllung legen.
❡ In einem kleinen Topf die beim Dämpfen aus der Ente ausgetretene Flüssigkeit mit den Saucenzutaten vermischen und zum Kochen bringen. Über die Ente gießen und servieren.

SHEUNG DONG PA NGARP

GESCHMORTE ENTENBRUST MIT SCHWARZEN PILZEN UND BAMBUSSPROSSEN

Entenbrust kann man jederzeit bequem kaufen, so daß Sie sich nicht mit dem ganzen Vogel abmühen müssen. Ich verwende Shiitakepilze – nicht aus Japan, sondern die chinesische Art, die tung ko *oder „schwarzer Winterpilz" heißt. Sie sind genauso schmackhaft, kosten aber viel weniger.*

Für die Marinade:
1 EL helle Sojasauce
1 TL dunkle Sojasauce
1 TL Zucker
1 TL chinesischer Reiswein
2 TL Maisstärke (Stärkemehl)
Für die Sauce:
1 EL Austernsauce
1 EL helle Sojasauce
1 TL dunkle Sojasauce
1 TL chinesischer Reiswein
1 TL Zucker
2 TL Maisstärke (Stärkemehl)
Für die Ente:
2 Entenbrüste
1-2 EL Erdnußöl
3 Knoblauchzehen, gehackt
5-6 Scheiben Ingwer
500 ml Hühnerbrühe (Suppenextrakt)
10 getrocknete schwarze Pilze, Stiele entfernt, 1 Stunde in warmem Wasser eingeweicht, abgetropft
125 g Bambussprossen, in mundgerechte Stücke geschnitten

FÜR 4-6 PERSONEN

¶ Alle Zutaten für die Marinade verrühren.
¶ In einer anderen Schüssel alle Saucenzutaten gut vermischen.
¶ Die Entenbrüste 15 Minuten marinieren.
¶ Das Öl in einer Pfanne erhitzen. Die Entenbrüste bei mittlerer Hitze braten, bis sie auf beiden Seiten braun sind. Knoblauch, Ingwer und Hühnerbrühe zugeben und 45 Minuten köcheln lassen.
¶ Pilze und Bambussprossen zugeben und 15 Minuten köcheln lassen.
¶ Die Entenbrüste herausnehmen und in mundgerechte Stücke schneiden. Wieder in die Pfanne geben, die Sauce zugießen und zum Kochen bringen; dann sofort servieren.

Choi Pay Ngarp

CHOI PAY NGARP

KNUSPRIGE ENTE

Dieses Gericht aus Sichuan ist eine wunderbare kalte Vorspeise. Das Wichtigste daran ist die Austernsauce, die zwei Zwecken dient: Sie verstärkt das Aroma und macht das Fleisch saftig. Wie bei vielen regionalen Rezepten für relativ zähes Fleisch wird die Ente zunächst gedämpft, um sie weich zu machen, dann gebraten, damit sie knusprig wird.

1 Ente, etwa 2 kg, gewaschen und getrocknet
2 EL Salz
2 TL Sichuan-Pfeffer, gemahlen
5-6 Scheiben Ingwer
2 Schalotten (Frühlingszwiebeln)
1-1,25 l Wasser
2 l Erdnußöl
2 EL Austernsauce

FÜR 6-8 PERSONEN

¶ Die Ente außen und innen mit Salz und innen auch mit Pfeffer einreiben. Mit Ingwer und Schalotten füllen und auf eine tiefe Platte legen.
¶ Das Wasser in einem großen Topf zum Kochen bringen. Einen Dämpfeinsatz in die Mitte setzen und die Platte mit der Ente daraufstellen. eine Stunde dämpfen. Den angefallenen Saft aufheben.
¶ Das Öl in einem großen Wok erhitzen und die Ente fritieren, bis sie golden ist, dabei jede Minute wenden und mit dem heißen Öl begießen. Vom Feuer nehmen und abtropfen lassen.
¶ Wenn die Ente abgekühlt ist, in mundgerechte Stücke zerkleinern und auf einer Servierplatte anrichten.
¶ Den aufgehobenen Saft mit der Austernsauce vermischen und zu der Ente als Dip servieren.

JOU CHING NGARP

GEDÜNSTETE ENTE IN WEINSAUCE

Wenn ein Kantonese mit Wein kocht, wird daraus nicht direkt ein Coq-au-vin. Die Kantonesen halten die Ente für zu kräftig im Geschmack und brauchen den Wein als Ausgleich. Da der Alkohol sich beim Kochen verflüchtigt, gebe ich nach dem Einkochen der Sauce ein wenig zusätzlichen Wein dazu.

1 Ente, etwa 2 kg, gewaschen und getrocknet
2,5 l Wasser
2 EL dunkle Sojasauce
1 EL Salz
2 TL Sichuan-Pfeffer, gemahlen
3 EL chinesischer Reiswein
5-6 Scheiben Ingwer
2 Schalotten (Frühlingszwiebeln)

FÜR 6-8 PERSONEN

¶ Die Ente eine Stunde mit Wasser bedecken.
¶ Nach dem Einweichen gut abtropfen lassen.
¶ In einem Topf die Hälfte des Wassers zum Kochen bringen. Die Ente 15 Minuten sprudelnd kochen lassen; dann vom Feuer nehmen.
¶ Die Sojasauce auf die Haut der Ente reiben. Das Innere mit Salz, Pfeffer und 1½ EL vom Wein einreiben. Ingwer und Schalotten in die Ente füllen. Dann die Ente auf eine tiefe Platte legen.
¶ Die andere Hälfte des Wassers in einem großen Topf zum Kochen bringen. Einen Dämpfeinsatz in die Mitte setzen und die Platte mit der Ente daraufstellen. Zudecken und zwei Stunden dämpfen.
¶ Die Ente aus dem Topf nehmen und den Saft, der sich auf der Platte gesammelt hat, aufheben. Ingwer und Schalotten wegwerfen, die Ente in Stücke schneiden und auf einer Servierplatte anrichten.
¶ Den aufgehobenen Fleischsaft in einen Topf geben und einkochen. Mit dem chinesischen Wein vermischen und über die Ente gießen.

CHUEN MAI NGARP

GESCHMORTE ENTENSCHENKEL „SICHUAN“

Ich liebe die Schärfe dieses Gerichts. Der Biß von Ingwer, Essig und Sichuan-Pfeffer sorgt für ein kräftiges, denkwürdiges Essen.

Für die Marinade:
1 EL helle Sojasauce
1 TL dunkle Sojasauce
1 TL Zucker
1 TL chinesischer Reiswein
2 TL Maisstärke (Stärkemehl)
Für die Ente:
2 Entenschenkel, in mundgerechte Stücke geschnitten
250 ml Erdnußöl
1 EL gehackter Ingwer
2 Knoblauchzehen, zerdrückt
4-5 Lauchzwiebeln, zerdrückt
1 EL scharfe Puffbohnensauce
2 TL Zucker
1 TL Sichuan-Pfeffer, gemahlen
600 ml Hühnerbrühe (Suppenextrakt)
2 TL Gewürz- oder Apfelessig
1 TL chinesischer Reiswein
1 EL Koriandergrün, gehackt

FÜR 4-6 PERSONEN

¶ Alle Zutaten für die Marinade verrühren.
¶ Die Entenschenkel 30 Minuten marinieren.
¶ Das Öl im Wok erhitzen und die Schenkel braten, bis sie leicht gebräunt ist. Die Entenschenkel aus dem Wok nehmen und abtropfen lassen.
¶ Das Öl bis auf 1-2 EL abgießen und den Wok wieder erhitzen. Ingwer, Knoblauch und Lauchzwiebeln 30 Sekunden braten. Die scharfe Puffbohnensauce, Zucker und Pfeffer zugeben und verrühren. Die Entenschenkel wieder in den Wok geben und gut umrühren.
¶ Hühnerbrühe und Essig zugießen und zum Kochen bringen. 30 Minuten köcheln lassen. Den Wein zugeben und mit Koriander bestreuen.

Oben: Jou Ching Ngarp; unten: Chuen Mai Ngarp

Kleine Vögel

Wenn Sie an einem Grillrestaurant in Hongkong vorbeigehen, werden Ihnen scharenweise winzige, leuchtend rotbraun glasierte Vögeln ins Auge fallen. Es sind „Reisvögel", eine javanische Sperlingsart, die in riesigen Schwärmen in die Reisfelder Südchinas einfallen – eine Plage auf den Feldern, aber ein Hochgenuß auf dem Tisch. Diese Vögelchen, die nicht einmal halb so groß wie Wachteln sind, werden auf den Reisfeldern Guangdongs (Kwangtungs) gefangen und dann auf den Markt gebracht.

Gesprenkelte Wachtel: Über dieselben Reisfelder, die für die Ernte trockengelegt werden, laufen Wachteln, die in Fallen gefangen werden und in geflochtenen Bambuskäfigen auf dem Markt lebend verkauft werden.

Wachteln und Reisvögel werden in eine ähnliche Marinade eingelegt, wie sie für *cha siu* verwendet wird, das glasierte, rotgeröstete kantonesische Schweinefleisch, das in speziellen Geschäften verkauft wird. Die Reisvögel werden auf Spieße gesteckt und gegrillt oder im Backofen geröstet. Ihre Knochen werden dabei so weich, daß sie ganz gegessen werden können.

Taube: Noch mehr schätzen chinesische Gaumen Taubenfleisch. Mehrere Arten werden für den Tisch gezüchtet, und es gibt eine Reihe von Spezialitätenrestaurants, vor allem in Südchina und Hongkong, wo diese beliebten Vögel auf hunderterlei Art zubereitet werden.

Taubeneier: Im allgemeinen werden Taubeneier zum Brüten zurückgehalten, aber ab und an auch gedünstet oder gesotten verwendet – meist in einem Gericht mit Taubenfleisch.

1. gedünstete Taube; 2. bratfertige Tauben (größere Vögel); 3. bratfertige Wachteln; 4. Taubeneier; 5. Wachteleier; 6. Wachteln mit Pfeffer und Salz

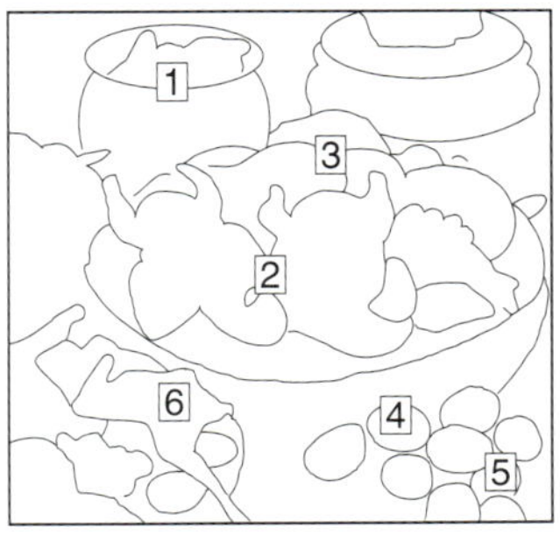

CHOW NGARP GON

PFANNENGERÜHRTE ENTENLEBER „SHANGHAI“

Sie brauchen keine französische Gänseleber für dieses Gericht; Entenleber tut es auch. Der feste Pilz bildet einen schönen Kontrast zu der weichen Struktur der Leber.

Für die Sauce:
1 EL helle Sojasauce
1 EL chinesischer Reiswein
2 TL Gewürz- oder Apfelessig
2 TL Zucker
1 TL Salz
2 TL Maisstärke (Stärkemehl)
250 ml Hühnerbrühe (Suppenextrakt)
Für die Marinade:
1½ TL Salz
1½ TL Zucker
1½ TL chinesischer Reiswein
3 TL Maisstärke (Stärkemehl)
Für die Entenleber:
185 g Entenleber, in Stücke von 1,5 cm geschnitten
250 ml Erdnußöl
2 TL feingehackter Knoblauch
2 Schalotten, in Stücke von 5 cm und in schmale Streifen geschnitten
6 getrocknete schwarze Pilze, 30 Minuten in Wasser eingeweicht, abgetropft, in kleine Stücke zerlegt

FÜR 4-6 PERSONEN

¶ Alle Saucenzutaten in einer Schüssel verrühren.
¶ Alle Zutaten für die Marinade gut verrühren.
¶ Die Entenleber 15 Minuten marinieren.
¶ Das Öl in einem Wok erhitzen und die Entenleber braten. Wenn die Leber weiß wird, aus dem Wok nehmen und abtropfen lassen.
¶ Das Öl bis auf 1-2 EL abgießen und den Wok wieder erhitzen. Knoblauch, Schalotten und schwarze Pilze zugeben. Die Entenleber wieder in den Wok geben und die Sauce zugießen. Zum Kochen bringen, kräftig rühren und servieren.

NG HEUNG NGARP

PIKANTE ENTE

Obwohl dieses Rezept aus Teochiu stammt, werden Sie es in keinem dortigen Restaurant finden. Die Menschen dort sind nämlich für ihre Gänse berühmt, und dieses Rezept ist auf Ente übertragen worden. Sie können diese kalte Vorspeise mit Gans auf genau die gleiche Art zubereiten.

1 Ente, etwa 2 kg, gewaschen und getrocknet
250 ml dunkle Sojasauce
2 EL Zucker
1 EL Salz
5-6 Scheiben Ingwer
2 Knoblauchzehen, zerdrückt
2 EL chinesischer Reiswein
3 Stück Sternanis
1 EL Sichuan-Pfeffer, gemahlen

Links: Chow Ngarp Gon; rechts: Ng Heung Ngarp

1 Stange Zimt
3 Lorbeerblätter

FÜR 6-8 PERSONEN

¶ Die Ente eine Stunde in Wasser einweichen. Das Wasser zum Kochen bringen; bei mittlerer Hitze 15 Minuten kochen, dann die Ente herausnehmen.

¶ Abgießen, alle übrigen Zutaten zugeben und genug Wasser zugießen, daß es etwa 2,5 cm über der Ente steht. Zum Kochen bringen, dann die Hitze reduzieren und zwei Stunden köcheln lassen.

¶ Die Ente aus dem Topf nehmen. Die Kochflüssigkeit durchseihen und aufheben.

¶ Anschließend die abgekühlte Ente in mundgerechte Stücke hacken und auf einer Servierplatte anrichten.

¶ Die aufgehobene Flüssigkeit kochen, bis sie eingedickt ist. Mit der Ente als Dip servieren.

Links: Conpoy Shuen Tze Mun Siu Ngarp; rechts: Siu Ngarp Sze Chow Ngan Ngar

CONPOY SHUEN TZE MUN SIU NGARP

GESCHMORTE ENTENBRUST MIT CONPOY UND KNOBLAUCH

Die Kombination so verschiedener Geschmacksrichtungen wie Ente und getrocknete Jakobsmuscheln mag Ihnen ungewöhnlich erscheinen, doch das Gericht wird Ihnen auf der Zunge zergehen.

500 ml Erdnußöl
20 Knoblauchzehen
500 g gebratene Entenbrust
6 conpoy (getrocknete Jakobsmuscheln), 1 Stunde in Wasser eingeweicht und abgetropft
250 ml Hühnerbrühe (Suppenextrakt)
1 EL Austernsauce
1 TL Maisstärke (Stärkemehl), in 1 EL Wasser aufgelöst
1 TL chinesischer Reiswein

FÜR 4-6 PERSONEN

¶ Das Öl im Wok erhitzen und den Knoblauch bei mittlerer bis schwacher Hitze goldbraun braten.
¶ Die Entenbrust in eine Schüssel legen und *conpoy*, Knoblauch sowie Brühe zugeben. Die Schüssel über kochendes Wasser stellen und bei mittlerer Hitze zwei Stunden dünsten, dann die Ente herausnehmen. Die *conpoy*-Flüssigkeit in einen kleinen Topf gießen.
¶ Die Entenbrust in 1,5 cm breite Streifen schneiden, auf eine Servierplatte legen und mit *conpoy* sowie Knoblauch einrahmen.
¶ Die aufgehobene Flüssigkeit erhitzen und einkochen. Austernsauce und Wein zugeben, dann die Stärke einrühren. Über die Entenstücke gießen.

SIU NGARP SZE CHOW NGAN NGAR

PFANNENGERÜHRTES ENTENGESCHNETZELTES MIT BOHNENSPROSSEN

Dieses Gericht könnte man auch „Feinschmeckerkost für Faulpelze" nennen. Sie brauchen dafür bloß Entenreste zu schnetzeln und diese recht pikante Sauce zuzugeben.

Für die Sauce:
1 EL helle Sojasauce
1 EL Austernsauce
1 TL chinesischer Reiswein
2 TL Maisstärke (Stärkemehl)
125 ml Hühnerbrühe (Suppenextrakt)
Für die Ente:
3-4 EL Erdnußöl
2 Knoblauchzehen, gehackt
1 grüne Paprikaschote, in Streifen geschnitten
185 g gebratenes Entenfleisch, geschnetzelt
500 g grüne Bohnensprossen, blanchiert und abgetropft

FÜR 4-6 PERSONEN

¶ Alle Saucenzutaten in einer Schüssel verrühren.
¶ Das Öl im Wok erhitzen. Knoblauch, Paprika sowie Entenfleisch zugeben; 30 Sekunden rühren.
¶ Die Sauce zugeben und zum Kochen bringen. Die Bohnensprossen zugeben. Bei starker Hitze 30 Sekunden kräftig rühren und servieren.

FERMENTIERTE SCHWARZE BOHNEN

Bohnen sind wegen ihres Nährwerts wichtig für die chinesische Kost; man bekommt sie in vielen verschiedenen Formen. Mit am meisten verwendet werden fermentierte Bohnen, die aus schwarzen Bohnen mit Salz und Knoblauch hergestellt werden. Mit ihrem herben, salzigen Geschmack werden sie zu Saucen für Geflügel, Fleisch und Fisch verwendet, manchmal auch mit scharfen Gewürzen kombiniert. Bei Bedarf nimmt man die gewünschte Menge aus dem Glas, spült sie ab, läßt sie abtropfen und zerdrückt sie. In der Speisekammer halten sie einige Wochen; wenn sie auszutrocknen drohen, geben Sie etwas Erdnuß- oder Maisöl dazu.

江门
一腸
每斤
32元
東莞
臘腸
每斤
36元
江门
鴨肝腸
每斤
48元

Schwein, Rind & Lamm

Schwein, Rind & Lamm

Der Fleischverbrauch ist in China im allgemeinen viel geringer als in den westlichen Ländern. Schwein und Hammel sind immer die wichtigen Fleischsorten gewesen. Aber in neuerer Zeit hat das Rind an Wertschätzung gewonnen; in den großen Städten versuchen kreative Köche sich sogar an Lammfleisch.

¶ Schweinefleisch wurde schon in der Frühzeit der chinesischen Geschichte verzehrt. Eingelegt war es bereits im 4. Jahrhundert v.Chr. als Delikatesse bekannt. Das früheste Rezept (um 206 v.Chr.) findet sich jedoch im „Buch der Rituale" (*Lei-chi*). Hier wurden die „Acht Köstlichkeiten" aufgeführt, von denen man die am höchsten geschätzte heute als „Gefülltes Spanferkel" bezeichnen würde.

¶ In früheren Zeiten opferte der Kaiser Schweine zusammen mit anderen Gaben, um für eine gute Ernte einzutreten. Doch man überließ die Tiere nicht den „Göttern", sondern brachte sie in ein Geschäft, wo sie gekocht und kostenlos an die Armen verteilt wurden. Ein solches Geschäft, *Sha guo ju*, existiert heute noch in Beijing. Zu einem (nur mit Schweinefleisch gestalteten) Festessen gehören gebratene Rippchen, Schweineleber, Schweineschwanz und Schweinesuppe.

¶ Chinesische Rindfleischgerichte sind in Hong Kong und bei westlichen Ausländern beliebt, aber in China hat das Rind nie die Liste der Beliebtheit angeführt. Im Süden wird Schweinefleisch bevorzugt, im Norden rangiert Rind nach Lamm. Das hat vor allem wirtschaftliche Gründe, da Rinderzucht teuer ist und größere Flächen erfordert. Nach Wandgemälden aus den *Ma-wang-tui*-Gräbern, die in der ersten Han-Dynastie etwa zur Zeit des Kaisers Ching (156-141 v.Chr.) errichtet wurden, stufte man die Kühe noch zusammen mit wilden Tieren ein.

¶ Nahrung ist in China Arznei, aber rotes Fleisch gibt hier nur sehr wenig her. Die traditionellen Arzneibücher erklären, daß Rind und anderes rotes Fleisch für untergewichtige Menschen und bei allgemeiner Schwäche gut sei.

¶ Lamm hat mit Ziege und Hammel für die Chinesen einen ganz eigenen Geschmack. In allen Formen genießen es die Muslime der Mandschurei und Mongolei, und in der Pekinger Küche der Yüan-Dynastie (1271-1368), als die Mongolen herrschten, stand es an erster Stelle. Ibn Battuta, der große arabische Reisende, schrieb im 14. Jahrhundert, daß Festessen hauptsächlich aus Lamm bestünden; man garte es als Ganzes, und die Gäste teilten es mit scharfen Messern unter sich auf. Das Volk mied solch enge Begegnungen mit diesem Fleisch; die einfachen Leute mochten es nicht, und hielten bei solchen Staatsaktionen ihrer geschätzten Pekingente die Treue.

¶ Selten genießen die Chinesen exotisches Fleisch, wenngleich in entlegenen Landesteilen sicher Wild (Hase, Reh etc.) verzehrt wird, besonders in der Gebirgsregion Sichuans.

Vorhergehende Seiten: Wie manche Fisch und Gemüsesorten wird auch Fleisch oft durch Räuchern oder Lufttrocknen haltbar gemacht. Marktstände wie dieser haben ein reiches Angebot an Produkten wie Schweinefleisch, Schweine- und Entenleber, Würste und Räucherschinken oder geräuchertes Rindfleisch. BRUCE COLEMAN LIMITED/ FRASER HALL

Gegenüber: Schweinefleisch ist eine der Hauptzutaten chinesischer Gerichte, besonders im Süden und Osten. Man wirft praktisch nichts weg, sondern verwendet Fleisch, Rippen, Leber, Nieren, Füße und Kaldaunen, um hunderterlei einfallsreiche Gerichte zu machen. LEO MEIER/WELDONS

Oben: Ching Chiu Yuk Sze; unten: Suen Tim Ko Yuk

SUEN TIM KO YUK

SÜSS-SAURES SCHWEINEFLEISCH „CHIUCHOW"

Manche Leute glauben, süß-saure Sauce sei für China-Restaurants im Westen erfunden worden. Dabei ist das in Wirklichkeit eine traditionelle chinesische Sauce. Sie können dieses Rezept verwenden, um Sauce auf Vorrat herzustellen, die Sie bis zu drei Monate im Kühlschrank aufheben können.

Für die Marinade:
1 EL helle Sojasauce
1 TL Salz
1 TL Zucker
1 TL Fünf-Gewürz-Pulver
2 TL Maisstärke (Stärkemehl)
Für die süß-saure Sauce:
625 ml weißer Essig
2 TL Salz
450 g Zucker
250 ml Ketchup
2 EL Worcestersauce
2 TL dunkle Sojasauce
Für das Schweinefleisch:
185 g Schweinefilet, fein geschnetzelt
60 g Wassernüsse, fein geschnitten
1 großes Stück Schweinespeck
1 TL Maisstärke, mit 1 TL zu einer Paste gemischt
750 ml Wasser
Maisstärke zum Bemehlen
750 ml Erdnußöl
1 TL feingehackter Ingwer
1 TL feingehackter Knoblauch
60 g rote Chilischote, entkernt, in Stücke geschnitten
60 g Ananas, in Würel von 2,5 cm geschnitten
60 g grüne Paprikaschote, in Quadrate von 2,5 cm geschnitten

FÜR 2 PERSONEN

¶ Alle Zutaten für die Marinade in einer Schüssel verrühren.

❡ Für die Sauce den Essig in einem Topf zum Kochen bringen, dann die Hitze so reduzieren, daß er köchelt. Salz und Zucker zugeben und unter Rühren auflösen. Dann Ketchup, Worcestersauce und dunkle Sojasauce unterrühren. Vom Feuer nehmen und beiseite stellen.
❡ Fleisch und Wassernüsse zusammen 15 Minuten marinieren.
❡ Den Speck auf eine glatte Fläche legen und halbieren. Je die halbe Fleischmischung auf eine halbe Speckseite geben und zu Würsten von 2,5 cm Durchmesser zusammenrollen. Dann die Ränder mit der Maisstärke versiegeln und überschüssigen Speck wegschneiden. Die Würste auf eine lange Platte legen.
❡ Das Wasser in einem großen Topf rasch zum Kochen bringen. Einen Dämpfeinsatz in die Mitte setzen. Die Platte mit den Würsten daraufstellen und 15 Minuten dämpfen. Die Würste aus dem Topf nehmen und zum Abkühlen beiseite stellen.
❡ Die abgekühlten Würste in 3 cm lange Stücke schneiden. Jedes Stück mit einer dünnen Schicht Maisstärke bemehlen.
❡ Das Erdnußöl in einem Wok erhitzen. Die Wurststücke bei mittlerer Hitze eine Minute fritieren oder bis sie leicht gebräunt sind. Dann die Stücke herausnehmen und beiseite stellen.
❡ Das Öl bis auf 1-2 EL abgießen und den Wok wieder erhitzen. Ingwer, Knoblauch, Chili, Ananas und Paprika zugeben. Bei starker Hitze 15 Sekunden pfannenrühren. Die Würste wieder in den Wok geben und 125 ml von der Sauce zugießen (die restliche Sauce für späteren Gebrauch aufheben). 30 Sekunden pfannenrühren und servieren.

GOLDNADELN

*„Goldnadeln" ist der poetische Name für getrocknete Lilienknospen (*gum jum*), deren Farbe poliertem Gold gleicht. Die Knospen können in Tüten in jedem chinesischen Lebensmittelgeschäft gekauft werden und halten sich gut verschlossen unbegrenzt. Vor dem Gebrauch werden die Knospen 30 Minuten in warmem Wasser eingeweicht, dann abgespült und trockengepreßt. Wenn chinesische Köche sie kochen, machen sie oft einen Knoten in jede Knospe; der einzige Grund, den sie für diesen Brauch angeben, ist „Tradition". Die Knospen werden als Aroma in vielen vegetarischen Gerichten verwendet, aber am besten bekannt ist eines der zwei großen Schweinefleischgerichte Hangzhous. Für* Mu Shu *werden Champignons, andere Pilze und Goldnadeln als würziger Dip für das Schweinefleisch verwendet. Wie bei der Pekingente werden die Fleischstückchen in dünne Pfannkuchen gewickelt und dann in den süßen und ziemlich scharfen Dip getaucht.*

CHING CHIU YUK SZE

PFANNENGERÜHRTES SCHWEINEGESCHNETZELTES MIT PAPRIKA

Leicht und schmackhaft, ist dies eines der verbreitetsten Gerichte in China. Es ist auch eine wirtschaftliche Methode, Fleischreste zu verwenden – die Paprikaschoten verbergen dabei Ihre Sparsamkeit und bringen überdies ein ausgewogenes, feines Aroma hinein.

Für die Marinade:
1 TL helle Sojasauce
1/4 TL Salz
1 TL Zucker
1 TL Sesamöl
2 TL Maisstärke (Stärkemehl)
1 EL Wasser
Für die Sauce:
1 EL helle Sojasauce
1 TL dunkle Sojasauce
1 EL Austernsauce
1 TL chinesischer Reiswein
60 ml Wasser
Für das Schweinefleisch:
250 g Schweinefilet, in dünne Streifen von 5 cm geschnitten
250 ml Erdnußöl
1 grüne Paprikaschote, in dünne Streifen von 5 cm geschnitten
1 rote Paprikaschote, in dünne Streifen von 5 cm geschnitten
1/2 TL Salz
1 TL feingehackter Knoblauch
1 TL feingehackter Ingwer
1 TL gehackte Lauchzwiebel

FÜR 4-6 PERSONEN

❡ Alle Zutaten für die Marinade verrühren.
❡ In einer anderen Schüssel alle Saucenzutaten gut vermischen.
❡ Das Fleisch 15 Minuten marinieren.
❡ 1 EL Öl in einem Wok erhitzen. Die Paprikastreifen und Salz zugeben. Bei starker Hitze 30 Sekunden pfannenrühren und dann herausnehmen.
❡ In einem anderen Wok das restliche Öl erhitzen. Das Fleisch zugeben und rühren, um es zu trennen. Wenn es weiß wird, herausnehmen und abtropfen lassen.
❡ Das Öl bis auf 1-2 EL abgießen und den Wok wieder erhitzen. Knoblauch, Ingwer und Lauchzwiebeln zugeben. Das Fleisch in den Wok geben und bei starker Hitze 10 Sekunden pfannenrühren. Paprika zugeben und 10 Sekunden pfannenrühren.
❡ Die Sauce in den Wok gießen, 15 Sekunden pfannenrühren und servieren.

KAIR TZE YUK SZE

GESCHMORTES SCHWEINEFLEISCH MIT AUBERGINE

Die Chinesen kennen viele Arten der Aubergine (Eierfrucht), und alle können hier verwendet werden. Das Rezept ist typisch für die häusliche Küche des Südens – bequem und köstlich – und eine wunderbare Beigabe zu Reis.

Für die Marinade:
1 TL Salz
1 TL Zucker
1 TL Sesamöl
1½ TL Maisstärke (Stärkemehl)
1 EL Wasser
Für das Schweinefleisch:
185 g Schweinefilet, in 7 × 1,5 cm lange Streifen geschnitten
250 ml Erdnußöl
250 g Aubergine, in 7 × 1,5 cm lange Streifen geschnitten
1 TL gehackter Knoblauch
1 TL gehackter Ingwer
1 EL helle Sojasauce
1 TL dunkle Sojasauce
1 TL Zucker
1 TL chinesischer Reiswein
1 TL Gewürz- oder Weinessig
250 ml Hühnerbrühe (Suppenextrakt)
1 EL gehackte Schalotten (Frühlingszwiebeln)

Links: Kair Tze Yuk Sze; rechts: Ham Yuk Ching Dou

FÜR 4-6 PERSONEN

¶ Alle Zutaten für die Marinade verrühren.
¶ Das Fleisch 30 Minuten marinieren.
¶ Das Öl in einem Wok erhitzen und die Aubergine sautieren, bis sie leicht gebräunt ist. Aus dem Wok nehmen, abtropfen lassen und beiseite stellen, aber das Öl nicht weggießen.
¶ Das Öl wieder erhitzen, das Fleisch zugeben und unter Rühren trennen. Braten, bis es leicht gebräunt ist. Das Fleisch aus dem Wok nehmen, abtropfen lassen und beiseite stellen.
¶ Das Öl bis auf 2-3 EL abgießen und den Wok wieder erhitzen. Knoblauch und Ingwer zugeben. Aubergine und Fleisch wieder in den Wok geben. Zum Kochen bringen, dann auf schwache Hitze zurückschalten. Zudecken und fünf Minuten kochen. Anschließend aufdecken und bei starker Hitze kochen, bis die Flüssigkeit fast vollständig verdampft ist.
¶ Dann auf eine Servierplatte geben, mit Schalotten bestreuen und servieren.

HAM YUK CHING DOU

PFANNENGERÜHRTER DURCHWACHSENER SPECK MIT ZUCKERERBSEN

Zwar unterscheidet sich chinesischer Speck von unserem, doch können Sie hier jede Sorte verwenden. Dies ist ein traditionelles Gericht in Teochiu, das oft mit congee, *einer dicken Reissuppe, gegessen wird.*

3-4 EL Erdnußöl
250 g Zuckererbsen, Fäden abgezogen
3-4 EL Hühnerbrühe (Suppenextrakt)
½ TL Salz
125 g durchwachsener Speck, in Stücke von 5 × 2,5 cm geschnitten
1 TL gehackter Knoblauch
1 TL chinesischer Reiswein

FÜR 4 PERSONEN

¶ 1-2 EL vom Öl in einem Wok erhitzen. Die Zuckererbsen zugeben und bei mittlerer Hitze sautieren, bis sie dunkelgrün sind. Brühe und Salz zugeben, zudecken und eine Minute kochen. Dann herausnehmen, abtropfen lassen und beiseite stellen. Den Wok reinigen.
¶ Das restliche Öl im Wok erhitzen. Speck und Knoblauch zugeben und bei schwacher Hitze leicht bräunen. Die Erbsen wieder in den Wok geben und bei sehr starker Hitze 30 Sekunden pfannenrühren.
¶ Schließlich den Wein zugeben und servieren.

Oben: Wui Wor Yuk; unten: Yuk Sue Por Choi

YUK SUE POR CHOI

SCHWEINEHACK MIT SPINAT

Dies ist ein verbreitetes Gericht, wie geschaffen für Hausfrauen, die Fleischreste verwenden möchten. Aber mit frischem Spinat und Ingwer ist es auch sehr schmackhaft.

Für die Marinade:
1 EL helle Sojasauce
1/2 TL Zucker
1/2 TL Sesamöl
1 TL Maisstärke (Stärkemehl)
Für das Fleisch:
125 g durchgedrehtes Schweinefilet
3-4 EL Erdnußöl
4-5 Scheiben Ingwer
600 g Spinat, geputzt und in Stücke zerlegt
375 ml Hühnerbrühe (Suppenextrakt)
1 TL gehackter Knoblauch
1 TL Salz
1 TL chinesischer Reiswein

FÜR 4 PERSONEN

¶ Alle Zutaten für die Marinade verrühren.
¶ Das Fleisch 15 Minuten marinieren.
¶ 1-2 EL vom Öl in einem Wok erhitzen. Ingwer zugeben und leicht bräunen. Spinat zugeben und 1 Minute pfannenrühren. 250 ml von der Brühe zugießen, zudecken und bei mittlerer Hitze 7 Minuten kochen. Dann aufdecken und bei starker Hitze kochen lassen, bis die Flüssigkeit fast ganz verdampft ist. Auf eine Servierplatte geben und beiseite stellen. Den Wok reinigen.
¶ Das übrige Öl im Wok erhitzen. Knoblauch und Fleisch zugeben und bei mittlerer Hitze eine Minute pfannenrühren. Die restliche Brühe zugießen und verrühren. Bei schwacher Hitze eine Minute kochen. Salz und Wein zugeben, über den Spinat gießen und servieren.

WUI WOR YUK

ZWEIMAL GEGARTES SCHWEINEFLEISCH

Wenn Sie das berühmteste hausgemachte Gericht Sichuans nennen sollten, könnte die Wahl auf dieses fallen. Es eignet sich sehr gut für Fleischreste, die durch die Zutaten besonderen Pfiff bekommen. Ich habe beschlossen, Wein dazuzunehmen, um es noch anregender zu machen.

315 g Schweinefilet
1,5 l kaltes Wasser
125 ml Erdnußöl
125 g fester Tofu, in Stücke von 1 cm geschnitten
125 g Lauch, in Stücke von 2,5 cm geschnitten
1 rote Chilischote, entkernt und in Ringe geschnitten
1 EL gehackter Knoblauch
1 EL scharfe Puffbohnenpaste
125 ml Hühnerbrühe (Suppenextrakt)
1/2 TL gemahlener Sichuan-Pfeffer
1 TL Zucker
1 TL Salz
1 TL Gewürz- oder Weinessig
1 TL Chiliöl (wahlweise)
1 TL Maisstärke (Stärkemehl)
1 TL chinesischer Reiswein

FÜR 4-6 PERSONEN

¶ Das Fleisch und das kalte Wasser in einen großen Topf geben. Zum Kochen bringen und zehn Minuten weiterkochen. Fleisch herausnehmen, abtropfen lassen und in 0,25 cm dünne Streifen schneiden.
¶ Das Öl in einem Wok erhitzen und den Tofu auf beiden Seiten goldbraun braten lassen. Diesen dann aus dem Wok nehmen, abtropfen lassen und beiseite stellen.
¶ Das Öl bis auf 2-3 EL abgießen und den Wok wieder erhitzen. Lauch und Chili 30 Sekunden sautieren. Knoblauch und Puffbohnenpaste zugeben. Anschließend Fleisch und Tofu wieder zugeben und bei starker Hitze eine Minute pfannenrühren.
¶ Brühe, Pfeffer, Zucker, Salz, Essig, Chiliöl und Stärke in einer Schüssel verrühren und in den Wok geben. Bei starker Hitze 30 Sekunden pfannenrühren. Den Wein zugeben und servieren.

YUK YUEN PAI CHOI

FLEISCHBÄLLCHEN MIT KOHL

Jede Region Chinas rühmt sich ihrer eigenen Variante von Fleischbällchen. In Shanghai heißen sie wegen ihrer einmaligen Form „Löwenhut"-Fleischbällchen. Die kantonesische Version ist etwas kleiner.

Für das Fleisch:
1 EL helle Sojasauce
1 TL Salz
1 TL Zucker
1 TL Sesamöl
2 TL Maisstärke (Stärkemehl)
3 EL Wasser
185 g durchgedrehtes Schweinefleisch
250 ml Erdnußöl
4-5 Scheiben Ingwer
2-3 Knoblauchzehen
315 g Kohl, in Streifen von 7,5 cm geschnitten
60 g Champignons, halbiert
500 ml Wasser

Für die Sauce:
1 EL helle Sojasauce
2 EL Austernsauce
1 EL chinesischer Reiswein
1 TL Salz

FÜR 4 PERSONEN

❡ Die ersten sechs Zutaten in einer Schüssel verrühren. Das Fleisch zugeben und mit einer Gabel verrühren, bis die Masse pappig wird. Dann zu Bällchen von 2,5 cm Durchmesser formen.
❡ Das Öl in einem Wok erhitzen und die Fleischbällchen zugeben. Braten, bis sie leicht gebräunt sind, und dann aus dem Wok nehmen.
❡ Das Öl bis auf 2-3 EL abgießen und den Wok wieder erhitzen. Ingwer, Knoblauch sowie Kohl zugeben und eine Minute pfannenrühren. Die Pilze zugeben und eine Minute pfannenrühren.
❡ Wasser zugießen und die Fleischbällchen wieder in den Wok geben. Bei mittlerer bis schwacher Hitze zehn Minuten kochen. Die Saucenzutaten in einer Schüssel verrühren und in den Wok gießen.

Oben links: Bein; Mitte rechts: Streifen zum Pfannenrühren und für den mongolischen Grill; vorn: Lammrippchen

LAMMFLEISCH

Die Chinesen betrachteten die Hammel essenden Mongolen als Barbaren. Ihre Eßgewohnheiten, die sie während ihrer herrschenden Yüan-Dynastie (1271-1368) an den Hof mitbrachten, gingen nie in die chinesische Kost ein. Die Chinesen essen Lamm, Hammel und Ziege selbst heute wenig, wenn überhaupt. Im Norden kommt Lamm gewöhnlich im Winter aus der Inneren Mongolei in die Hauptstadt und wird dann gegessen, um den Leib zu „wärmen". Der klassische mongolische Grill ist vielleicht die einzige Art, Hammel zu essen, die sie übernommen haben. Hierbei braten sie dünn geschnittenes Winterhammelfleisch brutzelnd auf gewaltigen Heizplatten über prasselnden Feuern, mit Schalotten, duftenden Ölen und Gemüsen. Das andere berühmte Lammgericht ist der Mongolische Feuertopf, bei dem das magerste erhältliche Fleisch in Stückchen geschnitten und bei Tisch in die kochende Brühe getaucht und gegart wird.

Die Südchinesen dagegen rümpfen die Nase über den „allzu strengen" Geschmack von Lamm, und es gibt so gut wie keine Rezepte, allenfalls bei kreativen Küchenchefs und in muslimischen Restaurants in Guangzhou (Kanton). Ein beliebtes Gericht ist jedoch ein Schmortopf aus Lammschulterstücken, die erst in Wasser gekocht werden, um den Geruch zu mildern, dann in Sojasauce mit getrockneter Zitronenschale und Gewürzen sowie dem salzigen Tofu-„Käse". Ganz zum Schluß kommen feingeschnittene duftende Limonenblätter an dieses köstliche Gericht, das oft von Straßenverkäufern angeboten wird, die es in Tontöpfchen servieren. Das gleiche Rezept gibt es auch für Ziegenfleisch. In der zentralen Provinz Hunan, wo man kräftig gewürzte Gerichte mag, werden Lammschenkel mit Pfefferkörnern, Chili, Soja und Gewürzen geschmort.

Oben: Tze Keung Yuk Pin; unten: Yuk Yuen Pai Choi

TZE KEUNG YUK PIN

PFANNENGERÜHRTES SCHWEINEFLEISCH MIT JUNGEM INGWER

In Verbindung mit Huhn ist es oft gut, den Ingwer einzulegen, weil der Geschmack sehr stark sein kann. Zu Schwein, das kräftiger im Geschmack ist, nehme ich jungen Ingwer (erkennbar an der Elfenbeinfarbe), der ein frischeres Aroma ergibt.

Für den Ingwer:
1 EL Zucker
1 EL weißer Essig
1 TL Salz
125 g junger Ingwer, in Scheiben von 5 x 2,5 cm geschnitten
Für die Fleischmarinade:
1 TL Salz
1 TL Zucker
1 TL chinesischer Reiswein
1/2 TL Sesamöl
1 TL Maisstärke (Stärkemehl)
1 EL Wasser
Für das Fleisch:
185 g Schweinefilet, in Stücke von 5 x 2,5 cm geschnitten
250 ml Erdnußöl
1 TL gehackter Knoblauch
1/2 rote Paprikaschote, in Quadrate von 2,5 cm geschnitten
1/2 grüne Paprikaschote, in Quadrate von 2,5 cm geschnitten
1 TL Austernsauce
1 TL helle Sojasauce
1 TL chinesischer Reiswein
1 TL Maisstärke (Stärkemehl)
2-3 EL Hühnerbrühe (Suppenextrakt)

FÜR 4 PERSONEN

¶ Für den Ingwer: Zucker, Essig und Salz in einer Schüssel mischen. Den Ingwer zugeben, gut verrühren und eine Stunde marinieren.

¶ Alle Zutaten für die Fleischmarinade gut verrühren. Das Fleisch 15 Minuten marinieren.

¶ Das Öl im Wok erhitzen. Das Fleisch zugeben, unter Rühren trennen, 45 Sekunden rühren, aus dem Wok nehmen und abtropfen lassen.

¶ Das Öl bis auf 2-3 EL abgießen und den Wok wieder erhitzen. Knoblauch und Paprika hinzugeben und bei mittlerer Hitze 30 Sekunden pfannenrühren. Ingwer zugeben und 45 Sekunden pfannenrühren. Das Fleisch wieder in den Wok geben und bei starker Hitze 30 Sekunden pfannenrühren.

¶ Alle übrigen Zutaten in einer Schüssel mischen und in den Wok einrühren. Gut mischen und servieren.

Saucen, Öle und Essige

In jeder chinesischen Küche gibt es mindestens zwei Flaschen Sojasauce, die wichtigste Würzzutat. Daneben werden eine oder zwei Flaschen aus Reiswein destillierten Essigs stehen, drei Sorten Öl, zwei aromatische und ein funktionelles, sowie ein paar Gefäße mit kräftigschmackhaften Würzsaucen. Mit diesem Aufgebot auf dem Küchenregal kann sich der chinesische Koch zuversichtlich in den Kampf stürzen und eine wunderbare Vielfalt von Würzen und Aromen schaffen.

SAUCEN UND PASTEN

Sojasauce: Eine der ältesten Würzen der Menschheit mit einer dokumentierten Geschichte, die 3.000 Jahre zurückreicht. Viele ländliche Haushalte in China stellen diese einfache, salzige schwarze Flüssigkeit nach altbewährten Methoden noch immer zu Hause her. Sojasauce wird natürlich aus der Sojabohne gewonnen und zwar mit dem einfachen Verfahren der Gärung. Die Sojabohnen werden gekocht oder gedünstet, bis sie weich sind, dann mit einem Mehl aus gerösteter Gerste oder Weizen vermischt. Der Brei wird gesalzen, in ein irdenes Gefäß gefüllt, zugedeckt und zum Gären stehengelassen. Die erste, nach rund 40 Tagen abgezogene Sauce ist hell und leicht im Geschmack, aber der Gärungsprozeß kann bis zu drei Jahren fortgesetzt werden, um den Geschmack zu verstärken. Vor Gebrauch wird die Sauce gefiltert. Heute kann sie karamelfarben sein und zusätzliche Konservierungsstoffe enthalten. Da es keine international verbindliche Norm gibt, dürfen die verschiedenen Hersteller ihre Sojasaucen beliebig auszeichnen. Viele würzen sie heute sogar mit Zutaten wie Champignons, Chili, Sesam, Knoblauch, Garnelenrogen und Gewürzen.

Helle Sojasauce: Die verbreitetste Sorte zum Kochen, meist als „extrafeine Sojasauce“ bezeichnet. Sie ist salziger als ihr dunkleres Gegenstück, aber dünnflüssiger.

Dunkle Sojasauce: Sie hat Karamel- und vielleicht Melassezusätze, um die kräftige Farbe zu erzielen, die so nützlich für die als „Rotschmoren“ bezeichnete Zubereitungsart ist, bei der das Fleisch langsam mit Sojasauce in einer dunklen, rotbraunen Sauce gegart wird.

Schwere Sojasauce: Gewöhnlich unter dem Namen „schwarze Sojasauce“ verkauft, ist sie etwas süßer als dunkle Sojasauce, auch dick und glänzend. Sie dient meist als Zutat zu würzigen Dips.

Pflaumensauce: Die süß-salzige dicke Sauce wird aus Pflaumen, Aprikosen, Essig, Salz und Zucker hergestellt. Mit ihrem leicht säuerlichen Geschmack ist sie ein natürlicher Begleiter für fettere Sorten gebratenen Fleischs wie Ente und Schwein. Häufiger als Dip verwendet, gibt man sie manchmal auch zu Saucen.

Austernsauce: Diese dicke, glänzende braune Sauce zählt zu Chinas beliebtesten Würzen. Eine qualitätsvolle Austernsauce – und leider sind viele minderwertige Sorten auf dem Markt – hat ein unvergleichlich volles Aroma. Aus getrockneten Austern bereitet, ist sie nicht zu scharf und ziemlich „fleischartig“ im Geschmack. Sie kann in der Küche verwendet werden,

um einer Sauce Tiefe zu geben, kann auch ein reizvoller Dip sein, aber häufiger dient sie als Dressing für pochierte grüne Gemüse, Abalonen und weiße Reisnudeln; ihre salzige Intensität macht daraus Gerichte von herausragendem Geschmack. Nach dem Öffnen sollte Austernsauce im Kühlschrank aufbewahrt werden.
Garnelensauce: Schlendern Sie durch ein beliebiges kleines Küstendorf in China, und Sie bekommen garantiert einen stechend-angenehmen „fischigen" Duft in die Nase. Verarbeitung von Meeresfrüchten ist in diesen Dörfern ein wichtiges Gewerbe. Vielleicht salzen und trocknen sie Fische, Kalmare oder Kuttelfische. Sie sehen flache Bambustabletts mit Austern, Miesmuscheln oder Garnelen zum Trocknen in der Sonne am Strand aufgereiht, oder Sie entdecken tiefe Fässer, aus denen ein besonders scharfer Geruch aufsteigt. Das ist Garnelensauce in Gärung – winzige ganze Garnelen werden mit Schale in Salz gepackt und zum Gären stehengelassen, bis sie sich zu einer scharfen rosa-grauen Masse zersetzt haben. Diese wird dann zu einer Paste zermahlen, die in der Küche unangenehm riechen mag, aber einem Gericht besonderen Reiz verleiht. Beim Händler erkennt man sie als glatte, dicke Paste von blasser graurosa Farbe in Flaschen. Geöffnet muß sie im Kühlschrank aufbewahrt werden.

Würzpasten aus Sojabohnen werden ausgiebig verwendet, aber noch zwei andere verdienen es, erwähnt zu werden. Die eine ist eine süße Sauce aus geröstetem Mehl, die ein angenehmes „Grill"-Aroma ergibt, die andere wird in Sichuan aus Puffbohnen bereitet und kann von mild bis sehr scharf reichen, je nach ihrem Chiligehalt.
Fermentierte schwarze Bohnen: Bohnen sind für die chinesische Kost wegen des Nährwerts wichtig, und man bekommt sie in verschiedenen Formen. Mit am häufigsten werden die fermentierten schwarzen Bohnen verwendet. Ihr ausgeprägter salziger Geschmack ist eines der am leichtesten erkennbaren chinesischen Aromen. Die kleinen, schrumpligen Bohnen werden abgespült, getrocknet und gehackt, dann meist mit Knoblauch und Chili gekocht. In einem fest verschlossenen Gefäß sind sie unbegrenzt haltbar.

ÖLE

Chinesische Köche verwendeten eine Vielfalt von Pflanzenölen. Manche Haushalte schätzen den durchdringenden Geschmack und das Aroma von Erdnußöl, andere ziehen Öle vor, bei denen kein Geschmackselement ihre Wahl der Gewürze aus dem Gleichgewicht bringt. Die meisten sind freilich der Ansicht, daß ein „gekochtes Öl", also eines, das zum Braten benutzt wurde, den besten Geschmack für ein pfannengerührtes Gericht ergibt. Sie gießen daher zum Fritieren frisches Öl in den Wok; wenn es nach ein- oder zweimaligem Gebrauch Speisearomen angenommen hat, wird es in den Öltopf gefüllt und über den Wok gestellt, den sie zum Pfannenrühren benutzen. Tierische Fette werden nicht viel zum Kochen verwendet, doch schätzt man Schmalz als Zutat zu feinen Backwaren. Manche heben Hühner- oder Entenfett auf, um es direkt vor dem Servieren feuerheiß über ein Gericht zu spritzen, das dadurch an Fülle und Glanz gewinnt. Wegen des Geschmacks verwendet man einen Spritzer Chiliöl oder aromatisches Sesamöl. Keines von beiden wird als eigentliches Kochöl gebraucht, aber ein Spritzer in Dips oder Saußen belebt selbst das fadeste Gericht.

ESSIGE

Essig, gewöhnlich durch Gärung aus Reiskörnern gewonnen, wird von alters her in der chinesischen Küche eingesetzt. Verwendet wird Essig in Saucen, als Würze und um fade schmeckenden Gerichten etwas Pfiff zu geben.
Weißer Reisessig: Genau genommen kann die Farbe von klar über gelb bis zu einem hellen Goldbraun reichen. Es ist die schärfste Sorte – wenn auch nicht so scharf wie ein europäischer (destillierter) Essig – mit einem Geschmack, der an Weinessig erinnert.
Dunkler oder Gewürzessig: Er kann auf dem Etikett als brauner oder schwarzer Essig bezeichnet sein. Er ist dunkelbraun, von kräftigem Geschmack und wird, wie weißer Essig, mehr als Würze denn als Dip verwendet.
Roter Essig: Von heller Bernsteinfarbe, wird das würzige, milde Aroma des roten Essigs in Dips geschätzt. Er paßt im Wesen zu Meeresfrüchten und drängt sich nie vor, sondern gibt Speisen eine scharfe Fülle.
Süßer Essig: Ein dunkler, voller, sehr süß schmeckender Essig, aber mit einer Schärfe, die ihn für Schmorgerichte geeignet macht. In einem Gericht, das Frauen höchst zuträglich sein soll, wird er mit Ingwer gekocht.
Reiswein: Er gibt vielen chinesischen Gerichten Aroma. Man gibt ihn zu geschmorten, gedünsteten und pfannengerührten Gerichten. In chinesischen Geschäften wird im allgemeinen ein klarer, mild kochender Wein verkauft. Bei der Weinherstellung wird auch eine ungewöhnliche Zutat gewonnen, der „Weinbodensatz" oder fermentierte Reismaische (*hongzao*).

1. Sesamöl; 2. Chiliöl; 3. Erdnußöl; 4. roter Essig; 5. süßer Essig; 6. weißer Reisessig; 7. brauner/schwarzer Reisessig; 8. Reiswein; 9. dunkle Sojasauce; 10. helle Sojasauce; 11. dicke Sojasauce; 12. Chilipaste; 13. Pflaumensauce; 14. Garnelensauce; 15. Austernsauce

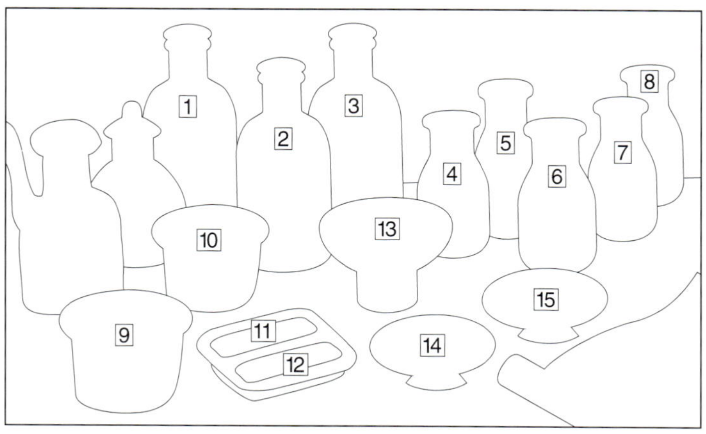

Links: Chung Yau Yuk Pai; rechts: Chiu Yim Yuk Lau

Chung Yau Yuk Pai

GEBRATENE SCHWEINEKOTELETTS MIT SCHALOTTENSAUCE

Dies hört sich wie ein westliches Gericht an, aber während man in Europa das Fleisch eher mit Salz und Zwiebeln würzt, kochen die Chinesen das Fleisch zusammen mit Gemüsen in einer Sauce. So kann der natürliche Geschmack des Koteletts voll zur Geltung kommen.

Für die Marinade:
1 EL helle Sojasauce
1 TL dunkle Sojasauce
1 TL Salz
2 TL Fünf-Gewürz-Pulver
2 TL chinesischer Reiswein
1 EL Maisstärke (Stärkemehl)
2 EL Wasser
Für die Sauce:
2 EL helle Sojasauce
1 TL Salz

1 TL Zucker
2 TL Maisstärke (Stärkemehl)
250 ml Hühnerbrühe (Suppenextrakt)
Für die Koteletts:
6 Schweinekoteletts, 1 cm dick
125 ml Erdnußöl
3 Schalotten, in Stücke von 5 cm geschnitten
6 Scheiben Ingwer
2-3 Tomaten, in Scheiben geschnitten

FÜR 4-6 PERSONEN

¶ Alle Zutaten für die Marinade verrühren.
¶ Alle Saucenzutaten gut vermischen.
¶ Die Koteletts leicht klopfen, damit sie weich werden, und 30 Minuten marinieren.
¶ 6 EL vom Öl in einer Bratpfanne erhitzen. Die Koteletts bei mittlerer Hitze drei Minuten auf beiden Seiten braten und herausnehmen.
¶ 2 EL vom Öl in einer anderen Pfanne erhitzen. Schalotten und Ingwer braten, bis sie leicht gebräunt sind. Die Sauce zugeben und verrühren. Die Koteletts zugeben, zudecken und bei mittlerer bis schwacher Hitze drei Minuten kochen.
¶ Die Tomaten auf einer Servierplatte anrichten. Die Koteletts auf die Platte legen und servieren.

CHIU YIM YUK LAU

GEBRATENES SCHWEINEFILET MIT PFEFFER UND SALZ

Das Geheimnis bei diesem Gericht ist das Fünf-Gewürz-Pulver. Der Zimtgeschmack im Pulver verbindet sich hier harmonisch mit den anderen Gewürzen.

Für die Marinade:
1 EL helle Sojasauce
1 TL dunkle Sojasauce
1 TL chinesischer Reiswein
1 TL Zucker
1 EL Maisstärke (Stärkemehl)
Für das Fleisch:
375 g Schweinefilet, in Würfel von 2,5 cm geschnitten
750 ml Erdnußöl
1½ TL Salz
¼ TL Fünf-Gewürz-Pulver
1 TL Pfeffer

FÜR 4 PERSONEN

¶ Alle Zutaten für die Marinade verrühren.
¶ Das Fleisch leicht klopfen, um es weich zu machen, und 30 Minuten marinieren.
¶ Das Öl in einer Pfanne erhitzen. Das Fleisch zugeben und bei mittlerer Hitze 1 Minute braten. Die Pfanne vom Feuer nehmen und das Fleisch 1 Minute im heißen Öl lassen, dann aus der Pfanne nehmen, aber das Öl nicht abgießen.
¶ Das Öl erhitzen, bis es zu rauchen beginnt. Das Fleisch 30 Sekunden braten, dann herausnehmen.
¶ Die Pfanne säubern und wieder erhitzen. Salz, Fünf-Gewürz-Pulver und Pfeffer zugeben. Das Fleisch zugeben und die Pfanne schwenken, um die Würfel gleichmäßig mit der Würze zu bedecken.

Rechts: Sze Tze Tou; links: Yuk Sown Sang Choi Bou

YUK SOWN SANG CHOI BOU

PFANNENGERÜHRTE SCHWEINSWÜRSTCHEN MIT KOPFSALATBLÄTTERN

Restaurantgäste in Hong Kong haben dieses Gericht vielleicht schon gegessen – ohne es zu wissen. Manche Restaurants verwenden oft etwas Schweinefleisch, um eine Portion Tauben oder Wachtelhack auf Kopfsalat aufzufüllen.

Für die Marinade:
1 TL helle Sojasauce
1/2 TL Zucker
1/2 TL Maisstärke (Stärkemehl)
1 TL chinesischer Reiswein
Für die Schweinswürstchen:
185 Schweinefilet, durchgedreht
1 Kopfsalat
2-3 EL Erdnußöl
2 kantonesische Schweinswürstchen, in Scheiben von 0,5 cm geschnitten
3 getrocknete schwarze Pilze, eingeweicht, abgetropft, Stiele entfernt und feingehackt
1 TL feingehackter Ingwer
1 TL feingehackter Knoblauch
125 g Bambussprossen, feingehackt
125 ml Hühnerbrühe (Suppenextrakt)
1 EL Austernsauce
1 TL helle Sojasauce
1/2 TL Maisstärke (Stärkemehl)
2 EL gehacktes Koriandergrün

FÜR 4-6 PERSONEN

❡ Alle Zutaten für die Marinade verrühren.
❡ Das Fleisch 15 Minuten marinieren.
❡ Salatblätter waschen und auf eine Platte legen.
❡ Das Öl in einem Wok erhitzen. Die Würstchen und Pilze bei schwacher Hitze eine Minute sautieren. Dann Ingwer, Knoblauch und Schweinehack zugeben. Bei schwacher Hitze eine Minute sautieren. Die Bambussprossen zugeben und bei mittlerer Hitze eine Minute pfannenrühren.
❡ Die Hitze auf stark stellen. Die Brühe, Austernsauce, Sojasauce und Maisstärke in einer Schüssel vermischen, in den Wok geben und rühren, bis die Flüssigkeit verdampft ist. Den Koriander zugeben und vermischen. Auf eine andere Servierplatte geben und mit den Salatblättern als Hüllen servieren.

SZE TZE TOU

GEBRATENE SCHWEINEFLEISCHKÜCHLEIN

Dank der knackigen Wassernüsse und Korianderblättchen sind dies keine gewöhnlichen Frikadellen. Wenn Sie jüdische oder islamische Speisevorschriften befolgen, können Sie das Rezept ohne weiteres mit Rindfleisch zubereiten.

250 g Schweinefilet, feingehackt
60 g Schweinespeck, feingehackt
60 g Wassernüsse, feingehackt
2 EL gehacktes Koriandergrün
1 TL Salz
1 1/2 TL Maisstärke (Stärkemehl)
1 1/2 EL Wasser
125 ml Erdnußöl
185 ml Hühnerbrühe (Suppenextrakt)
1 EL helle Sojasauce
1 TL Ketchup
1 TL Worcestersauce
1 TL chinesischer Reiswein
3/4 TL Maisstärke (Stärkemehl)
1 TL feingehackter Knoblauch
1 TL feingehackter Ingwer

FÜR 4-6 PERSONEN

❡ Fleisch, Speck, Wassernüsse und Koriander in eine Schüssel geben. Salz, Maisstärke und Wasser zugeben. Gut vermischen. 12 Küchlein formen.
❡ Das Öl in einem Wok erhitzen. Die Küchlein bei mittlerer bis schwacher Hitze braten, bis sie auf beiden Seiten leicht gebräunt sind. Die Küchlein aus dem Wok nehmen und abtropfen lassen.
❡ Brühe, Sojasauce, Ketchup, Worcestersauce, Maisstärke und chinesischen Reiswein vermischen.
❡ Das Öl bis auf 1-2 EL abgießen und den Wok wieder erhitzen. Knoblauch und Ingwer zugeben. Wenn es zu duften beginnt, die Brühenmischung zugießen und zum Kochen bringen. Die Küchlein wieder in den Wok geben und bei schwacher Hitze köcheln lassen, bis die Flüssigkeit fast verdampft ist. Dann auf eine Platte geben und servieren.

GEUNG CHONG NGAU LAU

RINDERFILET MIT INGWER UND SCHALOTTEN

Sie bekommen dieses Gericht in jedem Chop-suey-Restaurant der Welt. Ich habe jedoch für dieses Rezept eine besondere Sauce vorgesehen, die einen völlig anderen Geschmack ergibt.

Für die Marinade:
1 EL helle Sojasauce
2 TL Maisstärke (Stärkemehl)
1 TL Zucker
1 EL Erdnußöl
Für die Sauce:
1 EL helle Sojasauce
1 EL Austernsauce
125 ml Hühnerbrühe (Suppenextrakt)
2 TL Maisstärke (Stärkemehl)
1 TL chinesischer Reiswein
Für das Fleisch:
185 g Rinderfilet, dünn geschnitten
250 ml Erdnußöl
6-8 Scheiben Ingwer
3 Schalotten, in Stücke von 5 cm geschnitten

FÜR 2-4 PERSONEN

¶ Alle Zutaten für die Marinade verrühren.
¶ In einer anderen Schüssel alle Saucenzutaten gut vermischen.
¶ Das Fleisch 15 Minuten marinieren.
¶ Das Öl in einem Wok erhitzen. Das Fleisch zugeben, unter Rühren trennen und fünf Sekunden braten. Herausnehmen und abtropfen lassen.
¶ Das Öl bis auf 1-2 EL abgießen und den Wok wieder erhitzen. Ingwer und Schalotten zugeben und zehn Sekunden pfannenrühren. Das Fleisch wieder in den Wok geben und die Sauce zugießen. Zum Kochen bringen. Dann sofort auf eine Platte geben und servieren.

Links: Geung Chong Ngau Lau; rechts: Sze Chiu Ngau Yuk

SZE CHIU NGAU YUK

RINDERFILET MIT PAPRIKA UND SCHWARZER BOHNENSAUCE

Schwarze Bohnensauce macht jedes Gericht kräftiger und paßt gut zu den meisten Fleischsorten. Die Sauce selbst ist ein Beispiel für den Spruch „Not macht erfinderisch". Ohne Kühlmöglichkeiten mußten die Hausfrauen die schwarzen Bohnen unter der Erde aufbewahren, bis sie gärten. Heute sind diese salzigen Konservenbohnen bei jedem Lebensmittelhändler erhältlich.

Für die Marinade:
1 EL helle Sojasauce
1 TL Zucker
2 TL Maisstärke (Stärkemehl)
1 EL Erdnußöl
Für die Sauce:
1 EL helle Sojasauce
1 TL dunkle Sojasauce
1 TL chinesischer Reiswein
2 TL Maisstärke (Stärkemehl)
90 ml Wasser
Für das Fleisch:
185 g Rinderfilet, dünn geschnitten
250 ml Erdnußöl
1 rote Paprikaschote, in Quadrate von 2,5 cm geschnitten
1 grüne Paprikaschote, in Quadrate von 2,5 cm geschnitten
1 EL gehackter Knoblauch
2 EL fermentierte schwarze Bohnen, gehackt

FÜR 4 PERSONEN

¶ Alle Zutaten für die Marinade verrühren.
¶ In einer anderen Schüssel alle Saucenzutaten gut vermischen.
¶ Das Fleisch 15 Minuten marinieren.
¶ Das Öl in einem Wok erhitzen. Das Fleisch zugeben, rühren, damit es nicht zusammenklebt, und fünf Sekunden braten. Herausnehmen, abtropfen lassen und beiseite stellen.
¶ Das Öl bis auf 1-2 EL abgießen und den Wok wieder erhitzen. Paprika zugeben und zehn Sekunden pfannenrühren. Knoblauch und schwarze Bohnen zugeben. Anschließend die Sauce zugießen und zum Kochen bringen. Das Fleisch wieder in den Wok geben und fünf Sekunden pfannenrühren. Auf eine Platte geben und servieren.

JIN NGAU YUK PAN

GEBRATENE RINDERFRIKADELLEN

Das sind die chinesischen Hamburger – aber sie waren in China schon lange vor der „Erfindung" des Hamburgers bekannt. Die knusprigen Wassernüsse geben diesem Gericht zusätzlich Aroma und Biß.

Für die Marinade:
2 EL helle Sojasauce
2 TL Zucker
1 EL chinesischer Reiswein
1/2 EL Pfeffer
1 EL Maisstärke (Stärkemehl)
Für die Sauce:
2 EL helle Sojasauce
1 TL dunkle Sojasauce
1 TL Salz
1 TL Zucker
1 TL Gewürz- oder Weinessig
1 TL Pfeffer
1 EL chinesischer Reiswein
2 TL Maisstärke (Stärkemehl)
90 ml Hühnerbrühe (Suppenextrakt)
Für das Fleisch:
250 g Rinderhack
6 Wassernüsse, feingehackt
2 EL gehackte Schalotte (Frühlingszwiebel)
2 EL Erdnußöl

FÜR 4-6 PERSONEN

¶ Alle Zutaten für die Marinade verrühren.
¶ Alle Saucenzutaten mischen.
¶ Fleisch, Wassernüsse und Schalotten mit der Marinade mischen. Mit einer Gabel rühren, bis die Masse pappig wird. In zwölf Portionen teilen und 1 cm dicke Frikadellen formen.
¶ Das Öl in einem Wok erhitzen und die Frikadellen bei mittlerer Hitze braten, bis sie auf beiden Seiten gebräunt sind. Die Sauce zugießen und zum Kochen bringen. Dann die Frikadellen wenden und fünf Sekunden kochen.

DUN NGAU NAM

ZWEIMAL GEGARTE RINDERBRUST MIT ROTEN DATTELN UND INGWER

Dies ist ein sehr verbreitetes kantonesisches Rezept. Wir servieren dieses Gericht im Winter, da es den Organismus kräftigt: Die Datteln fördern den Kreislauf, der Ingwer spendet Wärme, die Orange erleichtert das Atmen.

750 g Rinderbrust, ohne Knochen, in Stücke geschnitten
3 l kaltes Wasser
6 chinesische rote Datteln, entkernt
6 Scheiben Ingwer
1 Stück getrocknete Orangenschale, etwa 5 cm im Quadrat
1 EL chinesischer Reiswein
1 TL Salz
1 l kochendes Wasser

Links: Jin Ngau Yuk Pan; rechts: Dun Ngau Nam

FÜR 4-6 PERSONEN

¶ Das Fleisch in einen Topf mit kaltem Wasser geben. Zum Kochen bringen und acht bis zehn Minuten weiterkochen. Das Fleisch herausnehmen, abtropfen lassen, abspülen und mit allen übrigen Zutaten in eine Schüssel geben. Vorsichtig das kochende Wasser zugießen und zudecken.

¶ Das übrige kalte Wasser in einem Wok zum Kochen bringen. Einen Dämpfeinsatz in die Mitte setzen und die Schüssel mit dem Fleisch daraufstellen.

¶ Zudecken und bei mittlerer bis schwacher Hitze drei Stunden dämpfen. Wenn das Wasser im Wok verdampft, kochendes Wasser zugießen.

¶ Auf Suppenschalen verteilen und servieren.

CHAU NGAU LAU LUP

RINDERFILET MIT GERÖSTETEN ERDNÜSSEN

Dies ist eines meiner Lieblingsgerichte: Es ist leicht zuzubereiten, und der Kontrast zwischen dem Rindfleisch und den Erdnüssen ist geradezu unwiderstehlich.

Für die Marinade:
1 TL Salz
1 TL Zucker
1 TL gemahlener Sichuan-Pfeffer
1½ TL Maisstärke (Stärkemehl)
1 EL Wasser
Für das Fleisch:
315 g Rinderfilet, in Würfel von 1 cm geschnitten
500 ml Erdnußöl
1 rote Paprikaschote, in Quadrate von 1 cm geschnitten
1 grüne Paprikaschote, in Quadrate von 1 cm geschnitten
1 TL gehackter Knoblauch
1 TL gehackter Ingwer
1 EL scharfe Puffbohnenpaste
1 EL Austernsauce
1 TL Chiliöl (wahlweise)
1 TL Zucker
1½ TL Maisstärke (Stärkemehl)
60 ml Hühnerbrühe (Suppenextrakt)
1 TL chinesischer Reiswein
125 g geröstete Erdnüsse oder Mandeln

FÜR 4-6 PERSONEN

❡ Alle Zutaten für die Marinade verrühren.
❡ Das Fleisch 15 Minuten marinieren.
❡ Das Öl in einem Wok erhitzen. Paprika eine Minute braten, dann aus dem Wok nehmen, abtropfen lassen und beiseite stellen.
❡ Im selben Öl das Fleisch braten. Sobald es die Farbe verändert, herausnehmen.
❡ Das Öl bis auf 2-3 EL abgießen und den Wok wieder erhitzen. Knoblauch und Ingwer zugeben und die Paprikastücke wieder in den Wok geben. Anschließend die Puffbohnenpaste zugeben und bei mittlerer bis schwacher Hitze 30 Sekunden pfannenrühren. Das Fleisch wieder hineingeben und bei starker Hitze 30 Sekunden pfannenrühren.
❡ Austernsauce, Chiliöl, Zucker, Maisstärke sowie Brühe in einer Schüssel mischen und in den Wok gießen. Bei starker Hitze 45 Sekunden rühren. Wein und Nüsse zugeben und gut umrühren.

SHEUNG DONG NGAU LAU

PFANNENGERÜHRTES RINDFLEISCH MIT BAMBUSSPROSSEN UND SCHWARZEN PILZEN

Dieses Gericht aus zartem Rindfleisch, ergänzt von frischem Bambus, ist in ganz China beliebt.

Für die Marinade:
1 TL Salz
1 TL Zucker
½ TL Pfeffer
1½ TL Maisstärke (Stärkemehl)
1 EL Wasser

Links: Chau Ngau Lau Lup; rechts: Sheung Dong Ngau Lau

Schlangenfleisch genießt man als wärmende Suppe

EXOTICA

Schlemmerei an einem Ende der sozioökonomischen Skala wie Entbehrung am anderen haben die Chinesen über die Jahrhunderte veranlaßt, jeden möglichen Weg auf der Suche nach Eßbarem zu verfolgen.

„Exotica" wie Frösche, kleine Eidechsen und Vögel sind heute jedoch auf bestimmte ländliche Gegenden und Spezialitätenrestaurants beschränkt.

Bärentatze ißt man noch verbreitet in der Mandschurei, wo es relativ viele Schwarzbären gibt. Aber außerhalb Nordchinas ist der Bär, gelinde gesagt, eine gefährdete Art.

Als wärmende Speise wird Schlange in China meist im Herbst und Winter gegessen, auch wegen ihrer gesundheitsfördernden Eigenschaften. Aber Schlangenfleisch ist in vielen Teilen Chinas so beliebt, daß man es das ganze Jahr über kaufen kann.

In Hong Kong merkt man leicht, wann die Schlangensaison bevorsteht. Riesige bunte Plakate erscheinen über den Restauranteingängen, dann folgen Stapel von Drahtkäfigen, in denen es von lebenden Schlangen wimmelt. Die Gäste können sich ihre Schlange selbst auswählen.

Die Vorbereitung ist ein Ritual. Zuerst wird der Bauch aufgeschnitten, um den Gallengang herauszulösen; sein jadegrüner Inhalt kommt in ein winziges Weinglas und wird als Allheilmittel für eine endlose Liste von Leiden in einem Zug getrunken. Dann wird das Blut in einem anderen Glas aufgefangen, wenn nämlich der Gast ein besonders wärmendes Erlebnis wünscht. Einige wenige Hiebe mit dem Küchenbeil, und das Fleisch ist vom Skelett gelöst, um für die „Drachen/Phönix/Tiger"-Suppe geschnetzelt zu werden; das ist eine Brühe, die mit Schlange, großen Brocken Huhn und dem Fleisch einer eßbaren Wildkatze bereitet wird. Eine nahrhafte Suppe wird mit Hühnerbrühe, dünnen Streifen von Huhn, Schlange und *jin hwa*-Schinken, schwarzen Pilzen, Fischschwimmblase und Bambussprossen zubereitet. In Macao servieren mehrere „Millionärsrestaurants" Suppenschalen, die beinahe voll mit Kobrafleisch sind, zu dem es Schalen mit weißen Chrysanthemenblättern, feingeschnittenen Limonenblättern und knusprigen Brezeln gibt.

Für das Fleisch:

250 g Rinderfilet, in 2,5 cm dicke Stücke geschnitten
6 schwarze Pilze, 30 Minuten in Wasser eingeweicht, abgetropft und Stiele entfernt
1 TL Zucker
¼ TL Salz
250 ml Erdnußöl
125 g Bambussprossen, aufgeschnitten
1 TL feingehackter Ingwer
1 TL feingehackter Knoblauch
2 Schalotten, in lange Stücke geschnitten
250 ml Hühnerbrühe (Suppenextrakt)
1 EL Austernsauce
1 EL helle Sojasauce
½ TL Sesamöl
1½ TL Maisstärke (Stärkemehl)
1 TL chinesischer Reiswein

FÜR 4-6 PERSONEN

¶ Alle Zutaten für die Marinade verrühren.
¶ Das Fleisch 15 Minuten marinieren.
¶ Die Pilze mit Zucker, Salz und 1 EL vom Öl in eine Schüssel geben. Die Schüssel auf einen Dämpfeinsatz über kochendes Wasser stellen und 15 Minuten dämpfen, dann herausnehmen.
¶ Die Bambussprossen mit etwas Öl in einer Pfanne bei mittlerer Hitze eine Minute sautieren. Herausnehmen und beiseite stellen.
¶ Das restliche Öl in einem Wok erhitzen, das Fleisch zugeben und unter Rühren trennen. Sobald das Fleisch die Farbe verändert, aus dem Wok nehmen und abtropfen lassen.
¶ Das Öl bis auf 2-3 EL abgießen und den Wok wieder erhitzen. Ingwer, Knoblauch und Schalotten zugeben. Anschließend das Fleisch, die Pilze (mit angesammelter Flüssigkeit) und die Bambussprossen zugeben.
¶ Brühe, Austernsauce, Sojasauce, Sesamöl und Maisstärke in einer Schüssel verrühren und in den Wok gießen. Anschließend bei starker Hitze eine Minute pfannenrühren. Den Wein zugeben und servieren.

Schweinefleisch

Als europäische Missionare im 19. Jahrhundert die Eßgewohnheiten der Chinesen untersuchten, entdeckten sie, daß die Kantonesen praktisch jedes Stück des Schweins aßen. „Es wurde alles verzehrt", bemerkte ein anonymer Aphoristiker, „bis auf das Quieken". Tatsächlich verwenden die Chinesen außer dem Fleisch (plus Füße, Zunge, Organe, Schwanz und Innereien) die Haut für Leder, das Haar für Tuschpinsel und das Fett als Schmiermittel.

Schweinefleisch wird in Chinas ausgefallensten Rezepten ebenso verwendet wie in den einfachsten, denn es ist nicht nur wirtschaftlich zu erzeugen, sondern hat auch einen milden Geschmack, der sich gut mit einer endlosen Vielfalt von Gemüsen und Gewürzen verbindet. Chinesische Köche schneiden selten das Fett weg, da sie die Schwere mögen, die dieses in ein Essen bringt. Das fällt besonders bei den vielen geschmorten Gerichten auf, etwa bei dem berühmten *so tung po*, bei dem das Fleisch langsam gegart wird, meist mit Sojasauce und oft mit Kohl, bis es so zart ist, daß es auf der Zunge zergeht.

Für pfannengerührte Gerichte, bei denen das Fleisch fein geschnetzelt wird, ist **Schweinefilet** die erste Wahl. Aber für etwas länger gekochte Gerichte wird **Schweinebauch** bevorzugt. Eine beliebte Zubereitungsart für **Schweinekoteletts** ist, sie zu braten und mit einem duftenden „Pfeffer-Salz"-Dip zu servieren.

Schweinerippchen, mit schwarzen Bohnen, Chili und Knoblauch geschmort, sind Leckerbissen von der *dim sum*-Karte.

Schweinehack dient als Füllung für viele Teigtaschen und wird zu den dicken Fleischbällchen geformt, die man „Löwenköpfe" nennt.

Nichts bleibt ungenutzt: **Schweinsfüße** sind ein wichtiges Geschmackselement in jeder deftigen Brühe, und sie werden auch ohne Knochen, und zwar als Füllung für eine Art Wurst verwendet; **Nasen, Ohren** und **Schwänze** sind, mariniert und gesotten oder gegrillt, knusprige Snacks; **Nieren** schwimmen feingeschnitten in *congee* oder in einer Suppe; mit dem **Flomen** (Bauchspeck) wickelt man schmackhafte Stücke zum Grillen oder Dämpfen ein; das **Blut** kann geronnen in Suppen Verwendung finden.

Nicht vergessen darf man das gebratene **Spanferkel,** den Glanzpunkt jedes kantonesischen Festessens. Die Schwarte, hell und knusprig wie Knäckebrot, wird zuerst mit einer dicken süß-pikanten braunen Sauce gegessen. Erst wenn das letzte Restchen Schwarte ergattert ist, wird das Fleisch zum Essen aufgeschnitten.

1. Schweinerippchen; 2. Schweinelende; 3. Schweinshachsen; 4. Schweinelende; 5. Schweinehack; 6. Kaldaunen; 7. Flomen; 8. Schweinenieren; 9. geschnetzeltes Schweinefleisch; 10. Schweinebauch; 11. Schweinekoteletts; 12. Schweineschulter; 13. Schweinehüfte

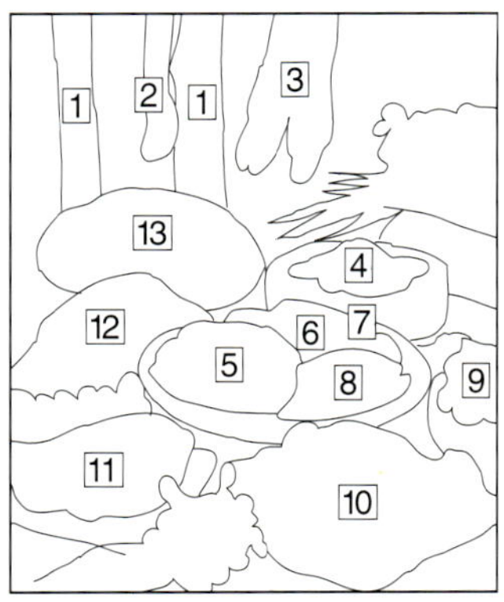

LO PAK NGAU NAM

GESCHMORTE RINDERBRUST MIT RÜBEN

Rinderbrust ist in ganz China beliebt. Nach einigen Stunden Köcheln zergeht das Fleisch tatsächlich auf der Zunge. Knoblauch, Ingwer und Koriandergrün geben diesem Gericht ein lebhaftes Aroma.

500 g Rinderbrust, ohne Knochen, in Würfel geschnitten
500 g Rüben, in Würfel geschnitten
2-3 EL Erdnußöl
3 Knoblauchzehen, zerdrückt
6 Scheiben Ingwer
125 g Lauch, in Stücke von 4 cm geschnitten
1 EL Sojabohnenpaste
1 l Wasser
1 EL Austernsauce
1 EL gehacktes Koriandergrün

FÜR 4-6 PERSONEN

¶ In einem großen Topf die Fleischwürfel in kochendem Wasser fünf Minuten blanchieren.
¶ Die Rüben in kochendem Wasser fünf Minuten blanchieren. Einen Wok erhitzen und das Fleisch sautieren, bis es leicht gebräunt ist.
¶ Das Öl im Wok erhitzen. Knoblauch, Ingwer und Lauch zugeben. Anschließend die Sojabohnenpaste zugeben. Das Fleisch wieder in den Wok geben und bei mittlerer Hitze zwei Minuten rühren.
¶ Das Fleisch, das Wasser und die Austernsauce in einen großen Topf geben. Zum Kochen bringen. Bei schwacher Hitze 2 Stunden köcheln lassen. Die Rüben zugeben und 30 Minuten köcheln lassen. Mit Koriandergrün bestreuen und servieren.

O.: Lo Pak Ngau Nam; u.: Gone Chau Ngau Yuk Sze

SICHUAN-PFEFFER

Das wichtigste einheimische Gewürz der Provinz ist eigentlich kein Pfeffer, sondern der aromatische, kleine, rotbraune Samen eines Gelbholzbaums. Der Sichuan-Pfeffer (faa jiu) hat zwar nicht den „Pep" von Chili, kann aber dennoch die Lippen taub machen. Mit Sichuan-Pfeffer wird ein ungewöhnlicher Dip bereitet; dazu werden die Körner mit Mörser und Stößel zerdrückt, dann brät man die Paste mit etwas Salz leicht in einer Pfanne und rührt sie dabei, damit sie nicht anbrennt. Dieser Dip kann zu gegrillten und gebratenen Gerichten gereicht und in Marinaden verwendet werden.

GONE CHAU NGAU YUK SZE

KNUSPRIGES RINDERGESCHNETZELTES MIT CHILI

Dies ist ein Gericht aus Sichuan, wo Fritieren und scharfe Chilischoten üblich sind. Beachten Sie unbedingt die letzte Anweisung: Geben Sie den Wein im letzten Moment dazu.

315 g Rinderfilet, geschnetzelt
1 TL Salz
1 TL Zucker
1/2 geschlagenes Ei
1 1/2 EL Maisstärke (Stärkemehl)
750 ml Erdnußöl
1 rote Chilischote, in dünne Streifen geschnitten
3 Knoblauchzehen, in dünne Scheiben geschnitten
1 TL chinesischer Reiswein
1 EL gehacktes Koriandergrün
Für die Sauce:
1 EL helle Sojasauce
1 1/2 TL Zucker
1 TL Gewürz- oder Weinessig
1-2 TL Chiliöl
6 EL Hühnerbrühe (Suppenextrakt)

FÜR 4-6 PERSONEN

¶ Das Fleisch mit Salz, Zucker und Ei vermischen und 15 Minuten ziehen lassen. Die Maisstärke direkt vor dem Braten unterrühren.
¶ Das Öl im Wok erhitzen. Chili und Knoblauch 30 Sekunden fritieren und aus dem Wok nehmen.
¶ Das Fleisch in den Wok geben und fritieren, bis es leicht gebräunt ist, dann aus dem Wok nehmen.
¶ Das Öl bis auf 2-3 EL abgießen und den Wok wieder erhitzen. Fleisch, Chili und Knoblauch zugeben. Die Saucenzutaten in einer Schüssel mischen und in den Wok gießen. Bei starker Hitze 30 Sekunden pfannenrühren. Dann den Wein zugeben. Mit Koriander bestreuen und servieren.

Links: Kun Choi Ngau Yuk; rechts: Ngan Ngar Satay Ngau

Ngan Ngar Satay Ngau

RINDERFILET IN SATAYSAUCE MIT BOHNENSPROSSEN

Sataysauce ist kaum neu in der chinesischen Küche – wenigstens nicht für die Menschen in Teochiu, woher dieses Rezept stammt. Vor hunderten von Jahren segelten sie nach Indonesien, um Handel zu treiben, und brachten das Rezept für diese schmackhafte Sauce mit, die aus Erdnüssen, Chili, Sesamkörnern und Lauchzwiebeln bereitet wird. Erdnüsse gab es schon im alten China; Funde bei einer archäologischen Grabung (bei Xi'an 1993) haben bewiesen, daß diese Früchte dort seit dem 2. Jahrhundert v.Chr. bekannt sind.

Für die Marinade:
1 EL helle Sojasauce
1 TL Zucker
2 TL Maisstärke (Stärkemehl)
1 EL Erdnußöl
Für die Sauce:
2 EL Sataysauce
1 EL helle Sojasauce
1 TL chinesischer Reiswein
90 ml Hühnerbrühe (Suppenextrakt)
Für das Fleisch:
185 g Rinderfilet, dünn geschnitten
250 ml Erdnußöl
1 l Wasser

250 Bohnensprossen
1 EL gehackte Schalotten (Frühlingszwiebeln)
1 TL entkernte und gehackte rote Chilischote

FÜR 2 PERSONEN

❡ Alle Zutaten für die Marinade verrühren.
❡ Alle Saucenzutaten gut vermischen.
❡ Das Fleisch 15 Minuten marinieren.
❡ 2 EL vom Öl aufheben. Das übrige Öl in einer Pfanne erhitzen. Das Fleisch zugeben, unter Rühren trennen und fünf Sekunden braten.
❡ Das Wasser in einem großen Topf schnell zum Kochen bringen. Die Bohnensprossen hineingeben und eine Minute kochen. Dann servieren.
❡ Das aufgehobene Öl in einem Wok erhitzen. Schalotten und Chili zugeben. Die Sauce zugießen und zum Kochen bringen. Dann das Fleisch zugeben und fünf Sekunden pfannenrühren.
❡ Über die Bohnensprossen gießen und servieren.

KUN CHOI NGAU YUK

PFANNENGERÜHRTES RINDFLEISCH MIT SELLERIE

Heutzutage essen die Chinesen Sellerie, weil er den Blutdruck senkt. Aber ursprünglich wurde er als ein wegen seiner Schärfe beliebtes Gewürz verwendet. Er verträgt sich gut mit Rindfleisch und gibt diesem zusätzlichen Reiz.

Für die Marinade:
1 EL helle Sojasauce
1 TL Zucker
1 TL Salz
½ TL Pfeffer
2 TL chinesischer Reiswein
2 TL Maisstärke (Stärkemehl)
2 EL Wasser
2 EL Erdnußöl
Für das Fleisch:
250 g Rumpsteak, in 5 cm lange Streifen geschnitten
250 ml Erdnußöl
185 g Sellerie, in 5 cm lange Streifen geschnitten
4-5 Scheiben Ingwer
2 TL gehackter Knoblauch
Für die Sauce:
2 EL helle Sojasauce
1 EL Austernsauce
1 EL chinesischer Reiswein
2 TL Maisstärke (Stärkemehl)
1 TL Sesamöl
90 ml Hühnerbrühe (Suppenextrakt)

FÜR 4 PERSONEN

❡ Alle Zutaten für die Marinade verrühren.
❡ Das Fleisch 15 Minuten marinieren.
❡ 1-2 EL Öl im Wok erhitzen und den Sellerie eine Minute rühren, dann abtropfen lassen.
❡ Das restliche Öl im Wok erhitzen. Das Fleisch zugeben, rühren, damit es nicht anhängt, und zehn Sekunden braten. Das Fleisch aus dem Wok nehmen, abtropfen lassen und beiseite stellen.
❡ Das Öl bis auf 1-2 EL abgießen und den Wok wieder erhitzen. Ingwer und Knoblauch zugeben. Fleisch und Sellerie wieder in den Wok geben und 15 Sekunden pfannenrühren. Die Saucenzutaten zugeben und umrühren. Dann servieren.

GAR LAI YEUNG YUK

PFANNENGERÜHRTES LAMM MIT ZWIEBELN IN LEICHTER CURRYSAUCE

Curry ist eine ostindische Erfindung, doch verwenden auch die Chinesen seit fast 200 Jahren eine Art Currysauce. Chinesischer Curry ist nicht sehr scharf, gibt dem Gericht aber ein ungewöhnliches Aroma.

Für die Marinade:
1 EL helle Sojasauce
1 TL Salz
1 TL Zucker
1 TL chinesischer Reiswein
2 TL Maisstärke (Stärkemehl)
Für das Lamm:
185 g Lammfilet, in Streifen geschnitten
1 EL helle Sojasauce
1 TL Salz
2 TL Zucker
250 ml Hühnerbrühe (Suppenextrakt)
2 TL Maisstärke (Stärkemehl)
250 ml Erdnußöl
2 Zwiebeln, halbiert, dann kleingeschnitten
1 EL gehackter Knoblauch
1 rote Chilischote, entkernt und kleingeschnitten
2 EL Currypaste
1 TL chinesischer Reiswein
1 EL Koriandergrün, gehackt

FÜR 4 PERSONEN

Oben: Chiu Yim Yeung Lau; unten: Gar Lai Yeung Yuk

¶ Alle Zutaten für die Marinade verrühren.
¶ Das Fleisch 15 Minuten marinieren.
¶ Sojasauce, Salz, Zucker, Hühnerbrühe und Maisstärke in einer Schüssel gut vermischen.
¶ Das Öl in einem Wok erhitzen. Das Fleisch zugeben und rühren, damit es nicht anbackt; wenn es weiß wird, herausnehmen.
¶ Das Öl bis auf 2-3 EL abgießen und den Wok wieder erhitzen. Die Zwiebeln pfannenrühren, bis sie glasig sind. Knoblauch, Chili und Currypaste zugeben und gut verrühren. Sojasauce in die Mischung einrühren und zum Kochen bringen. Das Fleisch wieder in den Wok geben und bei starker Hitze 30 Sekunden kochen, dabei ständig rühren. Den Wein zugeben und mit Koriander bestreuen.

CHIU YIM YEUNG LAU

GEBRATENES LAMMFILET MIT PFEFFERSALZ

Kein sparsamer chinesischer Haushalt würde nur wegen des Filets ein Lamm opfern, wenn man später dafür ein richtiges Hammelgericht bekommen kann. Aber ich meine, Lamm ist das köstlichste Fleisch und das Opfer wert.

Für die Marinade:
1 TL Salz
1 TL Zucker
1 TL Pfeffer
1 TL Sesamöl
1 TL chinesischer Reiswein
1 EL Maisstärke (Stärkemehl)
1 EL Wasser
Für das Fleisch:
500 g Lammfilet, in Würfel von 2,5 cm geschnitten
750 ml Erdnußöl
Für das Pfeffersalz:
2 EL Salz
1 EL Sichuan-Pfefferkörner

FÜR 4-6 PERSONEN

¶ Alle Zutaten für die Marinade verrühren.
¶ Das Lamm 30 Minuten marinieren.
¶ Das Öl in einem Wok sehr stark erhitzen. Das Fleisch zugeben und auf mittlere Hitze zurückschalten. ein bis zwei Minuten braten. Auf eine Servierplatte geben und mit dem Pfeffersalz servieren.
¶ Für das Pfeffersalz: Einen Wok erhitzen, das Salz hineingeben und bei schwacher Hitze 30 Sekunden sautieren. Die Pfefferkörner zugeben und eine Minute sautieren. Dann das Salz sieben, um die Pfefferkörner zu entfernen.

Rindfleisch

Mit dem Rindfleisch hat es in China eine eigenartige Bewandtnis: Es wird als relativer Luxus angesehen und dennoch nicht so hoch geschätzt wie andere Fleischsorten. Tatsächlich waren Rinder traditionell als Arbeitstiere bekannt – der Wert ihrer Muskeln war ihre Stärke, nicht der Geschmack. Folglich wurden Rinder zum Verzehr erst geschlachtet, wenn sie zum Arbeiten zu alt waren, also war das Fleisch zäh. Die erfinderischen Chinesen lösten das Problem, indem sie Rindfleisch marinierten, um es zarter und schmackhafter zu machen, oder es zum schnellen Kochen fein schnetzelten. Auch langsames Köcheln oder „Rotschmoren“ (Schmoren in Sojasauce) wendeten sie für Stücke wie **Hachse, Dünnung** und **Nacken** an. In Nordchina, in der Provinz Xinjiang, wird mit Gewürzen und Soja gekochtes Bruststück sehr geschätzt. Zarte **Fleischbällchen,** mit Limone oder Koriandergrün gewürzt, sind ein beliebtes gedämpftes *dim sum*. Der sparsame chinesische Koch findet an den überraschendsten Stellen etwas Köstliches. So werden **Rückenmark** und **Rinderflechsen** wegen der teils weichen, teils bißfesten Struktur geschätzt. Man kocht sie langsam, etwa so wie Kutteln, die sich großer Beliebtheit in *yum cha*-Restaurants erfreuen, mit einer Reihe von Gewürzen und Ingwer, um den etwas unangenehmen Geruch zu überdecken.

Die Chinesen haben auch eine Vorliebe für knusprige, trockene Gewebe und kochen zwei sehr beliebte Gerichte auf diese Weise. In Sichuan kocht man dünn geschnittenes Rindfleisch mit duftendem Pfeffer, getrockneter Zitrusschale und Chilischoten, damit es knusprig wird; ein klassisches kaiserliches Gericht enthält feine Streifen Rindfleisch, die gebraten, mariniert und noch einmal mit Honig und Karottenstreifen gebraten werden, bis jede Faser kandiert ist, knusprig zu beißen, aber dennoch irgendwie äußerst zart. Als alltäglicheres Gericht werden Rindfleischstücke mit Brokkoli pfannengerührt und über flachen Reisbandnudeln in einem Dressing aus Austernsauce serviert. Bei solchen Gerichten trägt geschickter Umgang mit dem Küchenbeil dazu bei, die Scheiben hauchdünn zu schneiden, damit sie zart werden. Und Zartheit ist das Wichtigste bei Rindfleisch. Der chinesische Koch mariniert das Fleisch viele Stunden mit Wein, Zucker, Sojasauce und wählt natürliche Weichmacher, damit das Rindfleisch auf der Zunge zergeht.

1. Kutteln; 2. Rinderflechsen; 3. Rinderlende; 4. Dünnung; 5. Hachse; 6. Steak zum Pfannenrühren; 7. Steak zum Schmoren

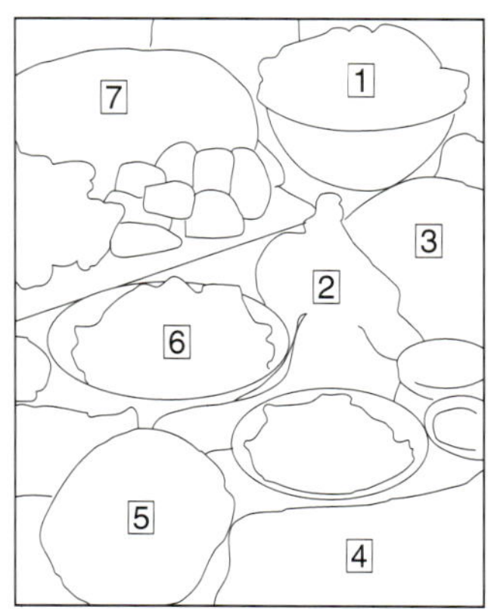

Links: Chung Bou Yeung Yuk; rechts Chee Chuk Yeung Tui

Chung Bou Yeung Yuk

KURZGEBRATENE LAMMSTÜCKCHEN MIT LAUCH

„Explosiv braten" ist ein Ausdruck in Beijing, der im Grunde die gleiche Bedeutung hat wie „schnelles Pfannenrühren" in Kanton. Man schneidet das Lammfleisch in dünne Stücke, stellt auf stärkste Hitze, und ehe man sich versieht, ist das Fleisch gar – „Fast-food" auf Chinesisch!

Für die Marinade:
1 EL helle Sojasauce
1 TL dunkle Sojasauce
1 TL Salz
3-4 EL Wasser

1 TL Zucker
½ TL Sesamöl
½ TL schwarzer Pfeffer
2 TL chinesischer Reiswein
2 TL Maisstärke (Stärkemehl)
Für das Fleisch:
185 g Lammfilet, in 0,5 cm dünne Stückchen geschnitten
4-5 EL Erdnußöl
2 mittelgroße Stangen Lauch, in dünne Ringe geschnitten
1 TL Salz
60 ml Wasser
2 TL gehackter Knoblauch

FÜR 4-6 PERSONEN

¶ Alle Zutaten für die Marinade verrühren.
¶ Die Lammstücke 15 Minuten marinieren.
¶ 1 EL vom Öl in einem Wok erhitzen. Den Lauch mit Salz und Wasser 1½ Minuten pfannenrühren, dann beiseite stellen. Den Wok säubern.
¶ Das restliche Öl im Wok sehr stark erhitzen. Fleisch und Knoblauch zugeben und bei starker Hitze 5 Sekunden schnell rühren.
¶ Den Lauch in den Wok geben, gut umrühren und servieren.

CHEE CHUK YEUNG TUI

GESCHMORTE HAMMELKEULE MIT TOFUSTANGEN

Hammel ist in Südchina ziemlich selten. Aber im Winter gibt er ein wärmendes Schmorgericht ab. In diesem Rezept erfüllen die getrockneten Tofustangen zwei Zwecke: Sie nehmen das Aroma der Sauce auf und bringen Biß hinein.

Für die Sauce:
2 EL Sojabohnenpaste
1 EL Austernsauce
1 TL Salz
1 TL Zucker
2 TL chinesischer Reiswein
Für das Fleisch:
750 g Hammelkeulensteak, in Stücke geschnitten
3-4 EL Erdnußöl
1 EL gehackter Knoblauch
6 Scheiben Ingwer
3 getrocknete Tofustangen
6 getrocknete schwarze Pilze, Stiele entfernt, 1 Stunde in Wasser eingeweicht und abgetropft

FÜR 4-6 PERSONEN

¶ Alle Saucenzutaten gut vermischen.
¶ Das Fleisch in einen Topf geben und mit Wasser bedecken. Zum Kochen bringen und 2 Minuten weiterkochen. Das Fleisch aus dem Wasser nehmen und abspülen.
¶ Das Öl in einem Wok oder einer Bratpfanne erhitzen. Knoblauch, Ingwer, Sauce, Tofustangen und Fleisch zugeben. eine Minute pfannenrühren; dann Wasser zugießen, so daß es 2,5 cm über den Zutaten steht, und eine Stunde köcheln lassen. Die Pilze zugeben und 15 Minuten kochen.

Hängend: Schweins- und Leberwürste lap cheong; *rote gegrillte Schweinefleischstreifen* cha siu; *getrocknete Schweinefleischstreifen; unten rechts: flachgedrücktes süßes, getrocknetes Schweinefleisch und gewürztes Rinderdörrfleisch*

Chinesische Delikatessen

CHINESISCHER SCHINKEN

Die Chinesen lieben haltbar gemachtes Schweinefleisch. Schinken aus der Provinz Yunnan wird von vielen als der beste in China betrachtet, aber *jin hwa* aus einem ländlichen Bezirk nördlich von Shanghai macht ihm als Schinken von herausragender Qualität den Rang streitig. Chinesischer Schinken ist fest und eher trocken, vergleichbar mit italienischem Parmaschinken oder spanischem *jamon.* Man verwendet ihn als Geschmacksverstärker, gehackt für Suppen, in Scheiben für Schmortöpfe oder in dünnen Streifen als Garnierung für Gemüse. Zwei der berühmtesten Gerichte Chinas beruhen auf Schinken: *Chin hwa yu shu chi* sind Scheiben von Hühnerfleisch mit Schinkenscheiben und Chinakohl geschichtet und in einer klaren Sauce schwimmend. Yunnan-Schinken wird am Stück gedünstet, mit Sirup und Reiswein als Gegengewicht zur Salzigkeit glasiert, dünn geschnitten und saftig mit dicken weißen Stücken gedünsteten Brotes serviert.

CHINESISCHE WÜRSTE

Chinesische Schweinswürste werden in den meisten chinesischen Metzgereien verkauft, wo man sie gewöhnlich an Ketten hängen sieht – vor der Tür im Wind, um den Trocknungsprozeß zu vollenden. *Lap cheong,* wie sie heißen, gibt es in mehreren Sorten: Am häufigsten ist eine rotbraune, etwas schrumplige und trocken aussehende dünne Wurst aus durchgedrehtem Schweinefleisch, Schweinespeck und Gewürzen. Dank ihrer ausgeprägten Milde eignet sie sich sehr gut für Füllungen, als Belag für Brötchen und, in Reisgerichte geschnitten, für *congee.* Eine andere Sorte enthält Leber, die sie dunkler und schmackhafter macht. Auch Entenfleisch und Entenleber werden für eine Wurst mit kräftigem Geschmack verwendet, die in Suppen ausgezeichnet ist.

CHA SIU

Streifen von Schweinelende, in einer Mischung aus Sojasauce, Zucker und Gewürzen mariniert, werden oft bei starker Hitze gebraten oder gegrillt und ergeben das für Kanton typische braungesprenkelte, glänzende *cha siu.* Süß und zart, ist es unverzichtbar, um es für eine schnelle Mahlzeit über Reis zu schneiden, in Suppen zu geben, auf eingelegte Gemüse zu häufen oder als süße Füllung für das beliebte *cha siu bao* zu verwenden.

GETROCKNETES UND HALTBAR GEMACHTES SCHWEINEFLEISCH

Schweinebauchstreifen werden manchmal luftgetrocknet, um damit Suppen und Schmorgerichte zu würzen. Mariniert, gesüßt, mit Walzen flachgedrückt und dann zu hauchdünnen Quadraten getrocknet, ist Schweinedörrfleisch ein schmackhafter Snack. Ebenso verarbeitet man Rindfleisch, dessen klebrige Oberfläche man mit Sesamkörnern oder Chiliflocken bestreut.

CHUEN JUP YEUNG PAI

GEBRATENE LAMM-MEDAILLONS MIT SICHUAN-SAUCE

An dieser Stelle muß ich etwas gestehen: Ich bin eigentlich Kantonese, und Kantonesen mögen angeblich kein Lamm; aber ich liebe es und sehe keinen Grund, es nur in Rezepten aus Norchina zu verwenden. Also habe ich einige Original-Lammrezepte entwickelt, die Sie im Süden Chinas niemals finden würden. Wenn Sie einem kantonesischen Koch erzählen wollten, Sie hätten ein südchinesisches Lammrezept, würde er sogar denken, Sie wollten ihn hinters Licht führen!

Für die Marinade:
1½ TL helle Sojasauce
1½ TL dunkle Sojasauce
1½ TL Zucker
1½ TL Sichuan-Pfeffer, gemahlen
2 TL Maisstärke (Stärkemehl)
Für das Fleisch:
375 g Lammfilet, 1 cm dick geschnitten und leicht geklopft zum Weichmachen
3-4 EL Erdnußöl
2 Knoblauchzehen, gehackt
1 rote Chilischote, entkernt und gehackt
1 EL scharfe Puffbohnensauce
1 EL helle Sojasauce
2 TL Zucker
1 TL Gewürz- oder Apfelessig
2 TL chinesischer Reiswein
2 TL Maisstärke (Stärkemehl)
250 ml Hühnerbrühe (Suppenextrakt)

FÜR 4 PERSONEN

¶ Alle Zutaten für die Marinade verrühren.
¶ Das Fleisch 30 Minuten marinieren.
¶ Das Öl in einem Wok erhitzen und das Fleisch braten, bis es auf beiden Seiten leicht gebräunt ist. Das Fleisch aus dem Wok nehmen, abtropfen lassen und beiseite stellen.
¶ Den Wok mit dem Öl wieder erhitzen und Knoblauch, Chili und scharfe Puffbohnenpaste zugeben. Gut verrühren.
¶ Alle übrigen Zutaten zugeben und unter Rühren zum Kochen bringen. Das Fleisch wieder in den Wok geben, dabei schnell wenden, damit jedes Stück gut mit Sauce umhüllt wird.

Links: Chuen Jup Yeung Pai; rechts: Mun Yeung Yuk

MUN YEUNG YUK

LAMMSCHMORTOPF

Die Kantonesen sagen vielleicht aus Spaß, ein Meisterkoch sei einer, der Lamm so gut kocht, daß es nicht mehr nach Lamm schmeckt, aber dieser Schmortopf beweist, wie schmackhaft es sein kann – besonders mit so exotischen Zutaten wie Tangerinen-(Mandarinen-)Schale.

500 g Lammkeule, in Würfel von 2,5 cm gehackt
3 Zwiebeln, geviertelt
6 rote Datteln, entkernt
1 Stück getrocknete Tangerinen-(Mandarinen-)Schale, 1 Stunde in reichlich Wasser eingeweicht und abgetropft
5-6 Scheiben Ingwer
5-6 Knoblauchzehen
1 Sternanis
1 EL helle Sojasauce
1 EL dunkle Sojasauce
1 EL chinesischer Reiswein
1 l Wasser
Salz

FÜR 4-6 PERSONEN

¶ Die Fleischstücke in einen großen Topf geben und mit Wasser bedecken. Langsam zum Kochen bringen und zehn Minuten weiterkochen lassen; dann vom Feuer nehmen und abgießen.
¶ Das Fleisch und alle übrigen Zutaten außer Salz in einen anderen Topf geben. Zum Kochen bringen, dann die Hitze reduzieren, zudecken und 1½ Stunden köcheln lassen, dann mit Salz abschmecken.

Oben: Ma Tai Yeung Yuk Ding; unten: Dong Suen Yeung Yuk Sze

MA TAI YEUNG YUK DING

PFANNENGERÜHRTES LAMM MIT PAPRIKA UND WASSERNÜSSEN

Dies ist eine kräftige Kombination aus Lammfleisch, Paprikaschoten, knackigen Wassernüssen und Hoisinsauce. Letztere wird oft zu Pekingente serviert. Hoisin bedeutet „Meeresaroma", und die Sauce ist eine vielschichtige Mischung von Bohnen, Ingwer, Knoblauch, Gewürzen und Zucker.

Für die Marinade:
1 EL helle Sojasauce
1 TL Zucker
2 TL chinesischer Reiswein
½ TL Sesamöl
½ TL Pfeffer
2 TL Maisstärke (Stärkemehl)
Für die Sauce:
2 TL Chilibohnenpaste
3 TL Hoisinsauce
1 EL helle Sojasauce
1 TL Gewürz- oder Weinessig
2 TL chinesischer Reiswein
2 TL Maisstärke (Stärkemehl)
6 EL Hühnerbrühe (Suppenextrakt)
Für das Fleisch:
375 g Lammfilet, in Würfel von 1 cm geschnitten
250 ml Erdnußöl
1 rote Paprikaschote, gehackt
1 grüne Paprikaschote, gehackt
4-5 Wassernüsse
1 TL gehackter Ingwer
1 TL gehackter Knoblauch

FÜR 4-6 PERSONEN

¶ Alle Zutaten für die Marinade verrühren.
¶ Die Saucenzutaten gut vermischen.
¶ Das Lammfleisch 15 Minuten marinieren.
¶ 1 EL vom Öl in einem Wok erhitzen. Paprika und Wassernüsse eine Minute pfannenrühren. Herausnehmen und abtropfen lassen.
¶ Das restliche Öl in einem anderen Wok erhitzen. Das Fleisch zugeben, dabei rühren, zehn Sekunden braten. Das Fleisch aus dem Wok nehmen.
¶ Das Öl bis auf 1-2 EL abgießen und den Wok wieder erhitzen. Ingwer, Knoblauch, Sauce und Fleisch in den Wok geben, Paprika und Wassernüsse zugeben. 30 Sekunden rühren.

DONG SUEN YEUNG YUK SZE

PFANNENGERÜHRTES LAMM MIT BAMBUSSPROSSEN

Dieses Gericht muß sehr schnell zubereitet werden, damit es gelingt. Schneiden Sie das Lammfleisch in feine Streifen und garen Sie es nicht zu stark; dann kommt etwas Wärmendes und Köstliches dabei heraus.

Für die Marinade:
1 EL helle Sojasauce
1 TL Zucker
2 TL chinesischer Reiswein
½ TL Sesamöl
½ TL Pfeffer
2 TL Maisstärke (Stärkemehl)
Für die Sauce:
1 EL helle Sojasauce
1 TL dunkle Sojasauce
1 TL Salz
1 TL Gewürz- oder Weinessig
2 TL chinesischer Reiswein
1 TL Maisstärke (Stärkemehl)
90 ml Hühnerbrühe (Suppenextrakt)
Für das Fleisch:
250 g Lammfilet, fein in Streifen geschnitten
250 ml Erdnußöl
185 g Bambussprossen, fein in Streifen geschnitten
1 TL gehackter Ingwer
1 TL gehackter Knoblauch
2 EL gehacktes Koriandergrün

FÜR 4 PERSONEN

¶ Alle Zutaten für die Marinade verrühren.
¶ Alle Saucenzutaten gut vermischen.
¶ Das Fleisch 15 Minuten marinieren.
¶ 3 EL vom Öl wegnehmen. Das restliche Öl in einem Wok erhitzen. Das Fleisch zugeben, unter Rühren trennen und fünf Sekunden braten. Herausnehmen und abtropfen lassen.

¶ 1 EL von dem aufgehobenen Öl im Wok erhitzen. Die Bambussprossen 30 Sekunden rühren. Herausnehmen und abtropfen lassen.
¶ Die restlichen 2 EL Öl in dem Wok erhitzen. Ingwer, Knoblauch, Fleisch und Bambussprossen zugeben und 15 Sekunden pfannenrühren. Die Sauce zugießen und gut umrühren.
¶ Auf eine Platte geben, den Koriander darüberstreuen und servieren.

Oben: Sze Jup Yeung Yuk; unten: Heung Suen Yeung Lau

SZE JUP YEUNG YUK

PFANNENGERÜHRTES LAMMFILET IN EINER SAUCE AUS LAUCHZWIEBELN UND SCHWARZEN BOHNEN

Die Sauce aus schwarzen Bohnen kann alles überdecken. Deshalb mache ich dieses Gericht leichter, indem ich nur ganz wenig verwende, um das Lammfleisch und die Lauchzwiebeln zu würzen.

Für die Marinade:
1 EL helle Sojasauce
1 TL Zucker
2 TL Maisstärke (Stärkemehl)
1 TL chinesischer Reiswein
Für das Fleisch:
185 g Lammfilet, dünn aufgeschnitten
1 EL gesalzene schwarze Bohnen
2 Knoblauchzehen
1 EL helle Sojasauce
1 TL Zucker
2 TL Maisstärke (Stärkemehl)
125 ml Hühnerbrühe (Suppenextrakt)
250 ml Erdnußöl
1 rote Paprikaschote, fein gewürfelt
1 grüne Paprikaschote, fein gewürfelt
4 Lauchzwiebeln, grobgehackt
1 TL chinesischer Reiswein

FÜR 4-6 PERSONEN

¶ Alle Zutaten für die Marinade verrühren.
¶ Das Fleisch 15 Minuten marinieren.
¶ Mit Stößel und Mörser schwarze Bohnen und Knoblauch zu einer Paste zerdrücken.
¶ Sojasauce, Zucker, Maisstärke und Hühnerbrühe in einer Schüssel vermischen.
¶ Das Öl in einem Wok erhitzen. Das Fleisch zugeben, dabei rühren, damit es nicht anhängt. Aus dem Wok nehmen, wenn es weiß wird.
¶ Das Öl bis auf 2-3 EL abgießen und den Wok wieder erhitzen. Parika zugeben und bei mittlerer Hitze 30 Sekunden pfannenrühren. Lauchzwiebeln und Bohnen-Knoblauch-Paste zugeben und gut verrühren. Die Sojasaucenmischung einrühren und das Fleisch wieder in den Wok geben; dann den Wein zugeben und servieren.

HEUNG SUEN YEUNG LAU

GEBRATENES LAMMFILET MIT KNOBLAUCHSAUCE

Die Sauce ist bei diesem Rezept das Entscheidende. Ich verwende sie nicht nur für Lamm, sondern auch für Ente. Sie ist scharf sowie aromatisch und gibt Fleisch und Geflügel einen besonderen Reiz.

Für die Marinade:
1½ TL Salz
1½ TL Zucker
2 TL chinesischer Reiswein
2 TL Maisstärke (Stärkemehl)
Für das Fleisch:
375 Lammfilet, in Würfel von 2,5 cm geschnitten
250 ml Erdnußöl
4 Knoblauchzehen, gehackt
2 EL Hoisinsauce
1 EL Sojabohnenpaste
1 EL chinesischer Reiswein

FÜR 4 PERSONEN

¶ Alle Zutaten für die Marinade verrühren.
¶ Das Fleisch 30 Minuten marinieren.
¶ Das Öl im Wok erhitzen und die Lammstücke braten, bis sie leicht gebräunt sind. Aus dem Wok nehmen und auf eine Servierplatte geben.
¶ Das Öl bis auf 1-2 EL abgießen und den Wok wieder erhitzen. Den Knoblauch bei schwacher Hitze braten, bis er golden ist. Hoisinsauce, Sojabohnenpaste und Wein zugeben und gut umrühren. Als Dip zum Lamm servieren.

KUM NGAN NGAU YUK SZE

PFANNENGERÜHRTES RINDFLEISCH MIT EINGELEGTEM GRÜNKOHL UND BOHNENSPROSSEN

Dieses Gericht muß in vielen Schritten zubereitet werden, ist aber dennoch gute Hausmannskost. Traditionell kochen die Frauen in Guangzhou (Kanton) jede Zutat für sich, aber die hier beschriebene Methode ist zulässig. Das Aroma ist voll und vielfältig.

Für die Marinade:
1 TL Salz
1 TL Zucker
½ TL Pfeffer
1½ TL Maisstärke (Stärkemehl)
1 EL Wasser
Für das Fleisch:
250 g Rinderfilet, in 0,5 cm dicke Scheiben geschnitten
125 g eingelegter Grünkohl oder Senfkohl, 1 Stunde in Wasser eingeweicht und in Streifen geschnitten
1½ TL Zucker
185 ml Hühnerbrühe (Suppenextrakt)
500 g Bohnensprossen
250 ml Erdnußöl
1 EL feingehackter Ingwer
1 TL feingehackter Knoblauch
1 rote Chilischote, feingeschnitten
2 TL Maisstärke (Stärkemehl)
1 EL helle Sojasauce
1 TL chinesischer Reiswein

FÜR 4-6 PERSONEN

❡ Alle Zutaten für die Marinade verrühren.
❡ Das Fleisch 15 Minuten marinieren.

Links: Kum Ngan Ngau Yuk Sze; rechts: Lai Woo Ngau Yuk Bo

¶ Einen Topf erhitzen und den Kohl bei mittlerer Hitze sautieren, bis er leicht gebräunt ist. Zucker sowie 2 EL Brühe zugeben und kochen, bis alle Flüssigkeit verdampft ist, dann herausnehmen.
¶ Die Bohnensprossen eine Minute in kräftig sprudelndem Wasser blanchieren. Auf eine Servierplatte geben und zudecken.
¶ Das Öl in einem Wok erhitzen und das Fleisch zugeben, dabei rühren, um es zu trennen. Aus dem Wok nehmen, sobald es die Farbe ändert.
¶ Das Öl bis auf 2-3 EL abgießen und den Wok erhitzen. Ingwer, Knoblauch und Chili zugeben. Bei mittlerer Hitze rühren. Fleisch und Kohl zugeben.
¶ Die restliche Brühe mit Maisstärke und Sojasauce mischen und in den Wok gießen. Bei starker Hitze 1 Minute pfannenrühren. Den Wein zugeben. Über die Bohnensprossen gießen und servieren.

LAI WOO NGAU YUK BO

RINDFLEISCH UND TAROS IM TONTOPF

Dies ist ein recht ungewöhnliches Gericht in China, da es Milch enthält. Im allgemeinen bekommen Chinesen ihre „Milch"-Nährstoffe von Sojabohnen und anderen Gemüsen, weil Büffel selten sind (Büffelmilch ist die Norm, statt Kuhmilch). Doch in meiner Heimatstadt Shunde in Südchina hatten wir in der Tat Büffel und einige interessante Milchgerichte wie dieses.

Für die Marinade:
1 TL Salz
1 TL Zucker
1½ TL Maisstärke (Stärkemehl)
½ TL Pfeffer
1 EL Wasser
Für das Fleisch:
315 g Rinderfilet, geschnetzelt
500 ml plus 2-3 EL Erdnußöl
500 g Taros, geschält und in mundgerechte Keile geschnitten
6-8 kleine getrocknete schwarze Pilze, 30 Minuten in Wasser eingeweicht, abgetropft, Stiele entfernt
2-3 Scheiben Ingwer
1 TL feingehackter Knoblauch
2 Schalotten (Frühlingszwiebeln)
1 TL Salz
1 TL Zucker
750 ml Hühnerbrühe (Suppenextrakt)
125 ml Milch
1 TL chinesischer Reiswein
1 EL gehacktes Koriandergrün

FÜR 4-6 PERSONEN

¶ Alle Zutaten für die Marinade verrühren.
¶ Das Fleisch 15 Minuten marinieren.
¶ 500 ml Öl in einem Wok erhitzen und die Taros braten, bis sie leicht gebräunt sind; dann herausnehmen, abtropfen lassen und beiseite stellen, aber das Öl im Wok lassen.
¶ Die restlichen 2-3 EL Öl in einem Tontopf erhitzen und Pilze, Ingwer, Knoblauch und Schalotten zugeben. Anschließend Taros, Salz, Zucker und Brühe zugeben. Zum Kochen bringen und zugedeckt bei mittlerer Hitze 20 Minuten weiterkochen. Die Milch einrühren und bei sehr schwacher Hitze fünf Minuten kochen lassen.
¶ Das Öl im Wok wieder erhitzen, das Fleisch zugeben und unter Rühren trennen. Wenn es die Farbe ändert, herausnehmen und abtropfen lassen. Das Fleisch zur Taromischung geben und umrühren. Den Wein zugeben, mit Koriander bestreuen und servieren.

GEMÜSE

GEMÜSE

SCHON LANGE VOR DEM EINFLUSS DER LEHREN BUDDHAS GLAUBTEN DIE CHINESEN, DASS GEMÜSE DIE gesündeste Nahrung sei. Bereits 2780 v.Chr. ging Kaiser Shen Nung mit einer Gerte hinaus aufs Land, um Gemüse zu suchen. Wenn er auf eine Pflanze stieß, die ihm neu war, schlug er sie mit der Gerte, damit die Säfte austraten, dann zerstampfte, kostete und untersuchte er sie. Mit diesen „neuen Kräutern" und Gemüsen begann die Entwicklung der chinesischen Heilkunde.

¶ Gemüse zu essen, galt nicht nur in religiöser und medizinischer Hinsicht als günstig, im Süden Chinas war es auch eine wirtschaftliche Notwendigkeit.

¶ Während der Tang-Dyastie, etwa im 8. Jahrhundert, expandierte das Reich nach Süden und bezog Regionen mit tropischem sowie subtropischem Klima ein, wodurch die chinesische Kost um viele neue Gemüse bereichert wurde. Kaufleute aus Europa und dem Vorderen Orient brachten weitere Arten mit, darunter Spinat, Paprika und Chili. Tofu wurde eine wichtige Zutat in der chinesischen Kost.

¶ Während der Mongolenherrschaft über China im 13. und 14. Jahrhundert erreichte die Entwicklung einen absoluten Tiefpunkt, und man ernährte sich mehr aus Not denn aus Neigung vegetarisch. Ein Schriftsteller, Li Yu, aß selbst gern Fleisch, machte aber aus der Not eine Tugend, als der Hunger durchs Land ging. 1650 schrieb er: „Vegetarier sind der Natur näher. Die Alten trugen Kleidung aus Schilfgras und Binsen und ernährten sich von Pflanzen." Das Land lernte zu sparen, indem es Gemüse für die langen, harten Winter einlegte.

¶ Auch das 20. Jahrhundert hat viel Not gesehen, aber heute sind Gemüse in China jederzeit erhältlich und werden wegen ihrer einzigartigen Geschmacksrichtung geschätzt. Gemüsemärkte in den größeren Städten vermitteln farbenfrohe, geschäftige Szenerien mit einer Überfülle frischer Ware.

¶ Der Norden dagegen gehört den Gemüsen der robusteren Art – Rüben, Rettiche, Melonen und Kürbisse in vielen Sorten sowie natürlich die fest geschlossenen Köpfe des Tientsinkohls. Zentralchina ist eine reiche Gemüseanbauregion, die Auberginen, Paprika, Chili in allen Sorten, Bohnen sowie verschiedene Angehörige der Yamswurzel- und Zwiebelfamilie erzeugt.

¶ Im Süden, wo die Temperaturen von tropisch bis gemäßigt reichen, wachsen mehr leichtverderbliche Gemüsesorten: Spinat, lange schlanke Bohnen, Kopfsalat und Rosenkohl. Hier sind auch Knollengewächse wie Lotusblume, Wassernüsse, Taros und Yamsbohnen *(sar kok)* wichtige Gemüse. Als Salat zubereitete rohe Gemüse spielen in der chinesischen Kost keine bedeutende Rolle, vielmehr zieht man den herben Geschmack und festen Biß eingelegter Gemüse als Happen vor der Mahlzeit vor. Pilze, die überall in China in vielen Arten gedeihen, geben vielen Gerichten besonderen Reiz.

Vorhergehende Seiten: Grüne Gemüse, besonders Kohl, Spinat und Senfkohl, sind wichtige Elemente der chinesischen Küche. Gemüse werden gewöhnlich in einem Wok gekocht und in Öl, Knoblauch, Ingwer und Salz kurz pfannengerührt, damit sie ihre Frische und den festen Biß behalten.
PHOTOGRAPHIC LIBRARY OF AUSTRALIA

Gegenüber: Die Provinz Yunnan im tiefen Süden Chinas bringt eine große Vielfalt von Produkten für den Tisch hervor. Dieser Bauer trägt seinen Weidenkorb nach altem Brauch auf dem Rücken.
CHINA TOURISM PHOTO LIBRARY/ WANG MIAO

YUK SUI DOU KOK

GRÜNE BOHNEN MIT SCHWEINEHACK

Warum soviel Knoblauch, Lauchzwiebeln und Chilibohnenpaste? Erstens, weil dieses Gericht aus Sichuan stammt, einer Region, die für pikante Speisen bekannt ist. Zweitens, weil die Chinesen Bohnen für ein fades Gemüse halten, das unbedingt ein wenig „aufgemöbelt" werden muß.

Für die Marinade:
1 TL helle Sojasauce
1 TL Zucker
1 TL Maisstärke (Stärkemehl)
Für das Fleisch und die Bohnen:
60 g Schweinefleisch, durchgedreht
250 ml Erdnußöl
500 g grüne Bohnen, in Stücke von 5 cm geschnitten
3 EL gehackte Lauchzwiebeln
1 EL Sojabohnenpaste
1 TL Chilibohnenpaste
1 TL Zucker
60 ml Wasser
1 TL chinesischer Reiswein
1 TL gehackter Knoblauch

FÜR 4-6 PERSONEN

¶ Alle Zutaten für die Marinade verrühren.
¶ Das Hackfleisch 15 Minuten marinieren.
¶ 2 El Öl aufheben. Das restliche im Wok erhitzen und die Bohnen eine Minute braten; herausnehmen und abtropfen lassen, aber das Öl nicht weggießen.
¶ Das Öl wieder erhitzen und die Lauchzwiebeln braten, bis sie golden sind, dann herausnehmen.

Oben: Sin Ku Care Tze; unten: Yuk Sui Dou Kok

¶ Sojabohnenpaste, Chilibohnenpaste, Zucker, Wasser und Wein in einer Schüssel mischen.
¶ Das aufgehobene Öl in einem anderen Wok erhitzen. Knoblauch, Fleisch und Sojapastenmischung zugeben; dann verrühren.
¶ Die Bohnen zugeben und pfannenrühren, bis die Flüssigkeit fast verdampft ist. Die Zwiebeln zugeben und servieren.

SIN KU CARE TZE

GESCHMORTE AUBERGINE
MIT FRISCHEN CHAMPIGNONS

Der französische Schriftsteller Alexandre Dumas schrieb einmal, daß Küchenchefs keine Auberginen verwenden, weil jeder sie zubereiten kann. Vielleicht ist es wahr, denn dieses Gericht ist in ganz China sehr verbreitet. Dieses Rezept ist vegetarisch, schmeckt aber mit den Champignons, die sich fest beißen, beinahe nach Fleisch.

Für die Sauce:
1 TL helle Sojasauce
1 EL Austernsauce
1 TL Zucker
2 TL Salz
155 ml Wasser
Für die Aubergine:
60 ml Erdnußöl
500 g Aubergine, in fingergroße Stücke geschnitten
185 g Champignons
1 TL gehackter Knoblauch
1 TL gehackter Ingwer
1 EL gehackte Schalotten (Frühlingszwiebeln)

FÜR 4-6 PERSONEN

¶ Alle Saucenzutaten gut verrühren.
¶ 1 EL vom Öl in einem Wok erhitzen. Die Aubergine pfannenrühren, bis sie leicht gebräunt ist; dann herausnehmen und beiseite stellen.
¶ In einem mittelgroßen Topf 500 ml Wasser zum Kochen bringen. Die Champignons zugeben und eine Minute blanchieren. Herausnehmen und abtropfen lassen.
¶ 3 EL vom Öl in einem anderen Topf erhitzen und Knoblauch, Ingwer, Auberginenstücke und Champignons zugeben.
¶ Die Sauce zugießen und gut verrühren. Anschließend zudecken und bei mittlerer bis schwacher Hitze kochen, bis die Sauce auf ein Drittel eingekocht ist.
¶ Auf eine Servierplatte geben, mit den Schalotten bestreuen und servieren.

Oben links: Tofublätter, Tofustangen; oben rechts im Glas (links): eingelegter „roter" Tofu; rechts: gesalzener „Tofukäse"; Mitte (lange, ovale Formen): gefrorener Tofu; rechte Ecke: verschiedene Formen von gebratenem Tofu; Mitte: weicher frischer Tofu; links: fester Tofu; vorn: getrocknete Sojabohnen

TOFU (BOHNENQUARK)

Die Sojabohne, die mit Abstand wichtigste Gemüsepflanze in China, wurde zunächst zur Gewinnung von Öl und zur Gärung für Saucen und Würzpasten verwendet. Dann entdeckte man, daß man eine milchige Flüssigkeit, die durch Mischung zerdrückter Bohnen mit Wasser entstand, zu einer Gallerte gerinnen lassen konnte, indem man nämlich Gips als Gerinnungsmittel zufügte.

Frischen Tofu gibt es in zwei Sorten, als weichen Tofu mit glatter, seidiger Struktur sowie neutralem Geschmack und als festen Tofu, der während der Zubereitung beschwert wurde, um ihm Wasser zu entziehen und die Bestandteile zu einem Kuchen von festerer Struktur zu pressen; er hat auch einen merklich kräftigeren Geschmack als der weiche Tofu.

Tofu kann in einer Schale mit kaltem Wasser im Kühlschrank bis zu drei Tagen aufbewahrt werden. Heute gibt es ihn vakuumverpackt in guter Qualität zu kaufen.

In Zentral- und Nordchina wird Tofu gefroren, um ein Produkt herzustellen, dessen Struktur zäher und schwammiger ist. Er wird auch mit Sojasauce und Gewürzen angemacht, wodurch er eine tiefbraune Farbe und einen ausgeprägten Geschmack bekommt. In Würfel oder Ecken geschnitten, wird Tofu fritiert, um wieder ein anderes Produkt zu ergeben. Dann hat er eine blasig goldene Oberfläche und ist innen fast hohl. Der feste Biß und der ausgeprägte Geschmack machen ihn zu einer köstlichen Zutat für Suppen und Schmorgerichte sowie zur vegetarischen Küche; man kann ihn kleinschneiden und zu pfannengerührten Gerichten geben. Tofuwürfel werden in Lake konserviert und bekommen einen scharfen Geschmack, der an einen kräftigen Blauschimmelkäse erinnert, was ihnen den Namen „Tofukäse" eingetragen hat. Eine andere Art „Käse" *(tofu kon)* ist ein gepreßter Tofu, der in der vegetarischen Küche verwendet wird. Eine feste Haut, die sich bei der Gerinnung bildet, wird abgehoben, getrocknet und als vegetarische Zutat sowie als Hülle für Speisen verwendet. Sie wird in Blättern und zusammengerollten „Stangen" verkauft und muß vor Gebrauch in Wasser aufgeweicht werden.

Jede Provinz hat ihre eigenen Tofugerichte entwickelt. In Sichuan, das sich seines vorzüglichen Tofus rühmt, kann man eine Mahlzeit von über vierzig Gängen essen, wobei jedes Gericht nach Geschmack oder Zusammenstellung einmalig ist. In dieser Provinz entstand das berühmte Gericht mit dem Namen *ma po dofu* oder „Tofu der pockennarbigen Mutter", eine feurige Mischung aus Hackfleisch, Chili und Tofu. In Beijing wird „stinkender" Tofu hergestellt, indem man Würfel von weichem Tofu mit gesalzenen Sojabohnen, Champignons und Bambussprossen in Reiswein haltbar macht. Fritierter Tofu, außen knusprig und innen noch weich, wird mit großem Vergnügen in ganz Nordchina gegessen. Die Kantonesen bevorzugen zarten weichen Tofu mit wenigen Zugaben; sie servieren ihn sogar einfach in Sesamöl und Sojasauce schwimmend sowie mit Schalotten oder Korianderblättern bestreut.

Unten: Ng Choi Ngan Ngar; oben: Ho Yau Sang Choi; rechts: Cho Liu Pak Choi

NG CHOI NGAN NGAR

PFANNENGERÜHRTE BOHNENSPROSSEN MIT PILZ- UND PAPRIKASTREIFEN

Bohnensprossen verleihen diesem Gericht eine wunderbare Struktur, die Pilze (ich nehme gern Shiitake-Pilze) einen knusprig-knackigen Charakter. Deshalb sollte dieses Gericht nie zu lange gekocht werden.

500 g grüne Bohnensprossen
4 Shiitake-Pilze oder getrocknete schwarze Pilze, 30 Minuten in warmem Wasser eingeweicht und abgetropft
3 EL Erdnußöl
1 TL gehackter Knoblauch
1 TL gehackter Ingwer
1 grüne Paprikaschote, in feine Streifen geschnitten
1 rote Paprikaschote, in feine Streifen geschnitten
1 TL Salz
1 TL Zucker
1½ EL Austernsauce

FÜR 4-6 PERSONEN

¶ Die Bohnensprossen waschen und abtropfen lassen.
¶ In einem Topf die Pilze 15 Minuten dünsten. Wenn sie abgekühlt sind, in Streifen schneiden.
¶ Das Öl in einem Wok erhitzen. Knoblauch, Ingwer, Paprika und Pilze zugeben; dann 45 Sekunden pfannenrühren.
¶ Die Bohnensprossen in den Wok geben. Salz, Zucker und Austernsauce zugeben und eine Minute pfannenrühren.

CHO LIU PAK CHOI

PFANNENGERÜHRTER KOHL MIT GEWÜRZESSIG

Kohl bedeutet Tianjin *(Tientsin), wo der berühmte Tientsinkohl angebaut wird. In kühlerem Klima hält er sich besonders gut, so daß die Nordchinesen reichlich Gemüse haben.*

Für die Sauce:
2 EL Gewürz- oder Weinessig
3 TL Zucker
1 TL Salz
1 TL chinesischer Reiswein
90 ml Hühnerbrühe (Suppenextrakt)
2 TL Maisstärke (Stärkemehl)
Für den Kohl:
2 EL Erdnußöl
375 g Chinakohl, in Streifen von 7,5 × 0,5 cm geschnitten
1 TL gehackter Ingwer
1 TL gehackter Knoblauch
1 EL kleingeschnittene Chilischote

FÜR 4-6 PERSONEN

❡ Die Saucenzutaten verrühren und beiseite stellen.
❡ Das Öl im Wok erhitzen. Den Kohl zugeben und zwei Minuten pfannenrühren, dann herausnehmen.
❡ Das Öl wieder erhitzen und Ingwer, Knoblauch, Chili, den Kohl und die Sauce in den Wok geben, dann eine Minute pfannenrühren.

HO YAU SANG CHOI

PFANNENGERÜHRTER KOPFSALAT MIT AUSTERNSAUCE

Die Chinesen lieben grünen Salat und dieses Rezept ergibt mit jeder Salatsorte zu jeder Jahreszeit ein erfrischendes Gericht.

3 EL Erdnußöl
1 EL gehobelter Ingwer
750 g Kopfsalat, in große Stücke zerlegt
1½ EL Austernsauce
½ TL Salz

FÜR 4-6 PERSONEN

❡ Das Öl in einem Wok erhitzen, den Ingwer zugeben und leicht bräunen. Den Salat zugeben und pfannenrühren, bis er weich ist.
❡ Austernsauce und Salz zugeben. Bei starker Hitze unter ständigem Rühren 30 Sekunden kochen.

SOJABOHNENPASTEN & -SAUCEN

Es gibt zwei Hauptarten von Würzen auf Bohnengrundlage, nämlich die mit Salz gegorenen Bohnen und die mit gesalzenen, gekochten und getrockneten Bohnen. Die Salzgärung dauert mehrere Monate. Die Bohnen werden dabei in Bottiche gepreßt und dick mit Salz bedeckt. Sie absorbieren langsam das Salz, runzeln sich und werden schwarz. Dann werden sie zu einer Paste zermahlen. Dieses starke Püree wird als einfache Sojabohnenpaste in Flaschen gefüllt oder mit ausgewählten Zutaten – Sichuan-Pfeffer, Chili, Knoblauch, Sojasauce (falls erforderlich) – zu ganz unterschiedlichen Arten von Pasten und Saucen mit kräftigen Aromen kombiniert. Es wird auch mit Zucker und Gewürzen gesüßt. Gesalzene Sojabohnen bleiben gelb und werden ganz als salzig-würzige Gelbebohnensauce verwendet oder mit zerdrückter Chilischote und häufig mit Knoblauch zu der scharfen Chilibohnensauce gemischt.

Bohnenpasten und -saucen können in Marinaden verwendet und zu pfannengerührten Gerichten und Saucen gegeben werden. Sie vertiefen den Geschmack von Schmorgerichten und geben gebratenem Fleisch Farbe.

1. Gelbebohnensauce; 2. Chilibohnensauce; 3. Hoisinsauce; 4. Schwarzebohnenpaste/sauce; 5. Grillsauce; 6. Soja-Chilibohnenpaste; 7. Chili-Sojabohnensauce; 8. Sauce aus gemahlenen Sojabohnen

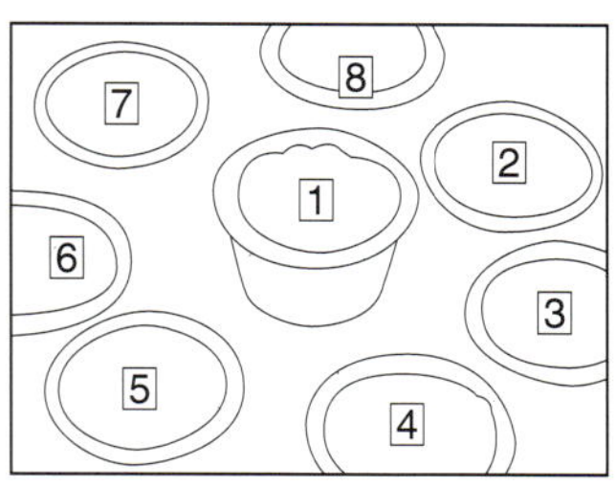

Pilze

Botanisch handelt es sich um eine große Familie, aber die Chinesen teilen sie in zwei Gruppen ein. *Yi* bedeutet „Ohr“, da viele von dieser Gruppe einem Ohr zu ähneln scheinen, *gu* bedeutet einfach „eßbarer Pilz“ (besonders Champignon). Pilzesammeln ist immer eine beliebte Familienbeschäftigung gewesen, und in den bergigen Regionen Zentralchinas, wo mit die besten Arten gedeihen, ist das Sammeln seltener Pilze (zum Verkauf an die Nahrungs- und Arzneimittelindustrie) ein einträgliches Geschäft.

GU-PILZE

Ihre Verwendung in der chinesischen Küche ist in Handbüchern aus den frühesten Dynastien festgehalten. Durch die Jahrhunderte sind wilde Pilze verwendet worden, in ländlichen Gegenden bis heute, darunter eine seltene Art aus der Inneren Mongolei, die ein einzigartiges Aroma hat und in nordchinesischen Gerichten verwendet wird. Aber vier Arten, die gesammelt oder gezüchtet werden, beherrschen die Gemüsemärkte.

Schwarze Pilze: *Tung gu*, die fast immer getrocknet verkauft werden, sind mit den japanischen *Shiitake* verwandt, aber die Chinesen halten ihre eigenen für fleischiger und schmackhafter. *Tung gu* müssen vor Gebrauch zwischen 25 Minuten und einer Stunde in warmem Wasser eingeweicht werden, damit die Hüte zur vollen Größe aufquellen und sich das reiche Aroma entfaltet. Wenn sie weich sind, seihen Sie die Flüssigkeit ab (die den Suppen zusätzliches Aroma gibt) und pressen alles überschüssige Wasser aus den Pilzen. Schneiden Sie den harten Stiel nahe am Hut ab. Schwarze Pilze geben vielen Gerichten, besonders den lange und langsam gekochten, ein vorzügliches Aroma.

Chinaläden verkaufen getrocknete schwarze Pilze lose nach Gewicht, so daß man jedes Stück einzeln auswählen kann – ein idealer Fall, da sie ziemlich teuer sein können. Suchen Sie nach Pilzen mit dickem, schirmartigem Hut, der voller „Sprünge" ist. Lagern Sie sie in einem verschlossenen Gefäß an einem kühlen, dunklen und trockenen Ort, dann halten sie sich unbegrenzt.

Strohpilze: Der Name dieser Pilze, *tsin cho gu*, bezieht sich auf die Zuchtmethode: Strohpilze werden auf Reisstrohlagern gezogen, woher sie ihren erdigen Geschmack haben. Sie sind graubraun, und ihre äußere Form ist eine leicht gestreckte Kugel, aber im Querschnitt sehen sie wie ein kleiner griffloser Schirm aus. Sie sind zwar nicht so fleischig wie getrocknete schwarze Pilze, entwickeln aber ein starkes Aroma, wenn sie pfannengerührt oder in Suppe gekocht werden. In Chinaläden gewöhnlich in Dosen verkauft, halten sich die Pilze etwa eine Woche nach dem Öffnen, aber das Wasser muß täglich gewechselt werden. Frische Strohpilze können einige Tage im Kühlschrank aufbewahrt werden.

Austernpilze: *Kwan gu* haben eine flache, füllhornartige Form und sind oft von matter gräulicher oder heller Ockerfarbe. Sie werden wegen der glatten Struktur, dem feinen Aroma und delikaten Geschmack geschätzt. Die Pilze sind vielerorts frisch erhältlich und halten sich im Kühlschrank ungefähr fünf Tage. In einem Schmorgericht oder in der Suppe können sie durch Austernpilze aus der Dose ersetzt werden, nicht jedoch in pfannengerührten Gerichten.

Champignons: *Lau lap pat kwan* sind knopfartige Zuchtpilze (weiß), wenn frisch gekauft, oder stumpf ockerfarben in der Dose. Sie beißen sich sehr angenehm fest.

Goldene Pilze: Diese golden-cremefarbenen Pilze haben winzige Hüte auf langen, schlanken Stielen. Sie wachsen in kleinen Büscheln am Fuß bestimmter einheimischer chinesischer Bäume. Ihr Aroma ist zart erdig, was sie zu einer brauchbaren Zutat in der vegetarischen Küche macht. Dagegen findet man sie in anderen Gerichten außer in Suppen selten – im allgemeinen nur wegen ihres ästhetischen Reizes.

YI-PILZE

„Die Familie der Pilze ist so wohlschmeckend, weil sie keine Wurzeln haben und dennoch plötzlich, wie aus dem Nichts, zum Leben erwachen. Die Pilze sind das Wesen der wilden Natur", schrieb der Schriftsteller Li Yu im 17. Jahrhundert.

Viele Arten chinesischer Pilze sind in der Tat wild und exotisch, was Name, Form und Geschmack anbelangt, aber die am häufigsten verzehrten laufen unter dem vertrauteren Namen „Ohren". Ihr Äußeres ist nicht besonders anregend: trockene, krause Kringel in Grau, dunklem Silber und rostigem Schwarz. Die meisten „Ohren", die in der chinesischen Küche Verwendung finden, werden getrocknet verkauft und halten sich in festverschlossenen Behältern unbegrenzt. Sie müssen vor Gebrauch eingeweicht werden. Dann werden sie weich und vergrößern sich mindestens auf das Dreifache. Eingeweicht können sie im Kühlschrank für mehrere Tage aufbewahrt werden.

Wolkenohrenpilze *(win yi)***:** Dieser häufigste chinesische Pilz hat viele Namen: „Waldohren", „Baumpilz", „brauner Pilz" und „Silberohren". Er hat wenig Eigengeschmack, nimmt aber gut die Aromen der Zutaten auf, mit denen er gekocht wird und bringt eine angenehme, recht bißfeste Struktur mit.

Schwarze Waldpilze *(mok yi)***:** Dem Wolkenohrenpilz ähnlich, ist er ein wenig dicker und hat eine knusprigere Struktur. Der chinesische Name *mok yi* wird auf Speisekarten mitunter mit „Champignon chinoise" übersetzt, was eigentlich irreführend ist.

Ulmenpilz *(yu yi)***:** Dieser auf Ulmen wachsende Pilz ähnelt ebenfalls dem Wolkenohrenpilz, ist aber wie *mok yi* dicker und knuspriger. Er ist ein beliebter Pilz für vegetarische Gerichte und macht sich auch gut mit Meeresfrüchten, wo sein milder Geschmack geschätzt wird; pfannengerührte Shrimps (Garnelen) mit *yu yi* sind zum Beispiel ein geschätztes kantonesisches Gericht.

Bambuspilz *(chok sung)***:** Dieser filigrane seltene Pilz wächst in den Bambuswäldern Sichuans und Yunnans. Er ist sehr aromatisch, hat einen feinen Geschmack und eine brüchige, doch ziemlich bißfeste Struktur. Er ist teuer, und deshalb gewöhnlich Festessen oder besonderen vegetarischen Gerichten vorbehalten.

Chinesische oder **Weiße Morchel** *(aan yi)***:** Diese gekräuselten Pilzwolken sehen aus wie „etwas" aus dem Meer. Die feinste Sorte ist schneeweiß, so daß sie auch „Schnee"- oder „Silber"-Pilz genannt wird, während andere von Cremefarben bis Gold reichen. Er wird besonders als Zutat zu Desserts geschätzt, mit Zucker gekocht in einer süßen Suppe (die gut für den Teint sein soll). Sein neutraler Geschmack sowie seine gallertartige, knackige Struktur machen ihn zu einer beliebten Zutat für Suppen und vegetarische Gerichte.

1. getrocknete und frische schwarze Pilze; 2. Wolkenohrenpilze und schwarze Pilze; 3. „Silber"-Pilze; 4. Chinesische Morcheln; 5. Goldene Pilze; 6. Champignons; 7. Strohpilze; 8. Austernpilze

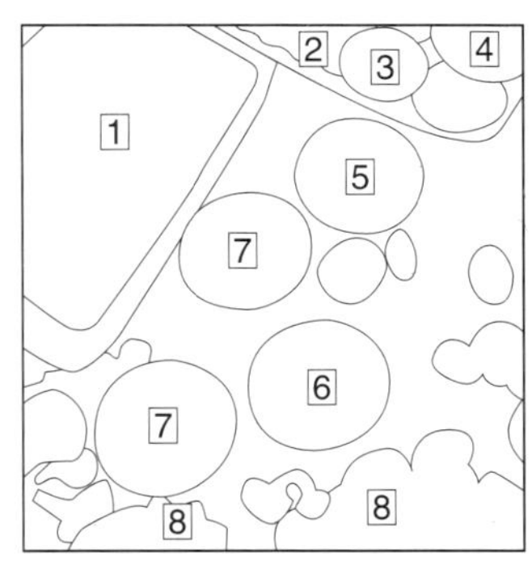

FO TUI DONG QUA

WINTERMELONE MIT SCHINKEN

Die Wintermelone ist ein ideales Sommergericht – so kühlend und glatt, daß sie einen aus jeder Trägheit reißt. Zusammen mit Schinken und einigen Kräutern sowie Gewürzen haben Sie so ein chinesisches Picknickgericht.

1 kg Wintermelone, geschält und in Stücke geschnitten
90 g magerer geräucherter Schinken in Streifen
2-3 EL Erdnußöl
1 Knoblauchzehe
2-3 Scheiben Ingwer
500 ml Hühnerbrühe (Suppenextrakt)
½ TL Zucker
1 TL Maisstärke, in 1 EL Wasser aufgelöst
1 TL chinesischer Reiswein

FÜR 4-6 PERSONEN

❡ Wintermelone und Schinken auf einer Platte anrichten.
❡ Das Öl in einem Wok erhitzen und den Knoblauch sowie Ingwer goldbraun braten; dann herausnehmen. Brühe und Zucker zugeben und auf die Hälfte einkochen. Die Maisstärke einrühren, eine Minute kochen und den Wein zugeben. Über die Melone mit Schinken gießen.

KING SIU SHEUNG DONG

GESCHMORTE SCHWARZE PILZE UND BAMBUSSPROSSEN „PEKING"

Es fällt schwer, schwarzen Pilzen und Bambussprossen zu widerstehen, vor allem wenn sie mit Wein und Essig gekocht werden. Ein Tip beim Einkauf von Dosenbambus: Achten Sie darauf, daß auf dem Etikett „Wintersprossen" steht. Sie sind in aller Regel zarter als Sommerbambus.

250 ml Erdnußöl
375 g Bambussprossen, in Keile geschnitten
1 Knoblauchzehe
2-3 Scheiben Ingwer
1 Schalotte (Frühlingszwiebel)
8 getrocknete schwarze Pilze, 1 Stunde in warmem Wasser eingeweicht, abgetropft und Stiele entfernt
500 ml Hühnerbrühe (Suppenextrakt)
1 EL helle Sojasauce
1 TL dunkle Sojasauce
1½ TL Zucker
½ TL Gewürz- oder Weinessig
1 EL chinesischer Reiswein

FÜR 4-6 PERSONEN

❡ Das Öl in einem Wok erhitzen und die Bambussprossen braten, bis sie leicht gebräunt sind, dann herausnehmen und abtropfen lassen.

Links: Fo Tui Dong Qua; rechts: King Siu Sheung Dong

❡ Das Öl bis auf 3-4 EL abgießen und den Wok wieder erhitzen. Knoblauch, Ingwer und Schalotte zugeben und braten, bis sie leicht gebräunt sind. ❡ Herausnehmen und wegwerfen. Die Bambussprossen sowie alle restlichen Zutaten in den Wok geben und zum Kochen bringen. Zudecken, auf mittlere Hitze zurückschalten und 15 Minuten köcheln lassen. Aufdecken, auf starke Hitze schalten und scharf kochen, bis die Flüssigkeit fast verdampft ist; dann auf eine Servierplatte geben.

Ingwer

Ingwer ist eine der Zutaten, die der chinesischen Küche ihren Stempel aufdrückten. Er neutralisiert Fischgeruch, bringt ein frisches, pfeffriges Aroma in Gerichte und bleibt dennoch zurückhaltend. Die Chinesen schätzen ihn auch als heilsame Nahrung bei Magenleiden.

Nie verwenden die Chinesen das pulverisierte Gewürz zum Kochen, sondern stets die frische Wurzel. Sie wird geschält und in Brocken, Scheiben oder fadendünne Streifen geschnitten oder zu einem Brei gerieben, der dann ausgepreßt werden kann, um die duftenden Säfte zu gewinnen. Köche an der Ostküste Chinas und in Taiwan haben eine besondere Methode, wenn sie Ingwer an ein gedünstetes oder pochiertes Gericht geben. Mit der Oberkante ihres Küchenbeils schlagen sie einige Male fest auf die Wurzel, damit die Fasern brechen und das volle Aroma austreten kann.

Frischer Ingwer, gemischt mit Soja, Schalotten und Knoblauch, ist ein charakteristischer Dip für frisch gekochte Meeresfrüchte und pochiertes Huhn. In Reiswein eingelegter Ingwer ist eine scharf schmeckende, würzige Zutat für Saucen und Dips oder eine aromatische Beilage für scharfe Speisen. In süßem Sirup haltbar gemachter Ingwer ist eine nützliche Zutat in Desserts und in manchen Saucen, etwa in einer süß-sauren. Er wird auch zu süß eingelegten Gemüsen gegeben.

1. frische junge Ingwerwurzeln; 2. Ingwerreibe aus Bambus; 3. rosa eingelegter, aufgeschnittener Ingwer; 4. Ingwerstäbchen; 5. rote eingelegte Ingwerstücke

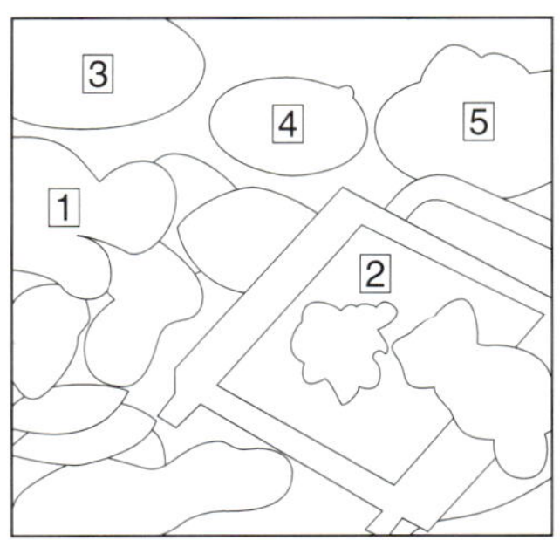

GEUNG CHAU KAI NAN

PFANNENGERÜHRTER GRÜNKOHL MIT INGWER UND WEINSAUCE

Das Schöne an diesem Gemüse ist, daß es phantastisch schmeckt, gleich ob man es weichkocht (etwa wenn es mit Tofu serviert wird) oder knackig gart (wie in diesem Rezept). Dieses Gericht hat mehrere Aromen – die Schärfe des Ingwersafts, den süßen Duft des Weins und das frische Gemüse.

4-5 EL Erdnußöl
1 kg Grünkohl oder Senfkohl, äußere Blätter und Blüten entfernt
125 ml Hühnerbrühe (Suppenextrakt)
1 EL feingehackter Knoblauch
1 TL Salz
2 TL Zucker
1 EL chinesischer Reiswein
1 Stück Ingwer, etwa 5 cm lang, gerieben, Saft ausgepreßt und aufbewahrt

FÜR 4-6 PERSONEN

¶ 1-2 EL vom Öl in einem Wok erhitzen und Grünkohl und Brühe zugeben. Zudecken und bei mittlerer Hitze fünf Minuten kochen. Dann herausnehmen, abtropfen lassen und beiseite stellen.
¶ Das restliche Öl im Wok erhitzen. Knoblauch zugeben und den Kohl wieder in den Wok geben. Bei starker Hitze 30 Sekunden pfannenrühren.
¶ Alle übrigen Zutaten in einer Schüssel mischen und in den Wok geben. Bei starker Hitze 30 Sekunden pfannenrühren und servieren.

SIN KU CHOI SUM

PFANNENGERÜHRTE PILZE MIT BLÜHENDEM KOHL

Getrocknete Strohpilze sind gewöhnlich sehr kräftig und aromatisch. Aber dieses Rezept verlangt frische Pilze, die milder sind. Dies ist ein einfaches, aber sehr schmackhaftes Gemüsegericht.

500 ml Wasser
500 g frische Strohpilze, halbiert
6 EL Erdnußöl
1 EL feingehackter Ingwer
750 g blühender Kohl (äußere Blätter und Blüten entfernt), gehackt
250 ml Hühnerbrühe (Suppenextrakt)
1 TL feingehackter Knoblauch
1 EL Austernsauce
1 EL helle Sojasauce

Oben: Geung Chau Kai Nan; unten: Sin Ku Choi Sum

1 TL Maisstärke (Stärkemehl)
1 TL chinesischer Reiswein

FÜR 4-6 PERSONEN

¶ Das Wasser in einem großen Topf zum Kochen bringen und die Pilze zwei Minuten blanchieren; dann herausnehmen und abtropfen lassen.
¶ 3 EL vom Öl in einem Wok erhitzen und die Hälfte des Ingwers zugeben. Den Kohl zugeben und bei starker Hitze eine Minute pfannenrühren. 125 ml von der Hühnerbrühe zugeben. Zudecken und bei mittlerer Hitze $1\frac{1}{2}$ Minuten kochen. Herausnehmen und beiseite stellen.
¶ Das restliche Öl im Wok erhitzen. Den Ingwer, den Knoblauch und die Pilze zugeben. Die restliche Brühe, die Austernsauce, Sojasauce und Maisstärke in einer Schüssel mischen, in den Wok geben und eine Minute kochen. Den Kohl wieder in den Wok geben; dann den Wein zugeben und servieren.

KAMELIENÖL

Die Berge Zentralchinas sind der Ursprung des besten Kochöls. Es wird weder aus einem Gemüse noch aus einer Nuß gewonnen, sondern aus der Kamelie. Einheimische Mönche zerdrücken die Blätter zu einer Paste, filtern den Saft und bereiten ein Öl für ihre geschätzten Gerichte. Kamelienöl, mitunter auch „Tee-Öl" genannt, wird zu gebratenem Reis, Seetang und Pinienkernen sowie zum Pfannenrühren der glatten Blätter des saan choi *verwendet. Die Mönche behaupten, mit Kamelienöl gekochte Speisen hätten eine Leichtigkeit und einen munteren Geschmack.*

Kohl und Blattgemüse

Choi oder *cai* ist das Wort für die grünen Blattgemüse, die bei den Chinesen so ungeheuer beliebt sind. Dazu gehören viele chinesische Abkömmlinge der Familie *Brassica* (Kohl):

Bok choi: Der chinesische Weißkohl, der glatte, dicke weiße Stiele unter dunkelgrünen Blättern hat. Er wird in China seit dem 5. Jahrhundert angebaut und frisch getrocknet oder gesalzen verwendet. Ganz junger *bok choi,* klein und zart, hat einen einzigartigen Geschmack ohne das leicht Bittere, das mit vielen anderen chinesischen Gemüsen verbunden wird.

Choi sum: Das verbreitetste chinesische Blattgemüse ist der blühende Kohl mit schlanken grünen Stengeln, wenigen Blättern und seinen typischen gelben Blüten. Besonders beliebt ist *Choi sum* bei den Kantonesen, die ihn in Dutzenden von Rezepten verwenden – von einfachen Nudeln des Straßenverkäufers bis zu Festessen im Restaurant.

Kai larn choi: Dieser eßbare Winterkohl wird in einer großen Vielzahl von Gerichten verwendet. Im Aussehen erinnert er an *choi sum*, hat aber weiße Blüten sowie Stiele, die zu dick und hart sind, um genossen zu werden. Die Blätter und die zarteren Blütenstengel werden gegessen, oft mit einem würzigen Dressing wie zum Beispiel mit Austernsauce, oder auch pfannengerührt mit schwarzen Bohnen.

Tai gu choi: Er ähnelt dem *bok choi* im Geschmack, ist aber fester und hat blaßgrüne Stengel. Er wird oft mit Knoblauch geschmort.

***Tientsin*-Kohl:** Die großen dichten Köpfe des Tientsinkohls sind nach wie vor ein beliebtes Gemüse in China, vor allem im Norden, wo man ihn frisch und gesalzen verwendet. Der Geschmack ist mild, doch ausgeprägt und ohne den strengeren Geruch eines gewöhnlichen Kohls.

Gai choi: Senfkohl sieht wie Endivie aus. Es gibt ihn in zwei Sorten: *dai gai choi* ist Swatowsenfkohl, und *jock gai choi* ist Bambussenfkohl. Möglicherweise ist dies das älteste Gemüse in Chinas kulinarischer Geschichte. Eingelegter *gai choi* wird vorgezogen, da das frische Gemüse eher bitter ist. Es wird in Lake haltbar gemacht und zur Reife, zur Lagerung und zum Transport in große Töpfe aus glasiertem Ton gepackt.

Een choi: Chinesischer Spinat wird nur im Sommer angebaut und gegessen. Medizinisch wirkt er als „Entfeuchter", da er dem Körper überflüssiges Wasser entzieht. Das proteinreiche Gemüse genießt man pfannengerührt mit Knoblauch oder in einer Suppe.

Ong choi: Er darf nicht mit *Een choi* verwechselt werden, obwohl die Blätter ähnlich schmecken sowie aussehen und in Rezepten praktisch austauschbar sind. Dieses Gemüse gehört nicht zur Spinatfamilie, sondern ist eine Wasserpflanze, die natürlich auf Sumpfland wächst oder unter ähnlichen Bedingungen gezogen wird, oft an den schlammigen Rändern von Reisfeldern. Die Pflanze hat lange, hohle Stengel mit schmalen oder pfeilförmigen Blättern. Sie wird meist mit Knoblauch, fermentiertem Tofu oder fermentierter Garnelensauce pfannengerührt.

1. kai larn choi; 2. tai gu choi; 3. bok choi; 4. gai choi; 5. choi sum; 6. Kai larn choi; 7. ong choi; 8. Tientsinkohl; 9. een choi

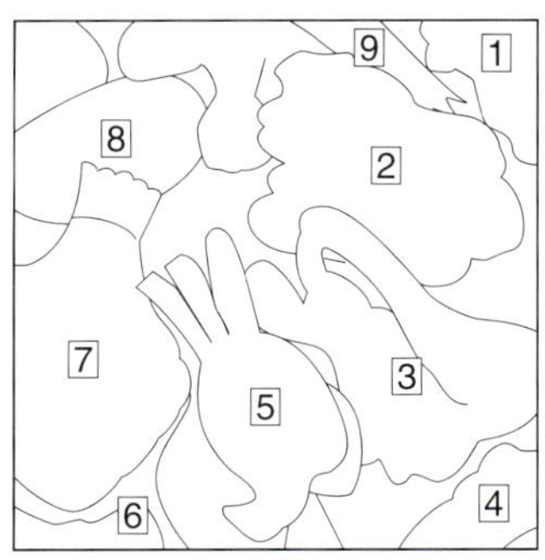

Oben links: Wintermelone; Mitte links: Flaschenkürbis; Mitte: Bittermelone; oben rechts: Schlangenkürbis; unten rechts: Eckige Luffa

Melonen und Kürbisse

Süße Melonen werden gerne als Snack oder als Nachtisch gegessen und mitunter zu Pudding verarbeitet. Kandierte Melonenschale ist eine beliebte Süßigkeit, und gesalzene Melonenkerne sind eine knusprige Herausforderung – man muß jahrelang üben, bis man die flachen Kerne im Mund schälen kann. Melonensamen werden von Chinesen jeden Alters gern gegessen. In dunklen Kinos knirschen vielleicht die auf den Boden gespuckten Schalen unter Ihren Füßen. Dafür verwendet man sowohl Wassermelonen als auch die großen faden Wintermelonen. Freilich sind Melonen den Chinesen ansonsten in einer appetitlicheren Rolle wichtig. Es gibt viele verschiedene Melonensorten, die sie in der Küche verwenden. Sie werden als kühlende Speise betrachtet. Bestimmte Melonen mit ausgeprägtem Geschmack werden auch für Gerichte mit würzigen Zutaten verwendet.

Eckige Luffa *(sze gwa)*: Dieses längliche Gewächs gehört eigentlich nicht zur Melonenfamilie, wird aber ähnlich verwendet. Es kann bis zu 70 cm lang werden und ist leicht an den ausgeprägten harten Graten zu erkennen, die über die ganze Länge laufen. Diese müssen mit einem scharfen Messer oder Gemüseschäler entfernt werden, bevor das leicht bittere Fleisch geschält und in Gerichten mit starkem Aroma verwendet werden kann.

Bittermelone *(fu gwa)*: In ganz Asien wegen ihrer kühlenden und blutreinigenden Eigenschaften berühmt, sollte diese Melone unreif gegessen werden, wenn ihre weiche, knorrige Haut hellgrün ist. Sie hat festes, bitteres Fleisch mit starkem Aroma. Sie kann ausgehöhlt, aufgeschnitten und gefüllt werden, oder man schmort oder dünstet sie mit nahrhaften Zutaten wie Aal oder Eiern. Vegetarier verwenden sie mit Zutaten wie fritiertem Tofu.

Flaschenkürbis *(mo gwa)*: Dieser außen glatte Kürbis hat feines weißes Fleisch unter einer festen Schale. Sein Name rührt daher, daß die getrocknete, ausgehöhlte Schale früher ein nützlicher Wasserbehälter war. Die Chinesen verwenden die unreife Frucht als mildes Gemüse in Suppen und geköchelten Gerichten sowie in der vegetarischen Küche.

Chayote *(faat sau gwa)*: Ursprünglich von buddhistischen Mönchen bei den Tempeln angebaut, bedeutet der kantonesische Name dieser winterharten Kletterpflanze etwa „die Hände Buddhas". In China nicht besonders häufig verwendet, kann Chayote in Rezepten die Wintermelone ersetzen und für Suppen sowie pfannengerührte Gerichte genommen werden.

Haarige oder pelzige Melone *(jit gwa)*: Diese kleinen Melonen haben die Größe einer dicken Gurke mit einer marmorierten bis dunkelgrünen Schale, die mit winzigen dunklen Härchen besetzt ist. Ein Hauptnahrungsmittel den Sommer über, wird dieses fade, in Geschmack und Struktur den Zucchini ähnliche Gemüse zu gemischten Gemüse-Fleisch-Gerichten gegeben. Die frische Melone hält sich etwa zwei Wochen im Gemüsefach des Kühlschranks.

Schlangenkürbis: Als eine der Anomalien der Natur gibt es diese länglichen mittelgrünen Kürbisse in vielen interessanten Formen, da ihre Länge und ihr Gewicht sie zwingen, Kurven und Ecken anzunehmen – je nachdem, wo an der Ranke sie wächst. Ihr zartes Fleisch macht sie für viele Gerichte geeignet.

Wintermelone *(dung gwa)*: Sie ist eine der größten Gemüsemelonen der Welt – an die 45 kg kann sie erreichen – und gilt als eines der beliebtesten Sommergemüse, weil sie „kühlend" auf den Körper wirkt. Die ganze Melone ist eßbar, auch die Schale, die eingelegt oder kandiert wird; das Fleisch wird in Gemüsegerichten und Suppen verwendet, die Kerne werden zum Knabbern getrocknet und gesalzen. Man kann die Wintermelone dünsten (wobei das Fleisch zartgrün wird), schmoren oder pfannenrühren. Die Melone hat wenig Eigengeschmack, aber sie nimmt den Geschmack des Fleischs, anderer Gemüse und Pilze an, mit denen sie gekocht wird.

Als Mittelpunkt einer Festtafel wird die Melonenschale ausgehöhlt und außen dekorativ geschnitzt. Das Fleisch wird mit zahllosen feingewürfelten Zutaten als Suppe gekocht.

KUM OU LO PAK

GESCHMORTE RÜBEN MIT GETROCKNETEN SHRIMPS

Dies ist ein sehr schmackhaftes Rezept für zu Hause. Kluge Köche haben für solche Rezepte stets getrocknete Shrimps (Garnelen) vorrätig. Die Shrimps sind in der Sonne getrocknet und sollten kühl und dunkel aufbewahrt werden.

500 g Rüben, geschält, halbiert und in Streifen geschnitten
3-4 EL Erdnußöl
1 EL feingehackter Knoblauch
3 EL getrocknete Shrimps (Garnelen), 30 Minuten in warmem Wasser eingeweicht und abgetropft
250 ml Hühnerbrühe (Suppenextrakt)
1 TL Maisstärke (Stärkemehl)
1 TL Pfeffer
½ TL Salz
1 TL chinesischer Reiswein
1 Schalotte (Frühlingszwiebel), gehackt

FÜR 4-6 PERSONEN

❡ Die Rüben in kochendem Wasser fünf Minuten blanchieren. Herausnehmen und abtropfen lassen.
❡ Das Öl im Wok erhitzen und Knoblauch und Shrimps zugeben. 30 Sekunden pfannenrühren. Die Rüben zugeben und eine Minute rühren. Brühe, Maisstärke, Pfeffer und Salz zugeben. Zudecken und bei mittlerer Hitze zwei Minuten kochen. Den Wein zugeben und die Schalotte darüberstreuen.

YU HEUNG CARE TZE

AUBERGINE „SICHUAN" MIT FISCHGESCHMACK

Die Aubergine (Eierfrucht) kommt in vielen Rezepten aus Sichuan vor, aber sie wird nie langweilig, da sie gut mit anderen Geschmacksrichtungen harmoniert. Mit der scharfen Bohnenpaste, dem Essig und den Pfefferkörnern ist dieses Gericht typisch für die Küche Sichuans.

60 ml Erdnußöl
750 g Aubergine, in fingergroße Stücke geschnitten
1 TL feingehackter Ingwer
1 TL feingehackter Knoblauch
1 EL gehackte Schalotte (Frühlingszwiebel)
1 EL scharfe Puffbohnenpaste
1 TL Zucker
1 TL Gewürz- oder Weinessig
1 TL gemahlene Sichuan-Pfefferkörner
1 TL Sesamöl
1 TL Chiliöl
1 TL dunkle Sojasauce
375 ml Hühnerbrühe (Suppenextrakt)
2 TL Maisstärke (Stärkemehl), in 1 EL Wasser aufgelöst
1 TL chinesischer Reiswein

FÜR 4-6 PERSONEN

Oben: Yu Heung Care Tze; unten: Kum Ou Lo Pak

❡ 2 EL vom Öl im Wok erhitzen und die Aubergine sautieren, bis sie weich ist, dann herausnehmen.
❡ Das restliche Öl im Wok erhitzen und Ingwer, Knoblauch sowie Schalotte zugeben. Puffbohnenpaste, Zucker, Essig, Pfeffer, Sesamöl, Chiliöl und Sojasauce mischen. Die Mischung in den Wok geben und bei schwacher Hitze 30 Sekunden rühren.
❡ Die Brühe einrühren und die Aubergine wieder zugeben. Bei starker Hitze unter Rühren 15 Sekunden kochen. Anschließend auf mittlere bis schwache Hitze zurückschalten und fünf Minuten köcheln lassen.
❡ Die Maisstärke einrühren und eine Minute kochen, den Wein zugeben und servieren.

Oben links: Sesamöl; oben rechts: weiße Sesamkörner; unten rechts: schwarze Sesamkörner; links: Sesampaste/-butter

Sesam

Man nehme jenes geschmähte Meerestier, die Qualle, trockne, zerschneide, pochiere sie und bade sie in Sesamöl oder Sesampaste. Dann bestreue man sie mit Sesamkörnern – und sie ist in eine köstliche kalte Vorspeise verwandelt.

Sesam – in der Form von Öl, Samen oder einer butterartigen Paste – ist für die chinesische Feinschmeckerküche ebenso unverzichtbar wie Sojasauce und Ingwer. Sesam wird seit Jahrhunderten verwendet. Spuren von Sesamsamen fand man in alten chinesischen Gräbern; sie wurden in den Küchen der Kaiser verwendet und haben als Würze für Nudeln, Reis und Gemüse ihren Platz in der Speisekammer jeder Familie. Sesam in allen Formen hält sich in gut verschlossenen Behältern ohne Kühlung unbegrenzt.

Weiße Sesamkörner: Diese sollten vor Gebrauch geröstet werden, damit sie ihren Duft und das volle nussige Aroma entfalten. Geben Sie sie einfach in einen Wok über schwacher Hitze, bis sie goldbraun sind und zu platzen beginnen. Schwenken Sie dabei den Topf, damit sie nicht anhängen. Nach dem Rösten läßt man sie abkühlen und gibt sie in ein fest schließendes Gefäß.

Schwarze Sesamkörner: Diese sind eine reizvolle Garnierung für Kuchen und Torten sowie schmackhafte Häppchen.

Sesamöl: Es wird aus den Körnern gepreßt, und weil es so kräftig schmeckt, wird es in kleinen Mengen verwendet. Dabei hat es eine niedrige Entzündungstemperatur, so daß es nicht zum Braten geeignet ist. Man gibt es als Würze an gebratene Speisen, doch stets am Ende, damit es sich nicht entzündet. Seine satte Bernsteinfarbe und das intensive Aroma machen das Öl in Saucen und Marinaden zu einer unschätzbaren Zutat.

Sesampaste: Sie ist auch als Sesam-„Butter" bekannt und erinnert an *Tahini* im Vorderen Orient; doch kann das chinesische Produkt einen ausgeprägteren Geschmack und Duft haben. Mit Wasser und manchmal Sojasauce oder Zitronensaft wird daraus eine cremige Sauce, die als Dressing für kalte Vorspeisen wie geschnetzeltes Huhn, Nudeln oder Qualle dient.

Conpoy Ching Qua

Gurke mit Conpoy-Sauce

Dies ist ein kantonesisches Rezept, das nie mißlingt. Die Gurke ist mild, aber die conpoy *(getrocknete Jakobsmuscheln) bringen einen interessanten Geschmack hinein. Es ergibt eine leckere Vorspeise – entspannend und erfrischend zugleich.*

3 conpoy (getrocknete Jakobsmuscheln), mit Wasser bedeckt 2 Stunden eingeweicht
2 Scheiben Ingwer
1 EL chinesischer Reiswein
2-3 EL Erdnußöl
1 TL feingehackter Knoblauch
1 TL feingehackter Ingwer
750 g Gurke, der Länge nach geteilt und in rautenförmige Stücke geschnitten
250 ml Hühnerbrühe (Suppenextrakt)
1 TL Salz
½ EL Austernsauce
1 TL dunkle Sojasauce
1 TL Maisstärke (Stärkemehl), in 1 EL Wasser aufgelöst
2 TL chinesischer Reiswein

Für 4-6 Personen

¶ Die *conpoy* in grobe Stücke reißen und mit dem Einweichwasser in eine Schale geben. Ingwer und Wein zugeben. Die Schale auf einen Dämpfeinsatz über kochendes Wasser stellen und 30 Minuten dämpfen, dann herausnehmen.

¶ Das Öl in einem Wok erhitzen und Knoblauch sowie Ingwer zugeben. Anschließend die Gurkenstücke zugeben und bei starker Hitze eine Minute sautieren.

¶ Die Brühe und *conpoy* mit dem Einweichwasser zugeben. Zudecken und bei mittlerer Hitze fünf Minuten kochen. Salz, Austernsauce und Sojasauce zugeben. Die Maisstärke einrühren und eine Minute kochen lassen. Anschließend den Wein zugeben und servieren.

HO YAU KAI NAN DOU FU

TOFU UND GRÜNKOHL IN AUSTERNSAUCE

Dies ist ein typisches vegetarisches Gericht, aber Sie können es auf unterschiedliche Arten kochen. Hier ist der Tofu weich. Rühren Sie also den Kohl, bis er zart ist, um dem Tofu zu entsprechen.

750 ml Erdnußöl
1 Schachtel Tofu, 15 × 7,5 × 5 cm, in Würfel geschnitten
1 l Wasser
1 TL Salz
½ TL Backpulver
1 kg Grünkohl oder Senfkohl, äußere Blätter und Blüten entfernt
1 TL feingehackter Knoblauch
1 TL feingehackter Ingwer
185 ml Hühnerbrühe (Suppenextrakt)
1 EL Austernsauce
1 EL helle Sojasauce
1 TL dunkle Sojasauce
1 TL Maisstärke (Stärkemehl)
1 TL chinesischer Reiswein

FÜR 4-6 PERSONEN

❡ 675 ml vom Öl in einem Wok sehr stark erhitzen und den Tofu goldbraun braten. Herausnehmen, abtropfen lassen und beiseite stellen.

❡ Das Wasser in einem großen Topf zum Kochen bringen. Salz, Backpulver und 2-3 EL vom restlichen Öl zugeben. Den Kohl zugeben und bei starker Hitze fünf Minuten kochen und herausnehmen.

❡ Das restliche Öl im Wok erhitzen und Knoblauch sowie Ingwer zugeben. Brühe, Austernsauce, Sojasaucen und Maisstärke in einer Schüssel mischen. Die Brühenmischung in den Wok gießen und zum Kochen bringen. Tofu und Kohl zugeben und vorsichtig rühren, um alle Zutaten mit der Sauce zu bedecken. Den Wein zugeben und servieren.

Oben: Conpoy Ching Qua; unten: Ho Yau Kai Nan Dou Fu

CHO KU MUN GIT QUA

GESCHMORTER HAARIGER KÜRBIS MIT STROHPILZEN

Es gibt keinen richtigen Ersatz für den Haarigen Kürbis, obwohl es notfalls auch mit Gurke oder Zucchini geht. Eine ideale Beigabe zu dem milden Kürbis sind getrocknete Strohpilze, die ziemlich stark im Geschmack sind.

20 getrocknete Strohpilze, 30 Minuten in 250 ml Wasser eingeweicht und abgetropft
2-3 EL Erdnußöl
2 Knoblauchzehen
3-4 Scheiben Ingwer
500 ml Hühnerbrühe (Suppenextrakt)
1 TL Salz
1 EL Austernsauce
750 g Haariger Kürbis, Schale geschabt und quer in 1 cm dicke Stücke geschnitten
1 TL chinesischer Reiswein

FÜR 4-6 PERSONEN

¶ Die holzigen Teile der Pilze abschaben und putzen.
¶ Das Öl in einem Wok erhitzen und Knoblauch und Ingwer zugeben. Anschließend die Pilze zugeben und bei mittlerer Hitze 30 Sekunden sautieren.
¶ Brühe, Salz und Austernsauce in einer Schüssel mischen. Den Kürbis und die Brühemischung in den Wok geben. Zum Kochen bringen, zudecken und bei mittlerer bis schwacher Hitze zehn Minuten kochen. Den Wein zugeben und servieren.

Cho Ku Mun Git Qua

BAMBUSSPROSSEN

Chuk san ist der eßbare Bambus, von dem jedoch nur die jungen Sprossen verzehrt werden. Der Winterbambus hat lange, schlanke Sprossen mit dichtem, weichem Fleisch, während der normale Bambus gedrungene, kegelförmige Sprossen mit geschichteter und faseriger Struktur hat. Bei der Ernte sind die Sprossen in eine Hülle aus überlappenden rauhen Blättern eingeschlossen, die man entfernen muß, bevor die Sprossen gekocht werden können. Bambussprossen müssen mehrere Stunden gekocht werden, bis sie weich genug zum Essen sind. Sie werden in Dosen abgefüllt oder als frischer Bambus verkauft; auch werden sie in Lake eingelegt oder aber getrocknet und gesalzen konserviert.

Vorbereitete frische Bambussprossen kann man heute in vielen chinesischen Gemüse- oder Lebensmittelläden kaufen. Sie lassen sich in einem Behälter mit leicht gesalzenem Wasser bis zu zwei Wochen im Kühlschrank aufbewahren. Gesalzener Bambus muß vor Gebrauch eingeweicht werden, wobei man das Wasser einige Male wechseln muß, damit überschüssiges Salz entzogen wird. Eingelegte Bambussprossen werden vor Verwendung in mehrmals gewechseltem Wasser gekocht.

Bambussprossen haben einen ausgeprägten Pflanzengeschmack und ein kräftiges Aroma. Besonders gut schmecken sie in rotgeschmorten oder pfannengerührten Gerichten und in Suppen; auch sind sie eine gute Zutat in Teigtaschen.

Von alters her sind hohle Bambusstangen als Lebensmittel- und Kochbehälter benutzt worden, und getrocknete Bambusblätter nimmt man, um Klößchen einzuwickeln und um ihnen zusätzliches Aroma zu geben.

1. aufgeschnittene Bambussprossen; 2. kleingeschnittene Bambussprossen; 3. Bambusblätter; 4. Winterbambussprossen; 5. frisch geerntete Bambussprossen

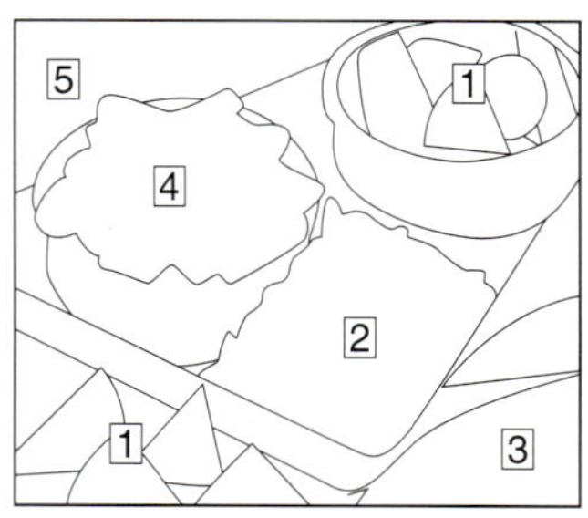

HEUNG JIN CARE TZE

GEBRATENE AUBERGINE

Ein weiteres Auberginengericht aus Sichuan – das Gemüse ist so vielseitig und so schmackhaft, daß man sich gar kein schlechtes Rezept damit vorstellen kann.

4-6 EL Erdnußöl
750 g Aubergine (Eierfrucht), schräg in 0,5 cm dicke Scheiben geschnitten
1 TL feingehackter Knoblauch
1 TL feingehackter Ingwer
250 ml Hühnerbrühe (Suppenextrakt)
1 TL Gewürz- oder Weinessig
1 TL Sesamöl
1 EL helle Sojasauce
1 TL dunkle Sojasauce
1 TL Salz
1 TL Zucker
1 TL chinesischer Reiswein
2 EL gehackte Schalotten (Frühlingszwiebeln)

FÜR 4-6 PERSONEN

Links: Heung Jin Care Tze; rechts: Gone Bin Say Kwai Dou

¶ 1-2 EL vom Öl in einem Wok erhitzen und die Auberginenscheiben braten, bis beide Seiten leicht gebräunt sind, dann herausnehmen.
¶ Die restlichen 3-4 EL Öl im Wok erhitzen. Knoblauch und Ingwer zugeben. In einer Schüssel Brühe, Essig, Sesamöl, Sojasaucen, Salz und Zucker mischen. Anschließend die Brühenmischung zugießen. Die Auberginenscheiben wieder in den Wok geben und bei mittlerer Hitze kochen, bis die Flüssigkeit fast verdampft ist; dann den Wein zugeben, die Schalotten darüberstreuen und servieren.

GONE BIN SAY KWAI DOU

GEBRATENE GRÜNE BOHNEN MIT GETROCKNETEN SHRIMPS

Sagen Sie Ihren Gästen, daß Sie ein Gericht aus Sichuan auf den Tisch bringen wollen, und sie werden allein bei dem Gedanken an die Schärfe Herzklopfen bekommen. Bei diesem Gericht ist jedoch nichts zu befürchten, denn es ist zwar sehr schmackhaft, aber nicht scharf.

250 ml Erdnußöl
500 ml grüne Bohnen, in Stücke von 5 cm geschnitten
1 EL feingehackter Knoblauch
1 EL feingehackter Ingwer
1 EL gehackte Schalotte (Frühlingszwiebel)
2 EL getrocknete Shrimps (Garnelen), 30 Minuten in warmem Wasser eingeweicht, abgetropft und feingehackt
250 ml Hühnerbrühe (Suppenextrakt)
1 EL helle Sojasauce
1 TL dunkle Sojasauce
1/2 TL Salz
1 TL Zucker
1/2 TL Gewürz- oder Weinessig
1 TL Sesamöl

FÜR 4-6 PERSONEN

¶ Das Öl in einem Wok erhitzen und die Bohnen zugeben. Bei mittlerer bis starker Hitze braten, bis sie schrumpelig sind. Anschließend die Bohnen aus dem Topf nehmen, abtropfen lassen und beiseite stellen.
¶ Das Öl bis auf 2-3 EL abgießen und den Wok wieder erhitzen. Knoblauch, Ingwer und Schalotten zugeben. Danach die Shrimps zugeben und 30 Sekunden pfannenrühren.
¶ Alle übrigen Zutaten mischen und in den Wok gießen. Die Bohnen wieder in den Wok geben und bei starker Hitze pfannenrühren, bis die Flüssigkeit verdampft ist.

KORIANDER

Koriandergrün, yen sai, *oder chinesische Petersilie erkennt man sofort am scharfen, durchdringenden Aroma. Der ausgeprägte Geschmack verbessert Fischgerichte, Suppen und auch Salate. Die Blätter können gedünstet oder gekocht oder einfach als Garnierung verwendet werden. Neben dem kulinarischen Wert wird Koriandergrün wegen seiner medizinischen Eigenschaften geschätzt: Es enthält viele Vitamine sowie Chlorophyll und wirkt auch anregend auf den Verdauungsprozeß.*

Unten: Chiu Yim Dou Fu; oben: Mun Chai Bow

CHIU YIM DOU FU

FRITIERTER TOFU MIT CHILISALZ

Tofu nimmt leicht Aromen auf, und dieses Gericht eignet sich gut, um zusammen mit Gemüse-, Fleisch- oder Fischresten serviert zu werden.

3 EL Salz
1 EL feingehackte Chilischote
1/2 TL Fünf-Gewürz-Pulver
750 ml Erdnußöl
1 Schachtel (15 x 7,5 x 5 cm) Tofu, in Würfel von 1 cm geschnitten und trockengetupft

FÜR 4-6 PERSONEN

¶ Einen Wok oder eine Bratpfanne erhitzen und Salz, Chili sowie Fünf-Gewürz-Pulver zugeben. Sautieren, bis es leicht gebräunt ist. Aus dem Topf nehmen und für den Dip aufheben.
¶ Das Öl im Wok sehr stark erhitzen. Tofu zugeben und goldbraun braten. Herausnehmen und auf Papiertüchern abtropfen lassen. Mit dem Dip servieren.

MUN CHAI BOW

VEGETARISCHER KÖSTLICHKEITEN-TOPF

Dies ist ein Festgericht mit vielen verschiedenen Namen, zum Beispiel „Acht Köstlichkeiten". Sie können es mit allen Gemüsen zubereiten, die Ihnen geeignet erscheinen. Probieren Sie es mit den Gemüsen aus, die ich hier habe, dann nehmen Sie dazu (oder lassen weg), was immer Sie wollen.

750 ml plus 2-3 EL Erdnußöl
6 Stücke Tofu, Ecken von 5 x 5 x 1 cm
125 g Haariger Kürbis, Schale geschabt, in 4 cm lange Stücke geschnitten
125 g Aubergine (Eierfrucht), in 4 cm lange Stücke geschnitten
125 g grüne Bohnen, in 4 cm lange Stücke geschnitten
125 g Chinakohl, in 4 cm lange Stücke geschnitten
6 getrocknete schwarze Pilze, 1 Stunde in warmem Wasser eingeweicht, abgetropft und Stiele entfernt
2 Knoblauchzehen, zerdrückt
3 Scheiben Ingwer
6 Blatt süßer Tofu, halbiert
500 ml Hühnerbrühe (Suppenextrakt)
1 1/2 EL Austernsauce
1 EL helle Sojasauce
1 TL dunkle Sojasauce
30 g grüne Bohnennudeln, 30 Minuten in warmem Wasser eingeweicht, abgetropft und in 10 cm lange Stücke geschnitten
1 1/2 TL Maisstärke (Stärkemehl)
1 TL chinesischer Reiswein

FÜR 4-6 PERSONEN

¶ Das Öl in einem Wok sehr stark erhitzen und den Tofu gold-braun braten; dann den Tofu aus dem Wok nehmen und abtropfen lassen.
¶ Im selben Öl Haarigen Kürbis, Aubergine, grüne Bohnen, Chinakohl und Pilze 1 1/2 Minuten braten. Herausnehmen und abtropfen lassen.
¶ Die restlichen 2-3 EL Öl in einem Tontopf erhitzen. Knoblauch und Ingwer zugeben. Anschließend die Gemüse zugeben und die Tofublätter darauflegen.
¶ Die Brühe, Austernsauce und Sojasaucen mischen und in den Topf gießen. Zudecken und bei mittlerer Hitze zehn Minuten kochen. Die grünen Bohnennudeln zugeben und zwei Minuten kochen. Die Maisstärke einrühren und den Wein zugeben. Im Tontopf servieren.

LOTUSWURZEL

Fast jeder Teil der Lotusblume wird in der chinesischen Küche verwendet, am häufigsten jedoch die Lotuswurzel. Sie kann in den meisten chinesischen Lebensmittelläden gekauft werden, frisch, in der Dose, getrocknet oder gesüßt. Die Wurzel kann in Suppen, vegetarischen Gerichten und in nahezu allen Teigtaschen verwendet werden. Für einen raffinierten Snack kann man Stücke der Lotuswurzel in drei verschiedenen Saucen marinieren und dann fritieren, bis sie knusprig sind.

Von oben rechts im Uhrzeigersinn: eingelegter Senfkohl aus Sichuan; in Salz eingelegte Rübenstreifen mit Chili; eingelegter Knoblauch; eingelegter Senfkohl; eingelegter Kopfsalat mit Ingwer; in Salz eingelegte Gurke; mit Chili eingelegte Gemüse; trocken eingelegte Rübenstreifen

Eingelegte Gemüse

Die Chinesen verwenden zum Kochen eine breite Auswahl eingelegter Gemüse. Im Norden, wo die Winter lang und streng sein können, ist eingelegter Kohl eine Hauptstütze, ganz so wie ein ähnliches, chilischarf eingelegtes Gemüse in Korea (*kim chee*). Im zentral gelegenen Sichuan wird bitterer Senfkohl, mit Salz, Knoblauch und Unmengen von Chili in Tongefäße gepreßt, zu einer scharfen Gemüsekonserve. Die Kantonesen, Vertreter eines milden Kochstils, mögen den Pfiff und die Salzigkeit kleingeschnittenen eingelegten Gemüses in ihren Suppen. Süß eingelegte Zwiebeln von jungem Lauch oder Schalotten (Frühlingszwiebeln) und ganze Knoblauchzehen sind ein appetitanregender Happen vor dem Essen, der gut zu aufgeschnittenem kalten Fleisch und anderen Vorspeisen paßt. Fein gehacktes eingelegtes Gemüse ist oft die Überraschungszutat in einer Füllung oder Hackfleischzubereitung.

Harte Wurzelgemüse wie Rüben, Karotten und Rettich werden in dünne Streifen geschnitten, mit Salz eingerieben, in der Sonne getrocknet, bis sie fest, aber biegsam sind, und dann, in Tongefäße gepreßt, konserviert. Kohl und andere Gemüse werden in Lake oder in Essig mit Gewürzen eingelegt.

TUI YUNG SHEUNG SAW

GURKEN- UND PILZSCHNITZE IN SCHINKENSAUCE

Dies ist für jede Jahreszeit ein sehr erfrischendes Gericht Die Gemüsemischung ist „entspannend", aber der Schinken hindert Sie am Einschlafen.

3-4 EL Erdnußöl
1 TL Salz
375 g Champignons, in Scheiben geschnitten
1 Gurke, etwa 185 g, der Länge nach halbiert, entkernt und in dünne Scheiben geschnitten
1 TL gehobelter Ingwer
1/2 TL feingehackter Knoblauch
30 g magerer geräucherter Schinken, sehr fein gehackt
250 ml Hühnerbrühe (Suppenextrakt)
1 TL Zucker
1/2 TL Sesamöl
1 TL Maisstärke (Stärkemehl)
1 TL chinesischer Reiswein

FÜR 4-6 PERSONEN

❡ 1 EL Erdnußöl in einem Wok erhitzen. Salz und Pilze zugeben und zwei Minuten sautieren. Die Gurke zugeben und 45 Sekunden sautieren; dann herausnehmen, abtropfen lassen und auf eine Servierplatte geben.

❡ Das restliche Öl im Wok erhitzen. Ingwer und Knoblauch zugeben, anschließend den Schinken. Brühe, Zucker, Sesamöl und Maisstärke mischen und in den Wok gießen. Scharf kochen, um die Flüssigkeit auf die Hälfte zu reduzieren, den Wein zugeben und alles über das Gemüse gießen.

JAR CHOI YUK SZE

PFANNENGERÜHRTES SCHWEINEFLEISCH UND EINGELEGTES WURZELGEMÜSE „SICHUAN"

Dieses pfannengerührte Gemüsegericht wird mit Chili und einer rübenartigen eingelegten Wurzel zubereitet. Wenn Sie jar choi, die eingelegte Wurzel, nicht bekommen können, nehmen Sie einfach Rüben. Das Gericht paßt wunderbar zu Nudeln, Reis oder Pfannkuchen nach nordchinesischer Art.

Für die Marinade:
1/2 TL Salz
1/2 TL Zucker
1 TL Maisstärke (Stärkemehl)
1/2 EL Wasser

Für das Fleisch und Gemüse:
125 g Schweinefilet, in 5 cm lange Streifen geschnitten
125 ml Erdnußöl
1 EL gehobelter Ingwer
1 TL feingehackter Knoblauch
1 grüne Paprikaschote, in 5 cm lange Streifen geschnitten
1 rote Paprikaschote, in 5 cm lange Streifen geschnitten
125 g eingelegte Sichuan-Wurzel, 1 Stunde in warmem Wasser eingeweicht, abgetropft, und in 5 cm lange Streifen geschnitten
60 ml Hühnerbrühe (Suppenextrakt)

1-2 TL Chiliöl
1½ TL Zucker
1 TL Sesamöl
1 TL chinesischer Reiswein
1 TL Maisstärke (Stärkemehl)

FÜR 4-6 PERSONEN

¶ Alle Zutaten für die Marinade in einer Schüssel verrühren.
¶ Das Fleisch 15 Minuten marinieren. Das Erdnußöl in einem Wok erhitzen und das Fleisch eine Minute pfannenrühren; dann das Fleisch aus dem Wok nehmen und abtropfen lassen.
¶ Das Öl bis auf 3-4 EL abgießen und den Wok wieder erhitzen. Ingwer und Knoblauch zugeben und braten. Anschließend Paprika und eingelegte Wurzel zugeben. Bei mittlerer Hitze zwei Minuten pfannenrühren.
¶ In einer Schüssel alle restlichen Zutaten vermischen und in den Wok geben. Das Fleisch wieder zugeben und bei starker Hitze eine Minute pfannenrühren.

Links: Tui Yung Sheung Saw; rechts: Jar Choi Yuk Sze

Reis, Nudeln & Brot

Reis, Nudeln & Brot

Im Jahr 2800 v.Chr. legte Kaiser Chinning seine zeremoniellen Gewänder an, schnürte ein Paar unzeremonielle Sandalen, ging hinaus auf die Felder und grub das Loch für eine wichtige Handlung. In dieses Loch legte er ein Saatkorn und bat den Herrn des Himmels, dieses wachsen zu lassen. Heute ist jener Samen so gewaltig angewachsen, daß die halbe Welt von einem einzigen Getreide abhängt: Reis. Tatsächlich wird Reis in China seit etwa 5000 v.Chr. angebaut, und heute gibt es mehr als 7.000 Sorten.

¶ In China ist Reis mehr als Nahrung: Er ist die Lebensgrundlage, die die Sprache durchdrungen hat. Anstatt mit „Guten Tag" grüßen die Chinesen eher mit „Hast Du schon deinen Reis bekommen?" „Zu Mittag essen" bedeutet in China „Reis essen".

¶ Außer im Norden Chinas, wo allgemein Weizen bevorzugt wird, verwendet man Reis im ganzen Land. Die Gründe liegen auf der Hand: Reis erbringt mehr Kalorien pro Hektar als jede andere Nahrungspflanze – Kartoffeln ausgenommen.

Vorhergehende Seiten: Ordentliche Nudelschnüre hängen in der Provinz Sichuan zum Trocknen im Freien. Nudeln sind zwar im Norden beliebter, werden aber in den verschiedensten Formen in ganz China gegessen – von Bandnudeln aus Ei und Weizenmehl, welche italienischer Pasta ähneln, zu hauchdünnen „Cellophan"-Nudeln, die aus zermahlenen Mungobohnen hergestellt werden.
CHINA TOURISM PHOTO LIBRARY/WANG MIAO

Gegenüber: Eine Tibeterin bereitet Nudelteig. Diese nahrhafte und vielseitige Zutat kann gebraten oder in leichten Suppen und dickeren eintopfartigen Gerichten verwendet werden, wo sie zu praktisch jeder Gemüseart und zu Huhn, Schwein und Shrimps (Garnelen) paßt. LEO MEIER/WELDONS

¶ Am beliebtesten ist weißer Reis („Reinige und poliere stets Deinen Reis", sagte Konfuzius im fünften Jahrhundert v.Chr.), obwohl heute immer mehr Chinesen den braunen Reis essen (bei dem die nährstoffreiche Schale belassen wird).

¶ Auch Nudeln werden in China seit Urzeiten gegessen. Im vierten Jahrhundert schrieb der Schriftsteller Shu Hsi, daß Nudeln im wesentlichen ein Gericht für „das gemeine Volk" seien. Tatsächlich wurden Nudeln bis zur Mongoleninvasion von den Feinschmeckern Südchinas verachtet. Sie hielten die Nordchinesen für Barbaren. Aber als Nordchinesen die Oberherrschaft erlangten, gewannen auch ihre Speisen plötzlich ein gewisses Prestige.

¶ Heute stellt man in China eine große Vielzahl von Nudeln her, meist aus Weizenmehl mit Ei oder Wasser. Reis wird für dünne Vermicelli und Bandnudeln verwendet; glasartige Fadennudeln stellt man aus gemahlenen Mungobohnen her.

¶ Spricht man von chinesischen Nudeln, fallen einem sofort die „Unterhaltungskünstler" in der Nudelmacherzunft ein. Das sind die von großen und kleinen Restaurants beschäftigten Köche, die sich darauf verstehen, einen Klumpen Weizenmehlteig in Schleifen aus dünnen Fäden zu verwandeln, indem sie ihn wie einen Hula-Hoop-Reifen herumwerfen.

¶ Die Chinesen sind zwar bestens bekannt für ihre Reis- und Nudelgerichte, doch stellen die Köche auch eine erstaunliche Auswahl an Brötchen und Broten her. Meist werden sie gesotten oder gedämpft, manche Frühstücksbrote auch fritiert. Mitunter werden die Brötchen mit pikanten oder süßen Füllungen gefüllt, andere zu Taschen aufgeschnitten, um sie dann zu füllen.

Oben: Ngau Sung Tong Mai; unten: Yuk Sze Chau Min

YUK SZE CHAU MIN

GEBRATENE EIERNUDELN MIT SCHWEINE-GESCHNETZELTEM UND BOHNENSPROSSEN

Brachte Marco Polo die Teigwaren wirklich aus China mit? Die Ähnlichkeit zwischen chinesischen Nudeln und italienischer Pasta ist nicht zu leugnen. Jedenfalls handelt es sich hier um ein südchinesisches Gericht, da es Eiernudeln verlangt; im Norden werden die Nudeln aus Weizenmehl und Wasser hergestellt, aber nicht mit Eiern.

Für die Marinade:
1 EL helle Sojasauce
1 TL Salz
1 TL Zucker
1 TL Maisstärke (Stärkemehl)
Für die Sauce:
1 EL helle Sojasauce
1 TL dunkle Sojasauce
1 EL Austernsauce
2 TL Salz
2 TL Zucker
375 ml Hühnerbrühe (Suppenextrakt)
Für das Fleisch und die Bohnensprossen:
185 g Schweinefilet, fein geschnetzelt
250 g Bohnensprossen
250 g Eiernudeln
250 ml Erdnußöl
1 TL gehackter Ingwer
1 TL gehackter Knoblauch

FÜR 4-6 PERSONEN

¶ Alle Zutaten für die Marinade verrühren.
¶ Alle Saucenzutaten gut mischen.
¶ Das Fleisch 15 Minuten marinieren.
¶ In einem großen Topf 1 l Wasser zum Kochen bringen. Bohnensprossen zugeben und 30 Sekunden kochen. Anschließend herausnehmen und abtropfen lassen.

¶ Die Nudeln in das kochende Wasser geben. Wenn es wieder zu sprudeln beginnt, 90 ml kaltes Wasser zugießen und drei bis vier Minuten kochen. Dabei rühren, um die Nudeln zu trennen; dann herausnehmen und kurz unter kaltem Wasser abspülen.

¶ 3-4 EL vom Öl in einem Wok erhitzen. Die Nudeln braten, bis sie leicht gebräunt sind, etwa zehn Sekunden; dann herausnehmen, abtropfen lassen und auf eine Servierplatte geben.

¶ Das restliche Öl in einem anderen Wok erhitzen. Das Fleisch zugeben, dabei rühren, damit es nicht anhängt, und zehn Sekunden braten, dann herausnehmen.

¶ Das Öl bis auf 1-2 EL abgießen und den Wok wieder erhitzen. Ingwer und Knoblauch zugeben. Das Fleisch wieder hineingeben, dann die Bohnensprossen zufügen und 30 Sekunden pfannenrühren. Die Sauce zugeben und zum Kochen bringen. Über die Nudeln gießen und servieren.

NGAU SUNG TONG MAI

REISVERMICELLI MIT RINDERHACK UND KORIANDERGRÜN

Koriandergrün wird oft als „chinesische Petersilie“ bezeichnet, da seine Blätter der europäischen ähneln. Aber es handelt sich um zwei völlig verschiedene Pflanzen. Während Petersilie ein reines, fast teeartiges Aroma hat, schmeckt Koriander stark und scharf. Wenn Sie auf Koriander empfindlich reagieren oder den Geruch nicht mögen, können Sie ihn durch Schalotten oder Petersilie ersetzen.

Für die Marinade:
1 EL helle Sojasauce
1 TL Salz
1 TL Zucker
1 TL chinesischer Reiswein
2 TL Maisstärke (Stärkemehl)
2 EL Wasser
Für die Sauce:
1 EL helle Sojasauce
1 TL dunkle Sojasauce
2 EL Austernsauce
1½ TL Salz
2 TL chinesischer Reiswein
2 TL Maisstärke (Stärkemehl)
375 ml Hühnerbrühe (Suppenextrakt)
Für das Fleisch:
250 g Reisvermicelli, 20 Minuten eingeweicht, abgetropft
185 g Rinderfilet, durchgedreht
250 ml Erdnußöl
1 TL gehackter Knoblauch
1 TL gehackter Ingwer
2 TL rote Chilischote, entkernt, in Streifen geschnitten
2 EL gehacktes Koriandergrün

FÜR 4-6 PERSONEN

¶ Alle Zutaten für die Marinade verrühren.

¶ Alle Saucenzutaten gut mischen.

¶ Das Fleisch 15 Minuten marinieren.

¶ 3-4 EL vom Öl in einer Pfanne erhitzen. Die Vermicelli braten, bis sie gebräunt sind; abtropfen lassen, auf eine Servierplatte geben und warm halten.

¶ Das restliche Öl in einem Wok erhitzen. Das Fleisch zugeben und fünf Minuten braten, dabei rühren, damit es nicht anhängt. Das Fleisch herausnehmen und abtropfen lassen.

¶ Das Öl bis auf 1 EL abgießen und den Wok wieder erhitzen. Knoblauch, Ingwer und Chili zugeben. Die Sauce zugeben und zum Kochen bringen. Das Fleisch wieder in den Wok geben und den Koriander zugeben. Wenn es wieder zu Kochen beginnt, alles über die Vermicelli gießen.

HAI YUK E-FU MIN

E-FU-NUDELN MIT KRABBENFLEISCH

Sie können selbst E-fu-Nudeln herstellen, indem Sie Eiernudeln abkochen und dann braten. Heute sind E-fu-Nudeln jedoch abgepackt zu haben und schmecken genauso gut. Bei diesem kantonesischen Gericht bildet das frische Krabbenfleisch einen weichen Kontrast zu den gebratenen Nudeln.

250 g E-fu-Nudeln
6 EL Erdnußöl
500 ml Hühnerbrühe (Suppenextrakt)
1 EL Austernsauce
1 EL dunkle Sojasauce
1 TL feingehackter Knoblauch
1 TL feingehackter Ingwer
185 g gekochtes Krabbenfleisch
1/2 TL Salz
1/2 TL Zucker
1/2 TL Gewürz- oder Weinessig
1/2 TL gemahlener schwarzer Pfeffer
1 TL Maisstärke (Stärkemehl)
1 Eiweiß
1 TL chinesischer Reiswein
125 g chinesischer Schnittlauch

FÜR 4-6 PERSONEN

❡ Die Nudeln in einen großen Topf mit kochendem Wasser geben, etwa drei Minuten kochen, bis sie weich sind. Herausnehmen und abtropfen lassen.
❡ 3-4 EL Öl in einem Wok erhitzen. Die Nudeln zugeben und kurz pfannenrühren.
❡ 250 ml Brühe mit Austernsauce und Sojasauce vermischen. Zu den Nudeln geben und kochen, bis die Flüssigkeit absorbiert ist. Auf eine Servierplatte geben und abdecken.
❡ Das restliche Öl im Wok erhitzen. Knoblauch und Ingwer zugeben. Anschließend das Krabbenfleisch zugeben und zehn Sekunden pfannenrühren.
❡ Die restliche Brühe mit Salz, Zucker, Essig, Pfeffer und Maisstärke vermischen, zum Kochen bringen und das Eiweiß einrühren. Den Wein zugeben und über die Nudeln gießen. Mit Schnittlauch bestreuen und servieren.

TAN TAN MIN

TAN-TAN-NUDELN

Das Wort tan-tan *bedeutete „auf den Schultern tragend". Der Nudelverkäufer trug seine Kartons mit frischen Nudeln auf den Schultern und lieferte sie von Haus zu Haus ab. In diesem einfachen, aber pikanten Gericht aus Sichuan gibt die Kombination aus eingelegten Rüben, Schalotten, Knoblauch und Ingwer den Nudeln einen durchweg „munteren" Geschmack.*

Für Sauce A:
2 EL gehackte getrocknete Shrimps (Garnelen)
2 EL gehackte eingelegte Rübe
2 EL gehackte Schalotte (Frühlingszwiebel)
1 EL gehackter Knoblauch
1 EL gehackter Ingwer
Für Sauce B:
2 EL helle Sojasauce
1 EL dunkle Sojasauce

1 EL Zucker
1-2 EL Chiliöl
2 EL Gewürz- oder Weinessig
1 EL chinesischer Reiswein
1 EL Sesamöl
6 EL Wasser
Für die Nudeln:
2 EL Erdnußöl
250 g Weizennudeln
1 l Hühnerbrühe (Suppenextrakt)

Für 4-6 Personen

¶ Alle Zutaten für Sauce A separat mischen.
¶ Alle Zutaten für Sauce B gründlich verrühren.
¶ Das Öl in einem Topf erhitzen. Sauce A zugeben und bei mittlerer bis schwacher Hitze eine Minute kochen. Sauce B zugeben und eine Minute kochen.
¶ Einen großen Topf Wasser zum Kochen bringen. Die Nudeln zugeben und wieder zum Kochen bringen. 90 ml kaltes Wasser zugeben und 3-4 Minuten kochen. Mit einem Schaumlöffel die Nudeln aus dem Topf nehmen, mit kaltem Wasser abschrecken und abtropfen lassen. Das Wasser wieder zum Kochen bringen, die Nudeln zugeben und 30 Sekunden kochen. Herausnehmen, abtropfen lassen und auf vier Schalen verteilen.
¶ Die Hühnerbrühe zum Kochen bringen. Über die Nudeln gießen und die Sauce daraufgeben.

Links: Hai Yuk E-fu Min; rechts: Tan Tan Min

JAR CHEUNG MIN

NUDELN MIT SCHWEINEFLEISCH „PEKING"

Kleinere Restaurants werden versuchen, bei diesem Gericht zu knausern, indem sie das Fleisch durchdrehen, doch sollte es wirklich in einigermaßen große Stücke gewürfelt werden.

3-4 EL Erdnußöl
1 EL gehackter Knoblauch
60 g Bambussprossen, in Würfel von 1 cm geschnitten
185 g Schweinefilet, in Würfel von 1 cm geschnitten
2 EL süße Mehlpaste (in Chinaläden erhältlich)
2 EL helle Sojasauce
1 rote Chilischote, entkernt und in kleine Ringe geschnitten
1,25 l Hühnerbrühe (Suppenextrakt)
185 g trockene dicke Weizennudeln
1 Gurke, in feine Streifen geschnitten
1 EL gehackte Schalotte (Frühlingszwiebel)

FÜR 4 PERSONEN

❡ Das Öl in einem Wok erhitzen. Knoblauch, Bambussprossen und Fleisch zugeben und bei mittlerer Hitze eine Minute pfannenrühren. Die süße Mehlpaste, Sojasauce und Chili zugeben und unterrühren. Anschließend 250 ml von der Hühnerbrühe zugießen. Zum Kochen bringen, dann unter ständigem Rühren zwei Minuten köcheln lassen und in eine Schüssel geben.
❡ Die restliche Hühnerbrühe in einem großen Topf zum Kochen bringen, dann auf vier Servierschalen verteilen.
❡ Einen großen Topf Wasser zum Kochen bringen. Die Nudeln zugeben, und wenn das Wasser wieder sprudelt, 90 ml kaltes Wasser zugeben; acht Minuten kochen. Die Nudeln dann aus dem Topf nehmen, abschrecken und abtropfen lassen, aber das Wasser nicht weggießen. Die Nudeln anschließend wieder in den Topf mit kochendem Wasser geben und 45 Sekunden kochen, dann herausnehmen, abtropfen lassen und auf die Schalen mit der Hühnerbrühe verteilen.

KLEBREIS

Klebreis ist eine besondere Reisart mit hohem Stärkeanteil – soviel, daß die Körner beim Kochen zusammenkleben. Er wird für chinesische Süßspeisen, in dim sum*-Gerichten und in mehreren Rezepten für Curry-Gerichte verwendet. Fermentierter Klebreis ist die Grundlage von Reiswein. Die Zubereitung von* no may *(wie Klebreis auf Chinesisch heißt) ist einfach: Er sollte über Nacht in Wasser mit etwas Salz eingeweicht werden, dann kocht man ihn wie herkömmlichen Reis.*

❡ Etwas kleingeschnittene Gurke auf die Nudeln geben und die Fleischmischung darübergießen. Schalotte darüberstreuen und servieren.

CHEE MA HAR MIN

NUDELN MIT SHRIMPS IN SESAMSAUCE

Nichts könnte einfacher, sättigender und köstlicher sein als dieses Rezept aus Teochiu. Wenn Sie Lust auf ein Essen mit nur einem Gang haben, ist dies die Antwort.

Für die Sauce:
3 EL Sesampaste
2 EL helle Sojasauce
1 EL Gewürz- oder Weinessig
2 TL Zucker
1 EL chinesischer Reiswein
375 ml Hühnerbrühe (Suppenextrakt)
1 EL Maisstärke (Stärkemehl)
Für die Marinade:
½ Eiweiß
1 TL Salz
½ TL Pfeffer
1 EL Maisstärke (Stärkemehl)
Für die Nudeln und Shrimps:
250 g ungekochte Shrimps (frische Garnelen), Köpfe entfernt, geschält, Darm entfernt, gewaschen
840 ml kaltes Wasser
250 g Eiernudeln
4-6 EL Erdnußöl
125 g Champignons

FÜR 4-6 PERSONEN

❡ Alle Saucenzutaten vermischen.
❡ Alle Zutaten für die Marinade verrühren und die Shrimps mindestens 15 Minuten marinieren.
❡ In einem mittelgroßen Topf 750 ml Wasser zum Kochen bringen und die Nudeln zugeben. Wenn das Wasser wieder sprudelt, die restlichen 90 ml kaltes Wasser zugeben. Die Nudeln fünf Minuten köcheln lassen und durch Rühren trennen. Die Nudeln dann aus dem Topf nehmen, abtropfen lassen und mit kaltem Wasser abschrecken, aber den Topf nicht leeren. Die Nudeln wieder hineingeben und 30 Sekunden köcheln lassen. Anschließend herausnehmen und abtropfen lassen.
❡ Auf eine Servierplatte geben und mit 2-3 EL erhitztem Öl schwenken. Die restlichen 2-3 EL Öl im Wok erhitzen und die Pilze eine Minute rühren. Die Sauce zugeben und zum Kochen bringen.
❡ Die Shrimps zugeben und 30 Sekunden kochen. Shrimps und Sauce über die Nudeln gießen.

Oben: Chee Ma Har Min; unten: Jar Cheung Min

Brot

In Nordchina ißt man zu fast allen Mahlzeiten Brot aus Weizenmehl, meist in Form von Brötchen aus gesäuertem Teig, der nicht gebacken, sondern gedämpft wird. Die meisten Brötchen sind klein, wenig mehr als ein paar Mundvoll und oft mit süßen oder pikanten Zutaten, mit süßer Lotusnußpaste, Eiercreme oder zerdrückten (gesüßten) roten Bohnen gefüllt. Diese gefüllten Brötchen sind beliebte Artikel auf dem *dim sum*-Wagen. Zu den leckersten gehören *cha siu bao*, gefüllt mit gebratenem Fleisch in einer süßen Bohnensauce; diese Brötchen platzen beim Dämpfen oben auf und geben ihre süße rote Füllung zu erkennen.

Einfache gedämpfte Brötchen *(bao)***:** Sie dienen dazu, Sauce aufzunehmen, und auch als Beilage (anstelle von Reis). Ein normales *bao* ist einfach eine Teigrolle, etwa 15 cm lang, schneeweiß und elastisch beim Berühren, wenn es gedämpft ist, von feiner Struktur und eher trocken.

Gedämpfte „Schneckenbrötchen“ *(lwo sz juan)***:** Diese sind ein wenig komplizierter herzustellen. Feine Teigstreifen werden zu Bündeln geschlungen und dann gedämpft.

„Silberfaden“-Brot *(yin sz juan)***:** Hier wird ein Bündel Teigstreifen in eine dünne Teiglage gehüllt. Das fertige Brötchen ist ein außen glattes Oval mit geschichteten Fäden im Innern. Manchmal werden sie fritiert, oder man brät und glasiert sie dann mit Zuckersirup, wodurch sie eine leicht klebrige, goldene Haut bekommen.

Gedämpfte „Blumen“-Brötchen: Sie werden zu knusprig gebratenem Geflügel gereicht und hergestellt, indem man kleine Teigstücke zu Scheiben formt, die vor dem Dämpfen zu Halbmonden gefaltet werden. Wenn sie sich ausdehnen, öffnen sich die Schichten wie eine Blütenknospe. Eine größere Version dieses gefalteten Brötchens wird zu dem zentralchinesischen Gericht „Schinken mit Honigglasur“ gereicht.

„Familienkuchen“: Dies ist ein ungesäuertes Brot, das ohne Öl im Topf gegart und in Keile geschnitten wird. Es wird als Imbiß mit grünen Gemüsen oder Bohnensprossen serviert und ist bei Kindern sehr beliebt.

Ähnlich zubereitet ist das knusprig-feste, geschichtete „Schalottenbrot“ *(ts'ung yu ping)*. Wenn Sie im Zentrum von Shanghai durch eine beliebige kleine Gasse schlendern, treffen Sie mit Sicherheit auf einen Händler mit einem Stapel warmen Schalottenbrots, das auf den Kenner wartet.

Mandarinpfannkuchen: Wenn die glänzende bernsteinfarbene Haut einer Pekingente in mundgerechte Stücke geschnitten ist, wird sie auf hauchdünne Scheiben gelegt, die wie kleine, etwas festere Crêpes sind und „Mandarinpfannkuchen“ *(bo ping)* heißen, manchmal auch „Lotusblätter“ wegen ihrer runden, flachen Form. Sie sind so dünn, daß sie paarweise gekocht werden, damit sie nicht zerreißen.

Sesambrottaschen: Sie sehen aus wie flache goldene Brillenetuis und gehören zu Gerichten aus pikantem geschnetzelten Fleisch mit eingelegten Gemüsen. Das Fleisch wird in das Brot gestopft, das man wie ein Sandwich ißt.

Süße Brötchen: Manche süßen Brötchen, die blätterteigartig und mit Schweineschmalz bereitet sind, werden im Backofen gebakken, so auch der kantonesische „Mondkuchen“, der zur Feier des Mondfestes zubereitet wird. Andere Brot- und Kuchensorten werden fritiert, etwa die langen, zweischichtigen *you tiao*-Krapfen, die wie längliche Berliner aussehen. In Scheiben geschnitten läßt man sie auf Schalen mit Frühstücks-*congee* schwimmen.

Süße „langes Leben“-Brötchen: Hier wird der Teig mit Lotusnußpaste gefüllt, zu Birnen geformt und mit rosa Lebensmittelfarbe gefärbt. Man serviert sie gewöhnlich zum chinesischen Neujahrsfest.

1. gedämpfte Brötchen; 2. gefüllte Brötchen; 3. gedämpfte „Silberfaden“-Brötchen; 4. Schalottenbrote; 5. gebratene you tiao*-Krapfen; 6. mit Eiercreme gefüllte Brötchen; 7. gedämpfte Brötchen; 8. glasierte gebackene Lotuskuchen; 9.* cha siu bao*; 10. gedämpfte „Schneckenbrötchen“*

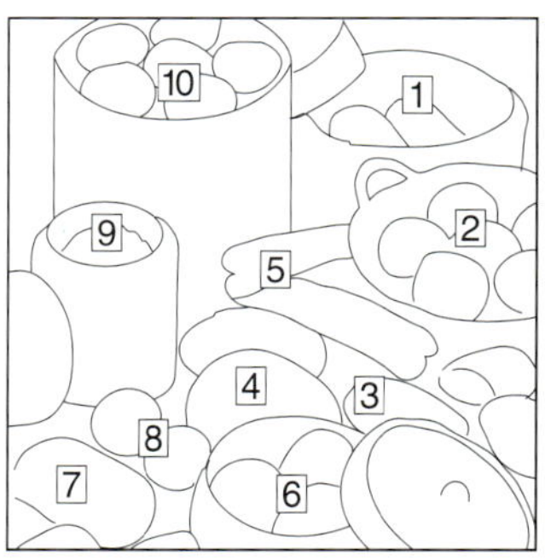

NGAU SUNG CHAU FAN

GEBRATENER REIS MIT RINDERHACK

In der kantonesischen Küche wird niemals etwas weggeworfen: Die Hausfrauen heben Fett- und Fleischstreifen auf, die sie von einer beim Metzger gekauften Ware abschneiden. Genauso halten sie es beim Reis: Er wird aufgehoben, um in einem Gericht wie diesem verwertet zu werden. Übriggebliebener Reis eignet sich am besten zum Braten, da sich die Körner voneinander lösen, wenn er über Nacht gekühlt wird.

Für die Marinade:
1 TL Salz
1 TL Zucker
1 TL chinesischer Reiswein
1 TL Maisstärke (Stärkemehl)
1 EL Wasser
1 EL Erdnußöl
Für das Fleisch:
90 g Rinderhüftsteak, durchgedreht
3-4 EL Erdnußöl
1 EL gehobelter Ingwer
1 EL gehackter Knoblauch
280 g roher Reis, gekocht und abgekühlt, oder 315 g kalter gekochter Reis
2 EL helle Sojasauce
2 TL dunkle Sojasauce
3-4 EL Hühnerbrühe (Suppenextrakt)
2 EL Schalotten (Frühlingszwiebeln), gehackt

FÜR 4-6 PERSONEN

¶ Alle Zutaten für die Marinade verrühren.
¶ Das Fleisch fünf Minuten marinieren.
¶ Das Öl in einem Wok erhitzen und Ingwer und Knoblauch zugeben. Anschließend das Fleisch zugeben und durch Rühren trennen. Den gekochten Reis zugeben, je 75 g auf einmal, und ständig rühren. Sojasaucen, Hühnerbrühe und Schalotten zugeben und drei Minuten pfannenrühren.

CHAI CHAU FAN

VEGETARISCHER GEBRATENER REIS

Ich habe bei den Zutaten mehrere Gemüse aufgeführt, aber Sie können verwenden, was Sie gerade zur Hand haben. Was dem Gericht die besondere Note gibt, sind die Pinienkerne, die dieses gesunde, leckere Gericht knackig machen. Sie können statt der Pinienkerne auch Mandeln oder Erdnüsse nehmen.

Oben: Chai Chau Fan; unten: Ngau Sung Chau Fan

4 getrocknete Waldohrenpilze, mit Wasser bedeckt eingeweicht, abgetropft, Stiele entfernt und gewürfelt; Einweichwasser aufheben
½ TL Salz
1 TL Zucker
3-4 EL Erdnußöl
1 EL gehackter Ingwer
2 EL frische grüne Erbsen, blanchiert; oder tiefgekühlte Erbsen, aufgetaut
2 EL Karotten, gewürfelt und blanchiert
2 EL Champignons, gewürfelt und blanchiert
280 g roher Reis oder 315 g kalter gekochter Reis
2 EL helle Sojasauce
1 TL dunkle Sojasauce
2 EL geröstete Pinienkerne

FÜR 4-6 PERSONEN

¶ Die schwarzen Pilze mit dem Einweichwasser, Salz und ½ TL Zucker in einen kleinen Topf geben. Bei schwacher Hitze kochen, bis die Flüssigkeit auf ein Drittel eingekocht ist und in eine Schüssel gießen.
¶ Das Öl in einem Wok erhitzen und den Ingwer zugeben. Anschließend Erbsen, Karotten und Champignons zugeben und bei mittlerer Hitze 30 Sekunden pfannenrühren.
¶ Den Reis zugeben, je 75 g auf einmal und ständig rühren. Die Sojasaucen und den restlichen Zucker zugeben.
¶ Die schwarzen Pilze mit der Flüssigkeit in den Wok geben und drei Minuten pfannenrühren; dann die Pinienkerne zugeben und gut verrühren.

CHINESISCHE WILDREISSPROSSEN

Gau sun *ist allgemein als Wilder Reis bekannt, obgleich er botanisch nicht mit dem Reis verwandt ist. Wie amerikanischer Wilder Reis ist* gau sun *ein mehrjähriges Wassergras, das in Teichen und flachen sumpfigen Gebieten wächst. In chinesischen Lebensmittelläden wird der ganze Stengel einzeln verkauft. Die Blätter müssen weggeworfen und die grüne Schale abgezogen werden. Das Mark, das im Geschmack an Palmherzen erinnert und eine feuchte Konsistenz hat, wird dann zum Verzehr zerkleinert.* Gau sun *wird meist pfannengerührt mit Rind- oder Schweinefleisch serviert. Die Chinesen verwenden ihn zwar nie als Ersatz für Reis, doch schadet es nicht, wenn man ein wenig davon unter gewöhnlichen Reis mischt. Man muß nur beachten, daß er etwa ein Drittel länger als Reis gekocht werden muß.*

Oben: Bow Fan; links: Dong Ku Gai Lup Fan; rechts: Sheung Cheung Fan

Dong Ku Gai Lup Fan

REIS MIT HUHN UND PILZEN

Was mir an diesem ziemlich alltäglichen Gericht besonders gefällt, ist das außergewöhnliche Aroma, das den duftenden Shiitake-*Pilzen zu verdanken ist.*

Für die Marinade:
1 EL helle Sojasauce
1 TL dunkle Sojasauce
1 TL Zucker
1 TL chinesischer Reiswein
1½ TL Maisstärke (Stärkemehl)
1 EL Wasser

Für das Huhn und den Reis:
250 g Hühnerbrust, in Würfel von 1 cm geschnitten
315 g Langkornreis
1 TL Salz
2 TL Erdnußöl
1 l Hühnerbrühe (Suppenextrakt)
3 getrocknete Pilze, 30 Minuten eingeweicht, abgetropft, Stiele entfernt und in 0,5 cm breite Streifen geschnitten
3-4 Scheiben Ingwer
2 Schalotten, nur weiße Teile, in Stücke geschnitten

FÜR 4-6 PERSONEN

❡ Alle Zutaten für die Marinade verrühren.
❡ Das Fleisch 15 Minuten marinieren.

¶ Den Reis waschen und abtropfen lassen. Mit Salz und Öl mischen und in einen Tontopf oder eine Kasserolle geben. Die Brühe zugießen, so daß sie 3 cm über dem Reis steht. Bei starker Hitze zum Kochen bringen, auf mittlere Hitze zurückschalten und kochen, bis die Brühe auf die Höhe des Reises verdampft ist.
¶ Fleisch, Pilze, Ingwer und Schalotten auf den Reis legen. Zudecken und bei sehr schwacher Hitze zehn Minuten kochen. Gut verrühren. Wieder zudecken und 30 Sekunden auf starke Hitze stellen. Dann die Hitze auf sehr schwach zurückschalten und zehn Minuten kochen.
¶ Sofort servieren.

SHEUNG CHEUNG FAN

REIS MIT SCHWEINS- UND ENTENLEBER WÜRSTEN

Dieses Gericht liefert einen guten Anlaß, einige der verschiedenen Arten von Wurst auszuprobieren. Entenleberwurst ist weich, Schweinswurst fest im Biß, und beide sind köstlich.

215 g Langkornreis
2 Schweinswürste
2 Entenleberwürste
1 EL dunkle Sojasauce, mit 1 EL Wasser verdünnt

FÜR 4-6 PERSONEN

¶ Den Reis waschen und abtropfen lassen. In einen Tontopf geben und Wasser zugießen, so daß es 2,5 cm über dem Reis steht. Die Würste darauflegen und bei starker Hitze zum Kochen bringen. Auf mittlere Hitze zurückschalten und kochen, bis das Wasser auf die Höhe des Reises verdampft ist.
¶ Zudecken und bei sehr schwacher Hitze zehn Minuten kochen. Die Würste herausnehmen und beiseite stellen. Zudecken und bei starker Hitze 30 Sekunden kochen. Die Hitze auf sehr schwach zurückschalten und zehn Minuten kochen.
¶ Die Schweinswurst in dünne Scheiben und die Entenleberwurst in Stücke schneiden. Mit dem Reis vermischen und die Sojasauce zugeben.

BOW FAN

REIS

Jeder hat seine Lieblingsmethode, Reis zu kochen, und dies ist die meine. Erdnußöl und Salz sind wahlweise, wobei ich allerdings meine, daß beide beträchtlich zum Geschmack beitragen.

450 g Langkornreis
1 TL Salz
2 TL Erdnußöl

FÜR 6-8 PERSONEN

¶ Den Reis waschen, mit Salz und Öl mischen.
¶ Den Reis in einen Tontopf geben. Wasser zugießen, so daß es 2,5 cm über dem Reis steht.
¶ Bei starker Hitze zum Kochen bringen, dann auf mittlerer Hitze kochen, bis das Wasser fast verdampft ist. Zudecken und zehn Minuten bei sehr schwacher Hitze kochen. Die Hitze auf stark stellen und 30 Sekunden kochen, dann auf sehr schwache Hitze zurückschalten und zehn Minuten kochen.

NUDELN

Nudeln gibt es als fertige Zutat in vielen Sorten, hergestellt aus den verschiedenen Getreidearten, die in China gedeihen; vor allem aus Weizen und Reis, aber auch mit Zutaten wie Süßkartoffeln und Mungobohnen.

Nudeln werden irrtümlich mit Nordchina in Verbindung gebracht, da dort nur sehr wenig Reis angebaut wird und sie ein Grundnahrungsmittel darstellen. Aber auch keine südchinesische Mahlzeit wäre ohne wenigstens ein Gericht mit Nudeln vollständig.

Nudeln lassen sich in einer Suppe kochen; sie können gebraten, gekocht, gedünstet und als Grundlage für eine Vielfalt von Fleisch, Fisch, Schalentieren und Gemüsen serviert werden. Sie sind eine Hauptmahlzeit oder ein Snack zu jeder Tageszeit. Und am chinesischen Neujahrstag oder zu anderen wichtigen Anlässen, etwa Hochzeiten oder Geburtstagen, wäre das Festessen unvollständig ohne die „Langes Leben"-

Nudeln – lange Schnüre, behutsam gekocht, damit sie dabei nicht reißen. Nudeln sind in vielen Gegenden Chinas so beliebt, daß ganze Restaurants ausschließlich Nudelgerichte servieren, wobei sie sich meist auf eine Nudelart spezialisieren, diese aber auf tausenderlei Arten zubereiten.

„Familiennudeln“: Sie werden aus ungebleichtem Weizenstärkemehl, das einfach mit Wasser und Salz gemischt wird, hergestellt.

Da mee: Diese Nudeln, die wörtlich „Schlagnudeln“ heißen, werden aus Weizenmehlteig gemacht, der mit einer Walze zu Platten „geschlagen“ und dann in Streifen geschnitten wird.

Eiernudeln: Aus Weizenmehl und Eiern hergestellt, haben diese Nudeln eine leuchtend gelbe Farbe sowie ein volles Aroma. Sie sind teurer als die ähnlich aussehenden goldenen Nudeln, die mit Laugenwasser – Wasser, das mit einer Spur Natriumhydroxid gekocht wird – hergestellt sind und mit „ohne Eier“ ausgezeichnet werden sollten. Sie müssen vor der Verwendung abgespült werden.

Handgemachte Nudeln: Sie werden von geschickten Nudelmachern hergestellt, die mit einer bis zur gerade richtigen Festigkeit gekneteten Teigkugel beginnen. Diese wird mit beiden Händen an den Rändern gepackt und vom Nudelmacher weggeschwungen, damit sie sich zu einer langen Rolle dehnt. Die zwei Enden werden in einer Hand zusammengeführt und der Teig wird wieder geschwungen. Das wiederholt sich so lange, bis der Teig zu langen Schnüren schneeweißer Nudeln, so dick oder dünn, wie gewünscht, gedehnt ist. Sie brauchen nur zwei oder drei Minuten in kochendem Wasser, bis sie tischfertig sind.

Buchweizennudeln: Diese dünnen grauen Nudeln sind in Beijing, Tianjin und der Mandschurei beliebt. Am besten eignen sie sich für Suppen, sollten aber einige Minuten länger als Eiernudeln gekocht werden.

In der Provinz Sichuan werden Nudeln aus verschiedenen getrockneten Bohnen und aus Wurzelgemüsen wie Yamswurzeln oder Süßkartoffeln zubereitet. Diese ergeben Nudeln, die fest im Biß und halb durchsichtig sind sowie wenig Eigengeschmack haben, dafür aber die Fähigkeit besitzen, den Geschmack anderer Zutaten anzunehmen. Und in Sichuan heißt das gewöhnlich: brennend scharfe Aromen, wie die chilireiche Sauce, die über die beliebten Weizennudeln *„dan dan“* gegeben wird.

Reisnudeln: Sie sind weich und schmecken mild. Am besten sind frisch auf dem Markt gekaufte, die innerhalb weniger Stunden nach dem Kauf gekocht werden. Reisteig wird zu Nudeln vorgeschnitten verkauft – oder aber in Platten, die man zu Nudeln von gewünschter Breite schneidet. Sie brauchen nur eine bis zwei Minuten in kochendem Wasser, oder man spült sie rasch ab und gibt sie zum Pfannenrühren in den Wok. Die Provinz Guilin ist seit Jahrhunderten für ihre Reisnudeln berühmt, ebenso die Bierbrauerstadt Shaho in Guangdong (Kwangtung), wo man Nudeln aus dem ausgezeichneten Reismehl und Gebirgswasser nach einem Rezept aus dem 13. Jahrhundert herstellt.

Getrocknete Reisnudeln: Sie werden aus Reisteig gemacht und maschinell zu flachen Bändern oder feinen Vermicellifäden ausgewalzt. Gekocht sind sie so zart, daß sie auf der Zunge zergehen. Knusprig gebraten blähen sie sich zu federleichten Wolken auf, mit denen verschiedenste Gerichte garniert werden können.

E-fu-Nudeln: Dies sind Eiernudeln, die in Hühnerbrühe gekocht und dann knusprig gebraten werden. Man trocknet sie dann zu großen lockeren Knäueln aus Gold, die über der Ladentheke eines jedes guten Nudelmachers von einer Schiene hängen.

1. Reisnudeln; 2. frische Reisbandnudeln; 3. getrocknete und frische Weizenmehl-(Peking-) Nudeln; 4. getrocknete und frische feine Eiernudeln; 5. getrocknete und frische flache Eiernudeln; 6. gebratene (E-fu-) *Nudeln*

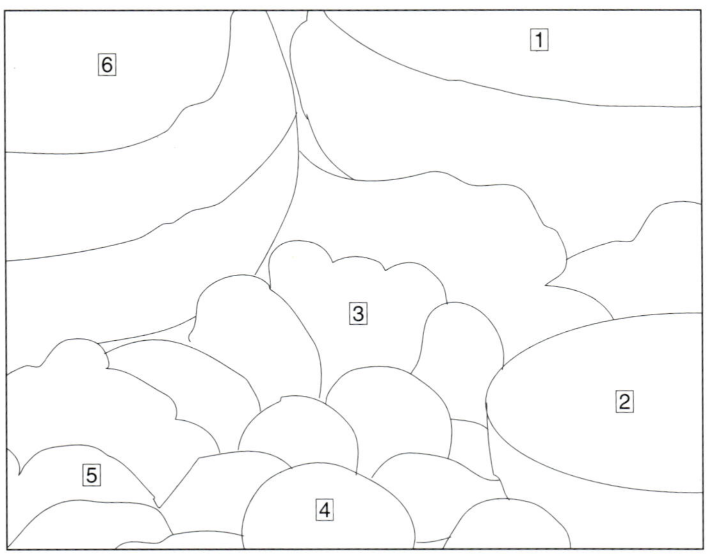

Ngau Yuk Chau Min

Gebratene Eiernudeln mit Rindfleisch und Paprika

Dies ist ein Gericht aus Shanghai, dessen Name „Gelb auf beiden Seiten" bedeutet. Es gibt viele Methoden, Nudeln zu braten, aber dieses Rezept garantiert, daß sie auf beiden Seiten knusprig, goldbraun und sehr schmackhaft werden.

Für die Marinade:
½ TL Salz
½ TL Zucker
1 TL chinesischer Reiswein
1 TL Maisstärke (Stärkemehl)
1 EL Wasser
Für die Nudeln:
125 g Rinderfilet, in Streifen geschnitten
250 g Eiernudeln
90 ml kaltes Wasser
250 ml Erdnußöl
1 rote Paprikaschote, in Quadrate von 2,5 cm geschnitten
1 grüne Paprikaschote, in Quadrate von 2,5 cm geschnitten
1 EL gehackter Knoblauch
6 Scheiben Ingwer
2 EL zerdrückte fermentierte schwarze Bohnen
1 EL helle Sojasauce
1 TL dunkle Sojasauce
1 EL Austernsauce
1 TL Zucker
1 TL chinesischer Reiswein
375 ml Hühnerbrühe (Suppenextrakt)
1 EL Maisstärke (Stärkemehl)

Für 4-6 Personen

¶ Alle Zutaten für die Marinade verrühren und das Fleisch 15 Minuten marinieren.
¶ Einen Topf mit Wasser zum Kochen bringen und die Nudeln zugeben. Wenn es wieder kocht, kaltes Wasser zugießen und drei bis vier Minuten kochen, dabei rühren, um die Nudeln zu trennen. Herausnehmen und abschrecken.
¶ 3-4 EL Öl in einem Wok erhitzen und die Nudeln bei mittlerer Hitze braten, bis sie leicht gebräunt sind; dann auf eine Servierplatte geben.
¶ Das restliche Öl im Wok erhitzen und das Rindfleisch zugeben, dabei rühren, um es zu trennen. Das Fleisch herausnehmen und abtropfen lassen.
¶ Das Öl bis auf 2-3 EL abgießen und den Wok wieder erhitzen. Paprika zugeben und eine Minute rühren. Knoblauch, Ingwer und schwarze Bohnen zugeben. Alle übrigen Zutaten in einer Schüssel vermischen. Wenn das Öl im Wok erwärmt ist, die Sojasaucenmischung zugießen und zum Kochen bringen. Das Fleisch in den Wok geben und gut vermischen, dann über die Nudeln geben.

Gai Sze Tong Min

Eiernudeln mit Huhn und Pilzen in Suppe

Dieses selbstgekochte „Pasta"-Gericht kann eines der kreativsten Rezepte sein. Es gibt so viele Arten Nudelsuppe, daß viele Köche die verschiedensten Gemüse, Gewürze und Kräuter dazutun, um ihre ganz persönliche Kreation zu schaffen.

Für die Marinade:
1 TL Salz
1 TL Zucker
1 TL chinesischer Reiswein
2 TL Maisstärke (Stärkemehl)
1 EL Wasser
Für die Nudeln:
125 g Hühnerbrust, in 5 cm lange Streifen geschnitten
250 g Eiernudeln
90 ml kaltes Wasser
2-3 EL Erdnußöl
1 EL gehobelter Ingwer
125 g Kohl, in 5 cm lange Streifen geschnitten
2 getrocknete schwarze Pilze, 1 Stunde in warmem Wasser eingeweicht, abgetropft, Stiele entfernt und in Streifen geschnitten
1 l Hühnerbrühe (Suppenextrakt)
1 EL helle Sojasauce
1 TL dunkle Sojasauce
½ TL Sesamöl
1 TL chinesischer Reiswein
1 EL feingehackte Schalotte (Frühlingszwiebel)

Für 4-6 Personen

¶ Alle Zutaten für die Marinade verrühren und das Fleisch 15 Minuten marinieren.
¶ Einen Topf mit Wasser zum Kochen bringen und die Nudeln zugeben. Wenn es wieder kocht, kaltes Wasser zugießen und drei bis vier Minuten kochen, dabei rühren, um die Nudeln zu trennen. Die Nudeln aus dem Topf nehmen, abschrecken und abtropfen lassen, aber das Kochwasser nicht abgießen, sondern wieder erhitzen. Die Nudeln in den Topf geben und eine Minute kochen. Herausnehmen, abtropfen lassen und auf Schalen verteilen.
¶ Das Öl in einem Wok erhitzen und Ingwer, Kohl sowie Pilze zugeben. 30 Sekunden rühren, dann 250 ml Brühe zugeben und bei mittlerer Hitze drei Minuten kochen. Das Fleisch, die Sojasaucen, das Öl und den Wein zugeben, dann bei mittlerer Hitze 1½ Minuten kochen. Aufteilen, über die Nudeln geben und die Schalotten darüberstreuen.
¶ Die restlichen 750 ml Brühe zum Kochen bringen und über die Nudeln gießen.

Oben: Ngau Yuk Chau Min; unten: Gai Sze Tong Min

Links: Yuk Sze Mun Fun Sze; rechts: Won Ton Min

YUK SZE MUN FUN SZE

GESCHMORTE GRÜNE BOHNENNUDELN MIT GETROCKNETEN SHRIMPS, SCHWEINEFLEISCH UND WINTERMELONE

Dies ist ein vorzügliches Pastagericht zu Reis. Sie können es als dim sum *oder als Hauptgang servieren.*

Für die Marinade:
1/2 TL Salz
1/2 TL Zucker
1 TL Maisstärke (Stärkemehl)
1 EL Wasser
Für die Nudeln:
125 g Schweinefilet, in 5 cm lange Streifen geschnitten
3-4 EL Erdnußöl
1 EL gehobelter Ingwer
30 g getrocknete Shrimps, 30 Minuten in kaltem Wasser eingeweicht und abgetropft
185-250 g Wintermelone, in Streifen geschnitten
750 ml Hühnerbrühe (Suppenextrakt)
125 g grüne Bohnennudeln, 30 Minuten in kaltem Wasser eingeweicht und abgetropft
1 TL Salz
1 EL Austernsauce
1 TL chinesischer Reiswein
1/2 TL Sesamöl
1 1/2 EL Maisstärke (Stärkemehl), in 1 EL Wasser gelöst

FÜR 4-6 PERSONEN

¶ Alle Zutaten für die Marinade verrühren.
¶ Das Schweinefleisch 15 Minuten marinieren.
¶ Das Öl in einem Topf erhitzen. Ingwer, Shrimps sowie Wintermelone zugeben und eine Minute pfannenrühren. Die Brühe zugießen, zudecken und bei mittlerer Hitze zwei Minuten kochen.
¶ Die Nudeln zugeben. Zudecken und bei mittlerer Hitze eine Minute kochen lassen.
¶ Fleisch, Salz, Austernsauce, Wein und Sesamöl unter Umrühren zugeben. Abdecken und bei mittlerer Hitze eine Minute kochen, dann die Maisstärke einrühren und eine Minute kochen.

WON TON MIN

WON TON UND NUDELSUPPE

Zwar ist dies eine Suppe, sie wird jedoch als eine Art flüssiges dim sum *oder als volle Mahlzeit betrachtet.*

Für die Marinade:
1/2 TL Salz
1/2 TL Zucker
1/4 TL Sesamöl
1/4 TL Maisstärke (Stärkemehl)
Für die *won ton* und die Nudeln:
250 g Fleisch von ungekochten Shrimps (frischen Garnelen), grob gehackt
36 won ton*-Hüllen*
1 Ei, geschlagen
50 g Eiernudeln
90 ml kaltes Wasser
1-1,25 l Hühnerbrühe (Suppenextrakt)
1 EL helle Sojasauce
TL Salz
1 TL Pfeffer
1/2 TL Sesamöl
60 g Schnittlauch, in Stücke von 2,5 cm geschnitten

FÜR 4-6 PERSONEN

¶ Alle Zutaten für die Marinade verrühren.
¶ Die Shrimps 30 Minuten marinieren.
¶ 1 1/2 TL Shrimpsfleisch in die Mitte einer *won-ton*-Hülle geben. Mit Ei bepinseln und die Ränder der Hülle zusammenfalten, so daß sie wie ein Beutel geformt ist.
¶ Die Nudeln in einen Topf mit kochendem Wasser geben. Wenn das Wasser wieder kocht, kaltes Wasser zugießen und drei bis vier Minuten kochen. Die Nudeln aus dem Topf nehmen und abschrekken, das Kochwasser jedoch nicht abgießen. Die Nudeln wieder in den Topf geben und 30 Sekunden kochen, dann herausnehmen und auf Schalen verteilen, aber das Kochwasser nicht abgießen.
¶ Die *won-tons* in den Topf mit sprudelndem Wasser geben und kochen, bis sie oben schwimmen. Dann herausnehmen und auf die Nudeln geben.
¶ In einem anderen Topf die Brühe zum Kochen bringen. Sojasauce, Salz, Pfeffer, Sesamöl sowie Schnittlauch zugeben und eine Minute kochen lassen. Anschließend die Flüssigkeit auf die Schalen verteilen und servieren.

Im Reisbehälter: normaler weißer Kurzkornreis; links: weißer Klebreis; Mitte vorn: Reiskuchen in Bambusblättern; oben links (in der Schale): Wilder Reis, (auf der Platte) brauner Reis; Schalen rechts: (oben) gedämpfter weißer Reis, (unten) Klebreis

Reis

Die Chinesen bevorzugen die kurzkörnigen Reissorten, die sich dick und locker kochen, aber gerade noch klebrig genug sind, um an den Eßstäbchen zusammenzuhalten.

Wie auch bei vielen anderen Kochtechniken in China ist die Methode des Reiskochens nicht nur energiesparend, sondern erbringt auch die besten Ergebnisse. Reis wird in einen Topf mit einer vorgeschriebenen Menge Wasser gegeben, rasch zum Kochen gebracht und die Hitze dann auf die schwächste Stufe geschaltet. Der Reis „dämpft", bis er alle Flüssigkeit im Topf aufgenommen hat und dick sowie locker ist. Diese Technik wird auch bei den heute üblichen elektrischen Reiskochern angewandt, die außerdem dazu genutzt werden können, Suppen zu kochen, *congee* zu köcheln und andere Gerichte zu dämpfen. Dieses praktische Gerät kocht nicht nur jedesmal den vollkommenen Reis, sondern hält auch den Herd frei, um andere Gerichte zu kochen.

Einfacher weißer Reis wird in Süd- und Zentralchina zu beinahe jeder Mahlzeit als traditionelles Grundgericht serviert, auch wenn außerdem Nudeln und Brot auf den Tisch kommen. Im Norden dagegen ist es eher umgekehrt; denn hier liefern Nudeln und Brot die Stärke sowie die Kohlenhydrate einer Mahlzeit. Bei Festessen oder sonst wichtigen Anlässen werden Reis und Nudeln, wenn überhaupt, im allgemeinen erst am Ende der Hauptgänge serviert. Dies bedeutet, daß der Gastgeber nicht an Kosten gespart hat, indem er „füllende" Stärkezutaten in die Speisenfolge aufgenommen hat. Bei solchen Anlässen kommt Reis immer als „gebratener Reis" mit reichlich gewürfeltem Schweinefleisch, Shrimps (Garnelen), Erbsen und Ei auf den Tisch.

Genauso wichtig wie das westliche Haferflockenfrühstück ist vielen Chinesen für den Start in den Tag eine sättigende Schale *juk* oder *congee*. Hunderttausende Schalen mit Reis, der mit Wasser gekocht und mit Fleischstückchen (oft Leber), Ingwer, Fisch und gehackten Schalotten (Frühlingszwiebeln) verfeinert ist, werden so kochend heiß von chinesischen Porzellanlöffeln geschlürft, zu Hause, an Straßenständen sowie in Restaurants, und zwar in ganz China, außer im Norden, wo das Gegenstück zu dieser Mahlzeit seit Jahrhunderten aus Hirse zubereitet wird.

CHUNG YAU PAN

GEBRATENES SCHALOTTENBROT

Dieses ist ein Lieblingsgericht in Beijing. Ganz gleich, was die Bewohner der Hauptstadt sonst speisen, sie nehmen gern diese schmackhaften Schalottenbrötchen dazu.

250 g Mehl
1 TL Salz
185 ml kaltes Wasser
3 EL gehackte Schalotten (Frühlingszwiebeln)
1/8 TL Fünf-Gewürz-Pulver
1/2 TL Pfeffer
2 TL Sesamöl
1 EL zerlassenes Schmalz
500 ml Erdnußöl

FÜR 4-6 PERSONEN

¶ Das Mehl in eine Schüssel sieben. Salz sowie kaltes Wasser zugeben und rasch vermischen. Etwa drei Minuten kneten und dann mit einem Tuch abdecken; 15 Minuten ruhen lassen.
¶ Schalotten mit Fünf-Gewürz-Pulver, Pfeffer und Sesamöl mischen.
¶ Den Teig in zwölf Stücke teilen. Auf einem bemehlten Brett zu 0,5 cm dicken Rechtecken ausrollen. Mit dem zerlassenen Schmalz bepinseln und mit den Schalotten bestreuen. Der Länge nach zusammenrollen, zu einer Spirale drehen und flachdrücken.
¶ Das Öl in einem Wok erhitzen. Die Brote bei mittlerer Hitze auf beiden Seiten braten, bis sie golden braun sind (etwa drei Minuten). Dann Herausnehmen und abtropfen lassen.

JING BOU

CHINESISCHES GEDÄMPFTES BROT

Die Nordchinesen kennen drei Methoden der Brotzubereitung: Dämpfen, Backen oder Dämpfen mit scharfem Braten. Das Brot ist eigentlich nicht zum Belegen gedacht, aber es eignet sich gut, um Saucen aufzusaugen. Wenn Sie es nicht süß mögen, können Sie den Zucker durch eine Prise Salz ersetzen.

600 g Mehl
60 g Zucker
375 ml warmes Wasser
1 EL Trockenhefe
1 EL zerlassenes Schmalz
2,5 l Wasser

FÜR 6-8 PERSONEN

¶ Das Mehl in eine große Rührschüssel sieben.
¶ Den Zucker im Wasser auflösen, die Hefe einrühren und zehn Minuten ruhen lassen.
¶ Hefemischung sowie Schmalz zum Mehl geben und gut vermischen. Aus der Schüssel nehmen und drei bis vier Minuten kneten, bis der Teig glatt ist.
¶ Den Teig zu einer langen Wurst rollen und in 24 gleichgroße Stücke teilen. Jedes Stück zu einer runden Form von etwa 8 cm Durchmesser flachdrücken. Mit einem Stäbchen die Mitte eindrücken und zusammenklappen. Die Ränder zusammendrücken. Dann auf ein Stück Butterbrotpapier setzen. Ebenso mit dem übrigen Teig verfahren. An einen warmen Platz stellen und 12-15 Minuten gehen lassen.

¶ Das Wasser in einem Wok zum Kochen bringen. Die Brötchen auf einen Dämpfeinsatz legen und in den Wok stellen. Zudecken und bei starker Hitze zehn bis zwölf Minuten dämpfen.

POK PAN

CHINESISCHE PFANNKUCHEN

Sie werden sehr häufig als Beilage zu Pekingente verwendet, können aber ohne weiteres natürlich auch zu anderen Gerichten serviert werden.

250 g Mehl
90 ml kochendes Wasser
90 ml kaltes Wasser

FÜR 4-6 PERSONEN

¶ Das Mehl in eine Schüssel sieben, in der Mitte eine Vertiefung machen, das kochende Wasser hineingießen und verrühren. Langsam kaltes Wasser zugeben und einrühren. Fünf Minuten kneten, dann zudecken und 25 Minuten ruhen lassen.
¶ Den Teig zu einer langen Wurst rollen. In zwölf gleichgroße Stücke teilen, die auf einem bemehlten Brett zu dünnen Pfannkuchen ausgerollt werden.
¶ Einen Wok erhitzen. Die Pfannkuchen auf beiden Seiten backen, bis sie leicht gebräunt sind.

Rechts: Jing Bou; links: Chung Yau Pan; unten: Pok Pan

NGAU YUK CHUK

CONGEE MIT RINDERHACKFLEISCH

Huhn ist nicht das einzige, was zu congee *paßt. Sie können auch Rind- oder Schweinefleisch verwenden.*

Für den Reis:
250 g Kurzkornreis
1 TL Salz
1 EL Erdnußöl
2,5 l Wasser
1,25 l Hühnerbrühe (Suppenextrakt)
3-4 Scheiben Ingwer
1 Stück getrocknete Orangenschale (wahlweise)
500 g Rumpsteak, durchgedreht
2 EL gehackte Schalotten (Frühlingszwiebeln)
Für die Marinade:
1 EL helle Sojasauce
1 EL chinesischer Reiswein
1 TL Salz
1 TL Zucker
1 TL Sesamöl
2 EL Wasser
1 EL Maisstärke (Stärkemehl)

FÜR 6-8 PERSONEN

¶ In einer großen Schüssel den Reis mit Salz und Öl mischen. Wasser zugeben, so daß es 0,5 cm über dem Reis steht, und eine Stunde einweichen.
¶ Wasser, Brühe, Ingwer sowie Orangenschale in einen großen Topf geben und zum Kochen bringen. Den Reis zugeben und bei starker Hitze 15 Minuten kochen. Anschließend den Deckel auflegen, so daß ein Schlitz offen bleibt, und bei schwacher Hitze zwei Stunden köcheln lassen.
¶ Alle Zutaten für die Marinade in einer Schüssel verrühren und das Fleisch 15 Minuten marinieren. Die Mischung fünf Minuten rühren.
¶ Das Fleisch mit einem Teelöffel zu Bällchen formen, zum Reis geben und zum Kochen bringen. Die Mischung auf Suppenschalen verteilen, dann die Schalotten zugeben und servieren.

GAI CHUK

CONGEE MIT HUHN

Traditionell ist dies zwar ein Frühstücksgericht, Sie können es aber natürlich ebenfalls zu anderen Tageszeiten servieren. Congee *ist auch ein entspannendes Abendessen. Halten Sie etwas davon im Kühlschrank bereit, und wenn Sie der Hunger überfällt, wärmen Sie es auf.*

Für den Reis:
250 g Kurzkornreis
1 TL Salz
1 EL Erdnußöl
3,5 l Wasser
1,25 l Hühnerbrühe (Suppenextrakt)
3-4 Scheiben Ingwer
1 Stück getrocknete Orangenschale (wahlweise)
500 g Hühnerbrust
2 EL gehackte Schalotten (Frühlingszwiebeln)
helle Sojasauce und Pfeffer zum Abschmecken
Für die Marinade:
2 EL helle Sojasauce
1 EL chinesischer Reiswein

Oben: Gai Chuk; unten: Ngau Yuk Chuk

1 TL Salz
1 TL Zucker
1 TL Sesamöl
1 EL Maisstärke (Stärkemehl)

FÜR 6-8 PERSONEN

¶ Den Reis in einer großen Schüssel mit dem Salz und Öl mischen. Wasser zugeben, so daß es 0,5 cm über dem Reis steht, und eine Stunde einweichen.

¶ 2,5 l Wasser, Brühe, Ingwer sowie Orangenschale in einen Topf geben, aufkochen, den Reis zugeben und bei starker Hitze 15 Minuten kochen. Den Deckel auflegen, so daß ein Spalt offen bleibt, und bei schwacher Hitze zwei Stunden köcheln.

¶ Alle Zutaten für die Marinade in einer Schüssel verrühren. Das Fleisch in eine Schale geben und 30 Minuten marinieren.

¶ Das restliche Wasser in einem Wok zum Kochen bringen und einen Dämpfeinsatz einsetzen. Die Schale mit dem Fleisch auf den Einsatz stellen, zudecken und 15 Minuten dämpfen.

¶ Das Fleisch herausnehmen und in 0,5 cm dicke Streifen reißen. Auf die Suppenschalen verteilen und die Schalotten zugeben. Anschließend den Reis darübergießen.

¶ Nach Geschmack mit heller Sojasauce und Pfeffer würzen.

¶ Sofort servieren.

DESSERTS

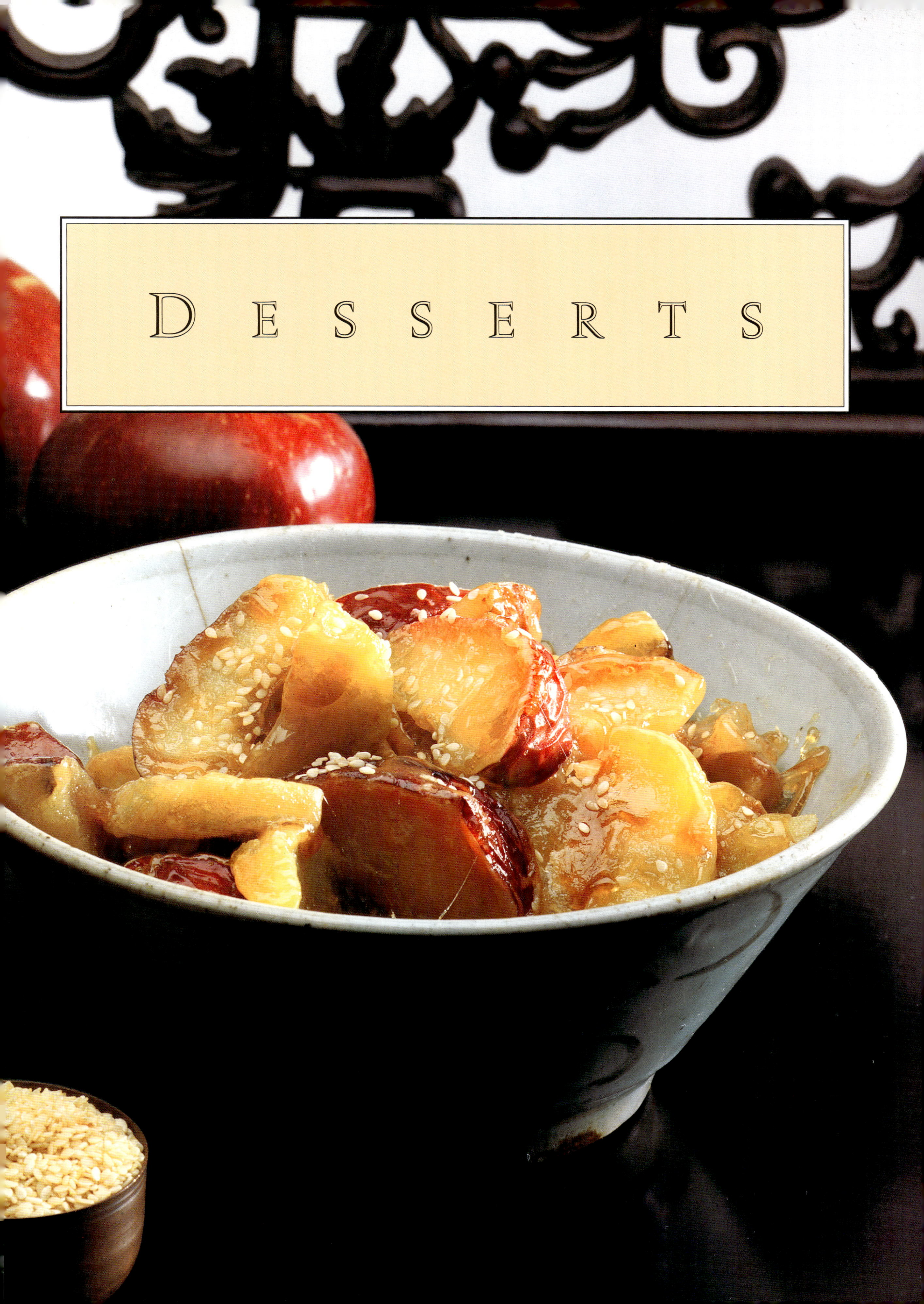

DESSERTS

VOM NORDEN EINMAL ABGESEHEN, SIND DIE CHINESEN NIE AUF LECKEREIEN VERSESSEN GEWESEN. Nichts braucht man nach einer vollständigen Mahlzeit mehr als eine Tasse Tee, eine klare Suppe oder vielleicht etwas Obst.

¶ Das heißt nicht, daß die Chinesen keine süßen Sachen mögen. In einem durchschnittlichen *dim sum*-Restaurant können Ihnen durchaus die mit süßer Eiercreme gefüllten Teigtaschen, eine dicke, stark gesüßte Paste aus gekochten Lotusnüssen, klebriger Reisteig um eine Füllung aus Zucker und Nüssen, Würfel aus süßem Kokosgelee oder die beliebten kühlenden, gesüßten Tofugelatinewürfel mit Obstsalat angeboten werden.

¶ Kuchenläden in Städten wie Suzhou sind für die Vielfalt in den Farben und Formen ihres Angebots berühmt. Ein Festessen wird immer mit einer Platte kleiner süßer Speisen schließen, zum Beispiel winzige Kuchen: knusprig gebratene Crêpes, mit einer gesüßten Dattelmischung gefüllt; Eiertörtchen *(darn tat)*, schwere süße Eiercreme in luftig-leichtem Tortenteig; oder vielleicht „Langes Leben"-Brötchen *(suo tao)*, die wie Birnen geformt und gefärbt sind.

Vorhergehende Seiten: Kandierte Äpfel sind süße Leckereien, die nicht nur bei Straßenverkäufern gekauft werden, sondern auch als köstlicher Abschluß einer Mahlzeit in Ihrem bevorzugten Chinarestaurant bestellt werden können. BRUCE PEEBLES

Gegenüber: Straßenverkäufer mit kandierten Äpfeln in der Provinz Shaanxi. Anders als im Westen werden chinesische Süßigkeiten meist als Snacks oder als dim sum *gegessen, weniger am Ende einer Mahlzeit.* CHINA TOURISM PHOTO LIBRARY/WANG MIAO

¶ Im Norden spielen Desserts eine wichtige Rolle. Süßwarenverkäufer bieten in den Straßen Äpfel und Beeren mit einem zur Karamelglasur gehärteten Zuckerüberzug an. Auch in Restaurants werden heiße kandierte Früchte gereicht; Äpfel sind zwar erste Wahl, doch kann auch eine Vielzahl anderer Früchte mit Sesamkörnern in der Zuckerhülle angeboten werden. Apfelfritters sind Apfelscheiben, die in Maisstärke gewälzt, fritiert und mit geschmolzenem Zucker gebraten werden. Direkt vor dem Servieren werden sie in Eiswasser getaucht, damit die Zuckerglasur hart wird.

¶ Völlig anders ist ein Gericht aus süßen chinesischen Morcheln und leuchtend roten, getrockneten Beeren. Das vielleicht berühmteste chinesische Dessert wird aus Vogelnestern zubereitet, die wegen ihres leckeren Geschmacks geschätzt werden.

¶ Ein ungewöhnliches, aber höchst erfrischendes Dessert, *jeou nang shuei guo keng,* wird aus klebrigem Reis zubereitet, der eine Woche lang mit Hefe vergoren, dann in einer gekühlten süßen Suppe mit gewürfelten frischen Früchten serviert wird.

¶ In den kühleren Monaten ißt man gern süße warme Puddinge und cremige Desserts. Oft werden Zutaten verwendet, die man eher mit pikanten Speisen verbindet, zum Beispiel süße Erdnuß- oder Tarocreme. Süßer „Klebreis" mit reichlich kandierten Früchten und Nüssen ist ein Dessert, das als „Acht-Köstlichkeiten-Reis" zu besonderen Anlässen gereicht wird.

¶ Manche Süßigkeiten werden auch für besondere familiäre und festliche Gelegenheiten aufgespart. Zum Neujahrsfest zum Beispiel kennt man *hai how siu,* ein einfaches Produkt aus Mehl, Zucker und Sesamkörnern.

HUNG YAN LO

MANDELCREME

Mandelcreme bekommt man als Dessert. Die Chinesen schätzen sie wegen des erfrischenden Geschmacks und der heilsamen Wirkung auf die Atemwege.

185 g geschälte Mandeln
375 ml Wasser
250 g Zucker
30 Reismehl

FÜR 4-6 PERSONEN

❡ Kochendes Wasser über die Mandeln gießen, so daß sie bedeckt sind, und zwei Stunden einweichen.
❡ Die Mandeln in ein Mixgerät geben. Langsam, je 2-3 EL auf einmal, 250 ml Wasser zugeben und mixen, bis die Mandeln sehr glatt sind. Anschließend durch ein feines Tuch passieren.
❡ Die Mandelmischung in einen Topf geben und zum Kochen bringen. Den Zucker zugeben und unter Rühren auflösen. Das Reismehl mit 125 ml Wasser vermischen und langsam in die Mandelmischung einrühren, dann aufkochen und servieren.

LIE DUN DARN

GEDÄMPFTE EIER MIT MILCH

Obwohl die Kantonesen normalerweise keine Milchgerichte essen, ist diese Süßspeise sehr beliebt. Sie können Kondensmilch verwenden, besser ist jedoch frische Milch.

185 g Zucker
500 ml Milch
250 ml Eiweiß (etwa 6-8 Eier)
4-6 Scheiben Ingwer
1,5 l Wasser

FÜR 4-6 PERSONEN

❡ Den Zucker bei schwacher Hitze in der Milch auflösen (die Milch darf nicht zum Kochen kommen), dann abkühlen lassen.
❡ Langsam das Eiweiß zugeben und gut verrühren. Dann die Mischung auf Schälchen verteilen und jedem eine Scheibe Ingwer zugeben.
❡ Das Wasser in einem Wok zum Kochen bringen. Einen Dämpfeinsatz einsetzen und die Schälchen daraufstellen. Bei mittlerer Hitze 15 Minuten dämpfen.

Oben: Hung Yan Lo; unten: Lie Dun Darn

Rechts: Cho Lie Woo Pan; links: Hung Yan Dou Fu

CHO LIE WOO PAN

PFANNKUCHEN MIT ROTEDATTELNPASTE

Dies ist ein beliebter Dessert-Pfannkuchen, eine mit roten Datteln gefüllte Crêpe. In Nordchina wird er auch als dim sum *zur Teestunde gegessen; in Beijing und Tianjin verkaufen ihn die Händler in den Straßen.*

Für die Dattelpaste:
185 g getrocknete rote Datteln
2 EL Schweineschmalz
3 EL Zucker

Für die Pfannkuchen:
125 g Mehl
1 Ei
185 ml Wasser

3-4 EL Erdnußöl
Maisstärke (Stärkemehl)

FÜR 4-6 PERSONEN

¶ Für die Paste die Datteln in einen Topf geben und mit Wasser bedecken. Bei mittlerer Hitze kochen, bis sie weich werden, dann herausnehmen und die Flüssigkeit aufheben.

¶ Die Datteln durch ein Sieb in eine Schüssel drükken und Haut oder Kerne wegwerfen. Von der Kochflüssigkeit soviel unter die Datteln rühren, daß eine dicke Paste entsteht.
¶ Das Schmalz in einem Topf erhitzen, bis es zerläuft. Den Zucker zugeben und bei mittlerer Hitze auflösen, bis die Mischung dick und trocken wird.
¶ Für die Pfannkuchen das Mehl in eine Schüssel sieben. Eine Vertiefung in der Mitte machen und das Ei zugeben, unter das Mehl arbeiten und löffelweise Wasser zugeben, bis ein glatter Teig entsteht.
¶ Eine Bratpfanne mit 1-2 TL Öl auspinseln. Teig für einen dünnen Pfannkuchen hineingeben. Bei mittlerer Hitze backen, bis der Pfannkuchen ziemlich fest ist. Wenden und die andere Seite backen.
¶ Die Dattelpaste mit der Schmalz-Zucker-Masse vermischen, auf einen Pfannkuchen geben und diesen zu einem Rechteck zusammenfalten. Die Rändern mit feuchter Maisstärke versiegeln.
¶ 2 EL vom Öl in einer Pfanne erhitzen. Die gefüllten Pfannkuchen braten, bis sie auf beiden Seiten leicht gebräunt sind. In 2,5 cm breite Streifen schneiden und servieren.

HUNG YAN DOU FU

„TOFU“ MIT MANDELAROMA

Der Name dieses Gerichts ist irreführend, da es in Wirklichkeit gar kein Tofu ist. Es ist ein Dessert, das praktisch in jedem chinesischen Restaurant zu bekommen ist. Anstelle des Obstsalats aus der Dose können Sie auch Litschis, Tangerinen oder jede andere weiche Frucht nehmen.

750 ml Wasser
3 EL pulverisiertes Agar-Agar
125 g Zucker
185 ml gesüßte Kondensmilch
1½ TL Mandelextrakt
375 g Obstsalat (Konserve)

FÜR 6-8 PERSONEN

¶ Das Wasser in einem großen Topf zum Kochen bringen und Agar-Agar sowie Zucker zugeben. Die Hitze reduzieren und fünf Minuten unter gelegentlichem Rühren weiterkochen. Kondensmilch und Mandelextrakt zugeben, dann gut verrühren.
¶ Die Masse auf eine flache Kuchenform gießen. Abkühlen lassen, dann in den Kühlschrank stellen, bis sie erstarrt ist (etwa eine Stunde). Gleichzeitig den Obstsalat kühlen.
¶ Den „Tofu“ in kleine Würfel schneiden und auf Schalen verteilen, dann mit Obstsalat bedecken.

Obst

Von den eisigen Wüsten der Mongolei bis zu den subtropischen Obstgärten von Guangzhou (Kanton) bringt China eine beachtliche Fülle der verschiedensten Früchte hervor.

Seit Jahrhunderten werden im Norden Äpfel, Trauben, Birnen, Pfirsiche und Melonen in mehreren Sorten gezogen. Weiter im Süden gedeihen tropische Früchte wie Ananas, Bananen, Kokosnüsse und die tropischen „Exoten" – Longane, Rambutan, Mango, Jambuse (Rosenapfel), Mangostane sowie Litschi (Lychee).

Äpfel: Sie werden im Norden Chinas gezogen, haben wenig von der knackigen Süße, die man im allgemeinen mit Äpfeln verbindet, werden aber geschätzt, wenn sie mit Zucker überzogen und auf Stielen serviert werden.

Birnen: Marco Polo beschrieb die köstlichen weißen Birnen, die er auf seinen Reisen durch China entdeckte. Fest und knackig wie ein Apfel, wird die Chinesische oder Tientsin-Birne frisch gegessen; sie kann aber auch in Salate geschnitten werden. Diese bräunlich-grüne Birne gehört zur selben Familie wie die Japanische Birne (*nashi*).

Durianfrucht: Diese große, stachelige Frucht wird nicht nur wegen ihres einmaligen, fast zu süßen Geschmacks geschätzt, sondern auch als Aphrodisiakum. Sie wächst nicht in China, sondern wird als erlesene Gaumenfreude während ihrer kurzen Saison meist aus Malaysia eingeführt. Die bei Tisch sonst so empfindlichen Chinesen machen bei der Durianfrucht eine Ausnahme. Das Fleisch wird einfach mit den Fingern gegessen. Eine Warnung: Trinken Sie zur Durianfrucht nie Alkohol, da dies angeblich eine giftige Kombination darstellt.

Guajaven: Diese aromatischen Früchte mit ihrem rosigen Fleisch gedeihen im Süden Chinas, wo man sie frisch ißt oder den Saft auspreßt.

Kumquats und Persimonen: Die Chinesen schätzen einige Früchte wegen ihrer Zuordnung zum Glück. Um das chinesische Neujahrsfest herum findet man auf den Märkten Massen von kleinen goldenen Kumquatbäumen und orangeroten Persimonen (Kakipflaumen). Ihre leuchtende Farbe macht sie zur wirklich idealen Neujahrsfrucht, da sie die Freude selbst zu symbolisieren scheint.

Litschis (Lychees): Unter den exotischen Früchten des Südens finden sich die süßesten Früchte, die überhaupt bekannt sind. Bis vor wenigen Jahren war eines der reizvollsten Feste Hong Kongs das Litschi-Fest im Frühling. Die Familien besuchten dann die Obstgärten nahe der chinesischen Grenze, wo die Frucht wächst, und füllten ihre Taschen mit den roten Früchten, die unter der rauhen Schale frisch und süß schmecken. Die Litschis zählen zu den wenigen einheimischen Früchten Chinas, werden aber heute überall im Osten gezüchtet. Dosenlitschis können der Frucht kaum gerecht werden, sind aber leichter erhältlich.

Longanen: Die Chinesen nennen die Longane den „kleinen Bruder der Litschi". Gewiß, diese traubenartige Frucht ist kleiner als eine Litschi, aber außergewöhnlich süß und aromatisch. In den Sommermonaten darf sie in keinem Obstsalat fehlen. Getrocknete Longanen werden wegen ihrer Süße und ihres Aromas zu langsam gekochten süßen Suppen gegeben.

Mangos: Süße goldene Mangos wachsen im subtropischen Süden Chinas und gehören in die kantonesische Küche, gelegentlich als Zutat zu pfannengerührten Gerichten und oft als Süßspeise. Eine süße, reife Mango zu essen ist ein sinnlicher Genuß, den nur wenige Früchte bieten können.

Pfirsiche: Sie zählen zu den am meisten geschätzten Früchten Chinas; ihr chinesischer Name bedeutet „Feenfrucht", da Feen angeblich ewig leben und der Pfirsich in China als Frucht der Unsterblichkeit gilt. Rinde, Frucht, Blüten und sogar der Saft des Pfirsichbaums werden von chinesischen Ärzten bei einer ganzen Reihe von Krankheiten verwendet.

Pflaumen: Man bevorzugt sie getrocknet als salzigen, appetitanregenden Snack. Aus ihnen wird die klassische Pflaumensauce zubereitet, die bei der Pekingente ebenso wie zu geschmortem Fisch serviert wird.

Süße Melonen: Sie werden überall in China gezogen. Im Frühjahr sind die Straßen von Beijing und Tianjin voll von saftigen reifen Wassermelonen. Auch Sorten, die der Honigmelone ähnlich sind, werden angebaut, doch erreichen sie selten die Süße der westlichen Arten.

Tangerinen (Mandarinen) und Orangen: Sie sind in China seit 2.500 Jahren bekannt und stammen aus dem Nordwesten des Landes. Diese goldenen Früchte werden oft nach einem Festessen serviert. Die getrocknete Tangerinenschale wird in der chinesischen Küche ausgiebig verwendet, denn sie gibt Suppen, geschmorten Fleischgerichten, Gemüsen sowie einigen mit Curry bereiteten Gerichten süßen Geschmack und Aroma. Eine andere Zitrusfrucht, die gelegentlich in China gegessen wird, ist die trockenfleischige Pampelmuse, die einer Grapefruit ähnelt, aber nicht so sauer ist.

Trauben: Trauben wachsen in China an einer einheimischen Rebe sowie aus Samen von Tafel- und Weintrauben, die der Abenteurer Chang Ch'ien während der Han-Dynastie von einer Expedition in den Westen mitbrachte. Traubensaft nahm man im alten China für eine zum Einlegen verwendete Essigsorte.

1. Orangen; 2. rote Weintrauben; 3. Durianfrucht; 4. Guajaven; 5. chinesische Birnen; 6. frische Pfirsiche; 7. Mango; 8. Litschis (Lychees)

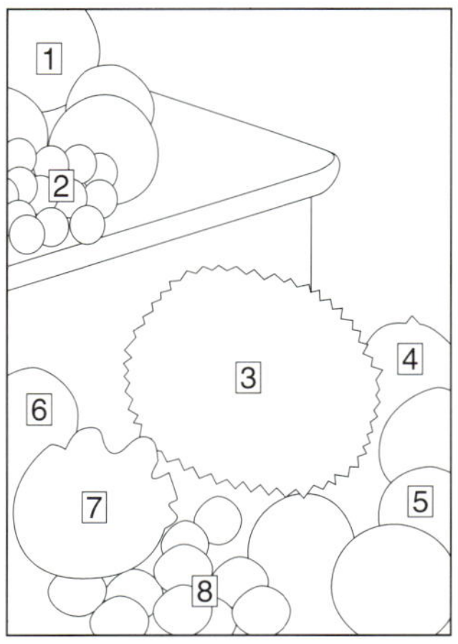

Hinten: Lotusnüsse in süßer Suppe; Mitte links: süße Lotusnußpaste; o. re.: getrocknete ganze und halbierte Lotusnüsse; u. li.: getrocknete Lotuswurzelscheiben; u. Mitte: kandierte Lotusnüsse; u. re.: Lotuspastebrötchen

LOTUSBLUME

Fast jeder Teil der Lotusblume findet in der chinesischen Küche Verwendung, sogar die Blüte, die als Garnierung oder eßbares Speisebehältnis dienen kann.

Lotuswurzel: Die faserigen Wurzeln werden als Gemüse in Suppen, pfannengerührten und gedämpften Gerichten verwendet sowie als Süßigkeit kandiert. Als Snack kann in Scheiben geschnittene Lotuswurzel mariniert und dann knusprig fritiert werden.

Lotusnüsse: Sie haben medizinische Eigenschaften und werden als Glücksbringer betrachtet, weshalb man sie oft bei Festessen als süßen Abschluß der Mahlzeit in einem klaren Zuckersirup oder einer nahrhaften Suppe serviert.

Während des chinesischen Neujahrs werden kandierte Lotusnüsse verschenkt oder den Gästen angeboten. Die cremefarbenen Samen werden frisch oder in Dosen verkauft, müssen nicht weiter zubereitet und kaum gekocht werden. Eine nahrhafte, goldbraune, süße Paste aus zerdrückten Lotusnüssen aus der Dose dient als Füllung bestimmter Kuchen und Brötchen in *yum cha*-Restaurants. Als Gegengewicht gegen ihre Süße ißt man oft ein Stück gesalzenes Eidotter dazu.

Lotusblätter: Sie werden als Hüllen für gedämpfte Speisen verwendet und geben dem Gericht ihr feines Aroma mit. „Klebreis" wird in Lotusblätter gehüllt, desgleichen das berühmte „Bettlerhühnchen", bevor seine Lehmkruste aufgetragen wird.

Schüssel: Dosenwassernüsse in Sirup; aufgespießt: Wassernüsse auf Eis; Körbe hinten: getrocknete rote und schwarze Datteln

WASSERNÜSSE UND DATTELN

WASSERNÜSSE

Schon vor ca. 3.000 Jahren wurden sie erstmals in chinesischen Arzneibüchern erwähnt. Als Stärkungsmittel aufgekocht, sollen Wassernüsse voller Nährstoffe und „kalter Energie" sein. Diese alten Früchte könnten tatsächlich die zweihörnigen Wassernüsse *(ling gok)* gewesen sein, die in China eine lange Geschichte als Nahrungsmittel haben. Wassernüsse, *ma tee,* sind kleine, hufförmige Knollen, die in den Sümpfen wachsen. Die Wassernuß ist von einer harten, sehr dünnen braunen Schale umgeben. Sie hat ebenso knackiges wie süßes Fleisch.

In Scheiben oder als ganze Nuß bringt sie „etwas zu beißen" in Pfannengerührtes oder Geschmortes. Kleingehackt schaffen diese Nüsse eine süße, knusprige Note. Sie werden auch zerdrückt und zu Mehl verarbeitet, das zum Eindicken von Haifischflossensuppe, süßen Kuchen und Pudding verwendet wird.

Gewürfelt werden Wassernüsse zu Kokosnuß- und Zuckersirup-Desserts gegeben, doch gibt es nichts Schöneres, als an einem heißen Tag einen Bambusspieß mit einem halben Dutzend eisgekühlter Wassernüsse zu knabbern.

DATTELN

Rote Datteln: Seit alters wird die Chinesische Dattel oder Jujube zum Kochen und in der Medizin verwendet. Da sie angeblich die Nerven beruhigt, wird sie „Speise der Harmonie" genannt.

Rote Datteln mit ihrer roten Schale sowie ihrem weichen süßen Fleisch werden zu süßen und pikanten Gerichten gegeben. Ihr bräunlich-rotes Fleisch hat eine feine Süße und entfaltet einen zarten Duft.

Schwarze Datteln: Wegen ihrer Ähnlichkeit mit der roten Frucht waren sie in China ursprünglich als „persische Jujuben" bekannt. Sie werden für Süßspeisen verwendet, besonders für das Dessert „Acht Köstlichkeiten".

Am Ende eines Festessens gibt es frische Früchte und eine Platte mit süßen Törtchen, unter denen sich auch knusprige Crêpes mit einer Füllung aus zerdrückten Datteln finden.

BUTT SZE PINK GOAR

KANDIERTE ÄPFEL

Gern gegessen und leicht zuzubereiten, genießt man diese leckere Spezialität aus Shanghai in ganz Nordchina. Kandierte Äpfel sind knackig und nahrhaft. In kantonesischen Haushalten serviert man Desserts dagegen nicht zu normalen Mahlzeiten. Sie werden gewöhnlich nur am Ende besonderer Festessen gereicht.

60 g Mehl
6-7 EL Wasser
3 grüne Äpfel, geschält, entkernt und in Schnitze geschnitten
875 ml Erdnußöl
125 g Zucker
1 EL Sesamkörner

FÜR 4-6 PERSONEN

¶ Aus dem Mehl und 3-4 EL kaltem Wasser einen zähen Teig bereiten. Jedes Apfelstück gleichmäßig mit Teig umhüllen.

¶ 750 ml Öl in einem großen Topf erhitzen. Die Apfelstücke etwa 1½ Minuten fritieren, bis sie leicht gebräunt sind, dann herausnehmen und abtropfen lassen.

¶ 125 ml Öl in einem mittelgroßen Topf erhitzen, Zucker zugeben und auflösen. 3 EL Wasser zugeben und unter Rühren bei schwacher Hitze kochen, bis der Zucker hellbraun wird. Die Äpfelstücke zugeben und gleichmäßig mit dem Sirup umhüllen.

¶ Mit Sesamkörnern bestreuen und mit einer Schale Wasser mit Eiswürfeln servieren. Den Apfel vor dem Essen in das Eiswasser tauchen, damit der Sirup fest wird.

Butt Sze Pink Goar

甯靜致遠

Tee & Wein

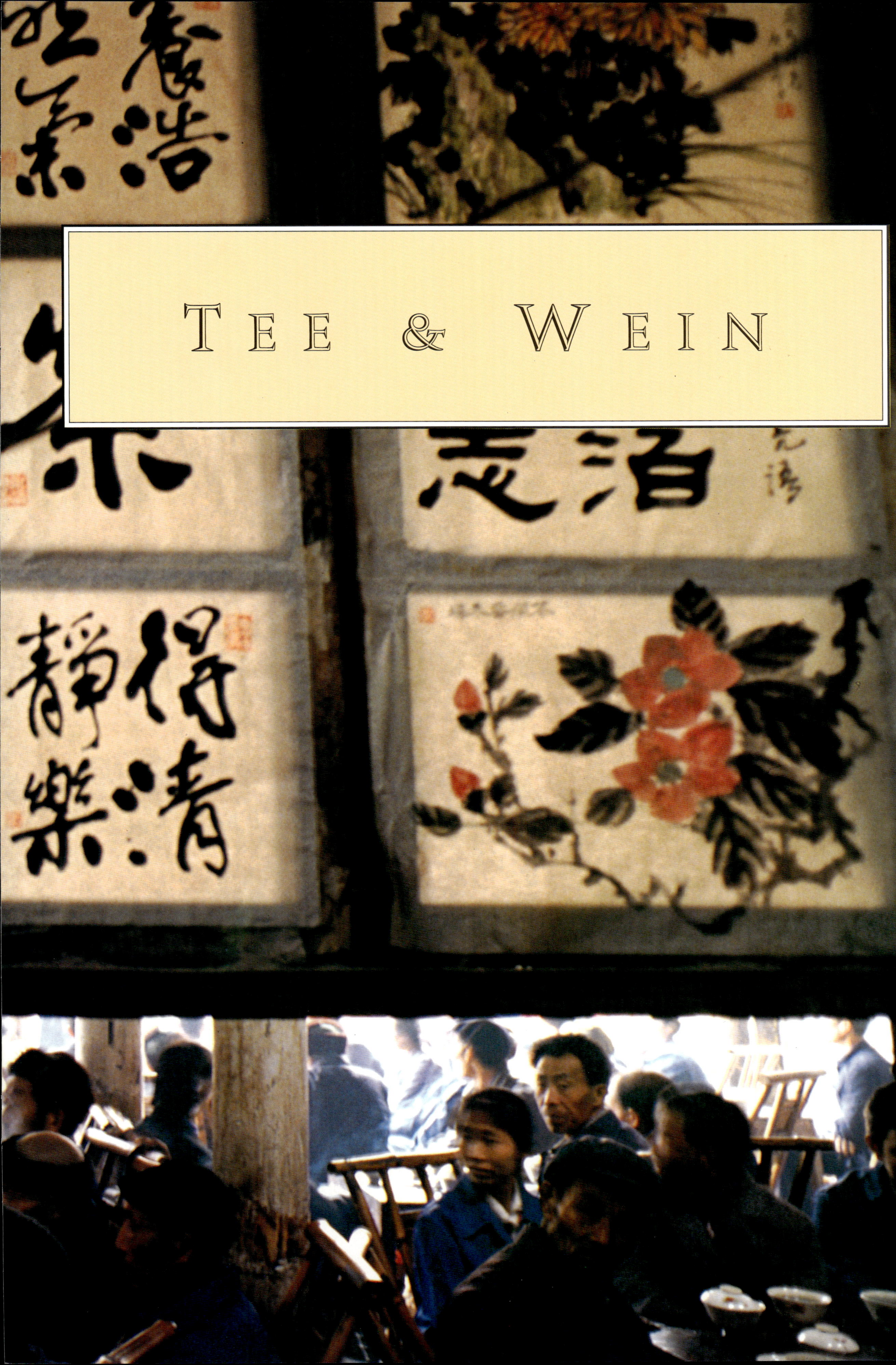

TEE & WEIN

IM UNTERSCHIED ZU DEN JAPANERN KENNEN DIE CHINESEN KEINE TEEZEREMONIE. „ZEREMONIEN", ERKLÄRTE einmal ein chinesischer Weiser, „dienen der Geschichte, Achtung und Verehrung. Aber den Chinesen ist Tee ein alter Freund, und alte Freunde pochen nicht aufs Zeremoniell".

¶ In der Tat ein alter Freund – die Geschichte des Tees reicht in China mehr als 5.000 Jahre zurück, wenn auch die genauen Ursprünge unbekannt sind. Im 8. Jahrhundert schrieb Lu Yu das *Ch'a Ching* („Buch des Tees"). Er behauptet, daß der Tee um 2700 v.Chr. eingeführt wurde, als Kaiser Shen Nung einen Kessel mit Wasser auf dem Feuer hatte. Der Drache, der seine Herrschaft behütete, stieß an eine Kamelie, die neben dem Kessel stand, und einige Blätter fielen ins Wasser. Der Kaiser schnupperte an dem duftenden Wasser, nickte sodann, erfreut über das neue Aroma, mit dem edlen Haupt und trank. Als wohltätiger Herrscher beschloß er, daß ein so wunderbares Gebräu mit den Untertanen geteilt werden sollte.

¶ Eine Teesorte, die in China vermutlich im 5. Jahrhundert v.Chr. bekannt war, beschrieb ein Zeitgenosse von Konfuzius als „wunderbare Knospe", die damals *t'u* hieß. Im ersten Jahrhundert wurde das chinesische Schriftzeichen dann in *ch'a* geändert – die heutige Bezeichnung für Tee.

¶ Tee ist in China immer ein verehrtes Getränk gewesen: Adlige lieferten dem Kaiser Tee (als Teil ihres Tributs), bedeutende Philosophen und Dichter priesen Tee als „besser als Wein, der die Zunge löst", und es ist in China noch immer ein Hochzeitsbrauch, daß die Familie des Bräutigams der Familie der Braut Schachteln mit Tee schenkt. Nach Ansicht der Taoisten war die Vergeudung von Tee eine der drei beklagenswertesten Taten, die der Mensch begehen konnte.

¶ Jeder, der ein erlesenes Blatt sucht, kann in die Provinz Yunnan reisen, wo ein 800 Jahre alter Teebaum immer noch Blätter hervorbringt, die zum Aufbrühen geeignet sind. Die Arbeiter klettern 18 Meter hoch, um die zartesten Blätter zu erreichen, die Teejüngern gereicht werden.

¶ Wer das beste Wasser sucht, sollte nach Suzhou gehen, wo mehr Jasmintee wächst als sonstwo auf der Welt. Im Tigerhügelgarten ist noch ein vor 1.400 Jahren gegrabener Brunnen in Gebrauch, und mit diesem Brunnenwasser bereiteter Tee wird in einer Pagode auf dem Hügel serviert.

¶ Die Teepflanze, *Camellia sinensis*, ist eine blühende immergrüne Pflanze, die in tropischem und subtropischem Klima gedeiht. Sie kann 12 Meter hoch werden, in Kulturen hält man sie jedoch bei 1,5 Meter. Obgleich China seine Spitzenstellung in der Teeproduktion an Indien verlor, gehören Teeplantagen noch immer zum Landschaftsbild.

¶ Die Teepflanze reift in etwa drei bis fünf Jahren, dann bildet sie die kleinen Knospen, die mit der

Vorige Seiten: Ein geschäftiges Teehaus in Chengdu (Sichuan). Teehäuser entsprechen Bars und Cafés; sie dienen als Treffpunkte, um Karten oder Schach zu spielen, Zeitung zu lesen oder einfach nur die vielen verschiedenen Teesorten zu genießen.

CHINA TOURISM PHOTO LIBRARY/CHEN JING

Gegenüber: Eine Frau trinkt Tee aus einer Schale. Tee wird in China entweder in Gefäßen dieser Art serviert oder in Tassen mit Deckel, um ihn warm zu halten.

CHINA TOURISM PHOTO LIBRARY/CHEN JING

Riesige Wasserkessel sind ein traditionelles Zubehör vieler Teehäuser CHINA TOURISM PHOTO LIBRARY/WANG SENGSENG

Hand gepflückt werden. Die besten Teesorten stammen von den jüngsten Trieben; sie ergeben den geschätzte Orange Pekoe. Ältere Blätter ergeben Pekoe und Souchong.

¶ Verarbeitet werden die Blätter zu schwarzem Tee (stark fermentiert), grünem Tee (unfermentiert) oder Oolong (leicht fermentiert). Für schwarzen Tee werden sie auf Tabletts in Wannen getrocknet und gewalzt, damit sie ihre Säfte freisetzen. Dann läßt man sie fermentieren, bis sie kupferfarben werden und trocknet sie in Öfen, wobei sie eine schwarze Farbe annehmen. Blätter für grünen Tee werden gedämpft (um die Fermentation aufzuhalten), zerstoßen und dann in Öfen getrocknet; sie behalten teilweise ihre grüne Farbe. Oolong-Sorten läßt man welken und teilweise fermentieren, was einen grünlich-braunen Tee ergibt.

¶ Der Tee wird in Kisten gepackt, die sehr farbenfroh verziert sein können; manche haben sogar Gedichte über den Tee auf dem Etikett. Aber nichts übertrifft die Schönheit von Lu Yus Poesie im *Ch'a Ching*, womit er die Freuden des Teetrinkens schildert:

„Die erste Schale tröstet die Kehle, während die zweite die Einsamkeit verscheucht. Bei der dritten Schale suche ich meine Seele und finde 5.000 Bände alter Gedichte. Mit der vierten Schale wäscht ein leichtes Schwitzen alle unangenehmen Dinge weg. Bei der fünften Schale werden meine Knochen und Muskeln gereinigt. Mit der sechsten Schale trete ich in Verbindung zu dem unsterblichen Geist. Die siebente Schale? Sie ist verboten! Schon beginnt eine ätherische Brise meinen ganzen Körper zu beruhigen."

Teezubereitung

¶ Die Chinesen glauben, die einzige Methode Tee zu kochen sei, die Blätter in Wasser ziehen zu lassen. Teebeutel, so meinen sie, lenken vom Aroma des Tee ab (wie auch Milch und Zucker).

¶ Ironischerweise braute man den Tee in China ursprünglich anders. Bis ins 9. Jahrhundert wurden Teeblätter als solche kaum verwendet. Stattdessen wurden die Blätter getrocknet und zu länglichen Kuchen geformt; diese wurden dann gedämpft und zu Pulver zerstoßen. Dieses Pulver, das dem in den Teebeuteln von heute entspricht, wurde entweder in kochendes Wasser eingerührt oder man goß das kochende Wasser aus einem Krug darüber.

¶ Erst mit der Yüan-Dynastie, etwa um die Zeit Marco Polos, ist es üblich geworden, das Wasser über die Teeblätter selbst zu gießen, damit sie ziehen können.

¶ Halten Sie sich, um einen vollkommenen Tee zu bekommen, an die Empfehlungen eines erfahrenen Händlers, dessen erste Regel es ist, mit einem Tee erster Güte zu beginnen. Bringen Sie das Wasser in einem Kessel zum Kochen, der eine enge Tülle hat, damit möglichst wenig Sauerstoff entweicht (zu wenig Sauerstoff im Wasser ergibt einen „flachen" Tee). Verwenden Sie eine Kanne aus glasiertem Porzellan, die gründlich gesäubert werden kann.

¶ Spülen Sie Kanne und Tassen mit heißem Wasser aus, um sie anzuwärmen. Füllen Sie dann die Kanne mit trockenen losen Teeblättern. Geben Sie heißes Wasser zu und warten Sie etwa 30 Sekunden, damit die Blätter sich setzen können. Dann gießen Sie die Hälfte des Wassers ab, schwenken die Kanne und gießen das restliche Wasser ab.

¶ Gießen Sie nach einigen Minuten heißes Wasser für den ersten Aufguß zu und lassen Sie den Tee zunehmend länger ziehen. Wechseln Sie ständig das Wasser. Die Teeblätter sind gewöhnlich für acht bis neun Aufgüsse gut, allerdings sind der dritte und der vierte am besten.

¶ Die Chinesen servieren Tee in Tassen ohne Henkel, so daß sie die Wärme des Tees spüren können. Die Tassen können Deckel haben, die man so verstellen kann, daß sie wenig Flüssigkeit durchlassen und somit Teeblätter vor dem Trinken auffangen.

Teesorten

¶ Die Chinesen produzieren mehr als 300 Teesorten, wobei viele Regionen auf eine einzige Sorte spezialisiert bleiben. Heute rühmt sich Taiwan, der Hort der großen Teekultur Chinas zu sein: Als die Kuo-min-tang sich 1949 vom Festland zurückzog, nahm sie Teezweige aus allen Landesteilen mit.

¶ Grundsätzlich gibt es nur drei verschiedene Tees: schwarzen, grünen und Oolong. Die Chinesen mischen ihre Sorten und entwickeln mit anderen Zutaten so neue Geschmacksrichtungen. „Fragrant tea" zum Beispiel ist mit Blüten versetzt. Zu den beliebtesten zählen Chrysanthemen, Jasmin und Rosen sowie die Blüten der Litschifrucht.

¶ In Restaurants in Hong Kong wird meist *bo lai*-Tee aus dem Bezirk Bo Lay (Yunnan) serviert. Iron Goddess of Mercy (*to kwan yin*) wird in Teochiu in einem Kognakschwenker vor den Mahlzeiten angeboten. Er hat einen hohen Koffeingehalt. Und *woo lung*, ein rauchiger Tee, wird oft zu *dim sum* gereicht.

¶ Unter den grünen Tees ist Black Dragon, eigentlich eine Mischung aus grünem und schwarzem Tee, eine der beliebtesten Sorten. Cloud Mist ist der ideale Nachmittagstee. Er wächst in den Bergen der Provinz Jiangxi und wird von dressierten Affen gepflückt.

¶ In Hong Kong ist Jasmintee (*mook lai fai*) aus Fukien beliebt. Er ist stark aromatisch und besteht aus Dragon Well Tea mit Jasminblüten. Heung Peen ist ein duftender Tee, während Swong Yuk ein seltener Tee aus jungen Maulbeerblättern ist.

¶ Tee sollte in einem luftdichten Behälter an einem kühlen, trockenen, dunklen Platz gelagert werden.

Teeknöchelsprache

¶ Gäste chinesischer Restaurants wundern sich oft über die „Knöchelsprache", die sie beim Servieren hören. Wenn der Kellner die Tasse fast gefüllt hat, klopft der Gast drei- oder viermal mit den Knöcheln auf den Tisch.

¶ Der Ursprung dieser Tradition ist in einer Legende zu finden. Derzufolge wollte ein Kaiser wissen, was sein Volk über ihn dachte. So zog er sich gewöhnliche Kleider an und unternahm einen Rundgang durch die Stadt. Als die Bevölkerung den Kotau vor ihm machte, erinnerte er sie daran, daß sie ihn wie jeden anderen Städter behandeln sollten. Als der Kaiser aber in einem Teehaus begann, ihnen Tee einzuschenken, es ihnen jedoch verboten war, sich vor ihrem Kaiser zu verneigen, legten sie heimlich die Hände auf den Tisch und „verneigten" sich mit den Knöcheln.

¶ Heute bezeugt dieser Brauch einfach Achtung vor der Person, die den Tee einschenkt – die Geste ist ein einfaches Dankeschön.

Es gibt viele verschiedene chinesische Weine, die jedoch gewöhnlich aus Klebreis hergestellt werden und geschmacklich sehr dem Sherry ähnlich sind. Chinesische alkoholische Getränke sind zumeist sehr hochprozentig und sollten nur maßvoll getrunken werden! BRUCE COLEAN LIMITED/MICHAEL FREEMAN

WEIN UND BIER

¶ Abgesehen von den chinesischen Muslimen, die vier Prozent der Bevölkerung ausmachen, trinken Chinesen mit großem Vergnügen Alkohol. Die alten Dichter, Künstler und Geschichtenerzähler rühmten Trunkenheit als Allheilmittel gegen die Sorgen des Alltags. Und dann war da Liu Lung, der Dichter, der völlig berauscht auf einem Eselskarren übers Land fuhr. Zwei Diener folgten ihm: Einer trug seinen Weinkrug, der andere einen Spaten – der, falls er stürbe, für sein Begräbnis benutzt werden sollte.

¶ Traditionell steht chinesischer Reiswein an erster Stelle bei Geburtstagfesten für Familienoberhäupter und Personen des öffenlichen Lebens, bei Banketten wie auch zu Hause. Er gilt als belebend für Herz, Leber, Haar und Gehirn, hat einen scharfen, fast brennenden Geschmack und einen Alkoholgehalt, der selten 20 Prozent übersteigt. Manche chinesischen Kaufhäuser haben bis zu 100 verschiedene Sorten auf Lager, von der beliebtesten *(Shao Hsing)* bis zu Raritäten wie Dragon Flea Tonic.

¶ Eine andere Weinsorte ist *maotai* aus Westchina. Sie wird aus Hirse sowie Weizen hergestellt und hat einen Alkoholgehalt von 26 Prozent. *Kaoliang* ist ein klarer Wein aus destilliertem Sorghum. Er ist etwa so stark wie Wodka, aber sanfter im Geschmack.

¶ Zwar gilt der Reiswein als das berühmteste alkoholische Getränk, das mit China verbunden wird, doch gibt es auch eine alte Tradition des Bierbrauens. Die erste Erwähnung des Biers reicht 3.000 Jahre zurück; heute erzeugt praktisch jede Provinz ihre eigenen Marken.

Traubenwein

¶ Gäste chinesischer Restaurants sind häufig überrascht, Traubenwein auf der Speisekarte zu finden; dabei ist er den Chinesen durchaus nicht fremd. Chinesische Önologen haben Berichte entdeckt, wonach am kaiserlichen Hof 128 v.Chr. Traubenkerne gepflanzt wurden – beinahe 200 Jahre bevor das heutige Bordeaux und Burgund die ersten Weine anbauten. Ursprünglich als Obst angebaut, war seine Wirkung in Nordchina bald bekannt.

¶ Trauben waren anfangs auf einen kleineren Teil Nordchinas beschränkt, wo man den Wein als exotisches („ausländisches“) Getränk ansah. Zur gleichen Zeit trank man bei besonderen Festen und kaiserlichen Banketten Weine aus anderen Früchten sowie eine Art Met.

¶ Reiswein jedoch wurde in den bevölkerungsreicheren, reisanbauenden Regionen Südchinas bis hinauf in das Jangtsetal hergestellt. Er war billiger und leicht zu erzeugen (indem man einfach übriggebliebenen Reis in einem Faß gären ließ); er verdrängte schließlich den Traubenwein als *vin de pays*.

¶ Deutsche Missionare pflanzten in China einst einen recht guten Riesling. Ihre Weinberge lagen in Nordchina, zum Beispiel in Shandong, wo das Klima so ähnlich wie in Südfrankreich oder Kalifornien ist. Stecklinge vieler europäischer Weine wurden importiert und gepflanzt; während der turbulenten Ereignisse des 20. Jahrhunderts verkamen die Weinberge und wurden wieder aufgegeben.

¶ Seit Beginn der achtziger Jahre jedoch sind in Nordchina wieder Stecklinge vieler europäischer Weine gezogen worden. Man erzeugt Riesling und Chardonnay; beide haben einen sehr frischen Geschmack sowie ein süßes Aroma.

¶ Zwei Hauptmarken werden in China wie in Europa angeboten. Great Wall enthält „Drachenaugen“-Trauben (eine einheimische Sorte, die in die früheste Zeit zurückreicht), um einen fruchtig leichten Geschmack zu erzielen. Und „Dynasty“, ein Weißwein, der aus einer Mischung von Pinot und Drachenaugen hergestellt wird, ist ebenfalls leicht und hat ein elegantes Aroma.

¶ Freunde des Alkohols bestellen in chinesischen Restaurants zu den Mahlzeiten eher Weinbrand oder Cognac. Aber jüngere chinesische Gourmets ziehen die eigenen Traubenweine vor; sie passen gut zu der feinen kantonesischen Küche.

Vergorene Hirse

¶ Hirse ist die Grundlage für Chinas berühmtestes Getränk: *maotai*. Damit prosteten einst Richard Nixon sowie Mao Tse-tung einander zu und besiegelten so die chinesisch-amerikanische Zusammenarbeit. *Maotai* ist historisch interessanter als önologisch, obwohl dieses Getränk durchaus Schwung hat und wie ein Mittelding zwischen Wodka und Schnaps schmeckt.

¶ Das Getränk aus vergorener Hirse, das *tongkha* heißt und aus Tibet sowie Sichuan stammt, ähnelt mehr dem Bier. Es wird aus roher Hirse, Hefe sowie Wasser hergestellt, ist milchig weiß und schmeckt leicht, aber nach einer durchzechten Nacht fühlt man sich angenehm entspannt.

INDEX

Seitenzahlen in kursiver Schrift beziehen sich auf die Photographien

DANKSAGUNG

Weldon Russell Pty Ltd möchte den folgenden Personen und Institutionen für ihre Hilfe bei der Produktion dieses Buches danken:

Boyac Decorative Furnishings; Corso de Fiori; Imperial Peking, Rose Bay; Gallery Orientique; Hale Imports; Redelman Furnishing Fabrics; Royal Doulton; St James Furnishings; Waterford Wedgwood

FOTOGRAFIEN

Andrew Furlong (Fotograf) und Marie-Hélène Clauzon (Food-stylist): S. 18-19, 25, 26-27, 28-29, 32-33, 36-37, 40-41, 42-43, 46-47, 90-91, 92-93, 94, 95, 98, 101, 102, 103, 104, 105, 106, 108-109, 110, 111, 112-113, 116, 118, 119, 184, 186, 190-191, 193, 196, 197, 199, 200, 202-203, 204, 206-207, 212-213, 214-215, 217, 220, 222-223, 226, 228, 230-231, 232-233, 238-239, 240-241, 245

Mark O'Meara (Fotograf) und Penny Farrell (Food-stylist): S. 52, 54, 57, 58, 60, 62-63, 64, 66-67, 72, 74, 75, 78-79, 80, 83, 84-85, 86-87, 124, 125, 126, 127, 130, 132, 133, 134-135, 136, 137, 138, 139, 140, 142-143, 144-145, 150, 152, 153, 155, 158-159, 160, 161, 162-163, 164, 167, 168-169, 170, 172-173, 175, 176, 177, 178-179

Bruce Peebles (Fotograf) und Jacki Passmore (Food-stylist): Vorsatzseiten, S. 22-23, 30, 34-35, 38-39, 44-45, 59, 61, 65, 72, 77, 82, 96-97, 99, 100, 107, 114-115, 117, 128-129, 131, 141, 154, 156, 165, 166, 171, 174, 185, 187, 188, 192, 194, 195, 198, 201, 205, 218-219, 224-225, 229, 243, 244